Ein neues *ius divinum*?

Schriften zum

STAATSKIRCHENRECHT

Herausgegeben von
Axel Frhr. von Campenhausen,
Christoph Link und Jörg Winter

Band 40

PETER LANG
Frankfurt am Main · Berlin · Bern · Bruxelles · New York · Oxford · Wien

Tajan Tober

Ein neues *ius divinum*?

Zur Theologie des Rechts der Bahá'í

PETER LANG
Internationaler Verlag der Wissenschaften

Bibliografische Information der Deutschen Nationalbibliothek
Die Deutsche Nationalbibliothek verzeichnet diese Publikation in der Deutschen Nationalbibliografie; detaillierte bibliografische Daten sind im Internet über <http://www.d-nb.de> abrufbar.

Zugl.: Frankfurt (Main), Univ., Diss., 2005

D 30
ISSN 1437-3149
ISBN 978-3-631-56235-2

www.peterlang.de

Meiner Mutter

Vorwort

Die vorliegende Arbeit wurde im Dezember 2005 von der juristischen Fakultät der Johann Wolfgang Goethe-Universität, Frankfurt am Main, als Dissertation angenommen. Gerne möchte ich vielfältigen Dank abstatten, der folgenden Personen und Institutionen gilt:

Meinem Doktorvater, Herrn Prof. Dr. Dr. h. c. mult. Michael Stolleis – als ich noch während des Jurastudiums mit dem Dissertationsthema auf ihn zukam, zögerte er nicht, seine Betreuung für das zweifelsohne unkonventionelle Vorhaben zuzusagen. Im Hinblick auf die Gestaltung der Dissertation gewährte er mir alle Freiheiten, die Betreuung der Arbeit hätte nicht angenehmer sein können. Viele Male hat er mich zudem im Rahmen von Stipendien- und Universitätsbewerbungen unterstützt. Dafür gebührt ihm mein herzlicher, aufrichtiger Dank.

Herrn Prof. em. Dr. Gerhard Dilcher – für die Erstellung des Zweitgutachtens.

Herrn Prof. Dr. Ulfrid Neumann – im Anschluß an die Lektüre eines umfangreichen Manuskripts, das ich während des Studiums angefertigt hatte, ermutigte er mich, das darin erörterte Thema zum Gegenstand einer juristischen Dissertation zu machen, wie dies dann auch geschehen ist. Später übernahm er freundlicherweise den Vorsitz meiner mündlichen Doktorprüfung. Seit meinem zweiten Semester hat er mich zudem im Rahmen seiner Seminare wie auch außerhalb in jeder nur erdenklichen Form gefördert, insbesondere durch zahlreiche Gutachten für Stipendien- und Universitätsbewerbungen. Seine vorbehalt- und lückenlose Unterstützung bleibt unvergessen. Dafür sage ich von Herzen Dank.

Herrn Dr. Udo Schaefer, Oberstaatsanwalt i.R. – seit meiner Schulzeit hat er mich auf vielfältige Weise, insbesondere im Rahmen eines fortlaufenden Sachgespräches auf dem Gebiet der Bahá'í-Studien, gefördert. Ich verdanke ihm wesentliche persönliche Einsichten; insgesamt hat er einen großen Einfluß auf mein Denken genommen. Er fand Zeit für eine eingehende Lektüre des Dissertationsmanuskripts sowie für wertvolle Anmerkungen zu seinem Inhalt. Dafür, und für die viele Jahre währende freundschaftliche Förderung, ohne die ich sicher nicht dazu gekommen wäre, zu einem Bahá'í-Thema zu promovieren, möchte ich ihm sehr herzlich Dank sagen.

Meiner Schwester, Frau Dr. Tinia Tober – sie las die Endfassung des Dissertationsmanuskripts akribisch und machte wertvolle Anmerkungen zu seinem Inhalt und Aufbau. Auch sonst war sie während der gesamten Promotionszeit eine großartige Unterstützung. Dafür möchte ich ihr sehr herzlich danken.

Der Stiftung der Deutschen Wirtschaft – sie förderte die vorliegende Arbeit großzügig durch ein Promotionsstipendium. Für die – unter Einschluß der Förderung während des Studiums – insgesamt siebenjährige materielle wie ideelle Förderung, der ich persönlich Vieles verdanke, gilt ihr mein besonderer Dank. Weil die Stiftung der Deutschen Wirtschaft ohne ihren Gründer, Herrn Dr. Klaus Murmann, nicht existieren würde, richtet sich mein Dank zuallererst an ihn.

Der philosophisch-theologischen Hochschule Sankt Georgen, Frankfurt am Main – in ihrer angenehmen Bibliothek ist die Arbeit ganz überwiegend entstanden. Der christliche Geist dieser von Jesuiten getragenen Hochschule war hier auf wohltuende Art und Weise präsent. Der Societas Jesu sowie den stets freundlichen Mitarbeitern der Bibliothek St. Georgen und der Hochschulmensa gilt insoweit mein herzlicher Dank.

Den Herausgebern Herrn Prof. Dr. iur Dr. theol. h.c. Axel Freiherr von Campenhausen, Herrn Prof. em. Dr. Christoph Link und Herrn Prof. Dr. Jörg Winter – für die Aufnahme der Dissertation in die Reihe „Staatskirchenrechtliche Schriften“.

Schließlich möchte ich Dank sagen meinem verehrten Onkel, Herrn Dr. Parviz Samadi, sowie Herrn Rechtsanwalt Christoph Gyo.

Hamburg, den 30. Oktober 2007

Inhaltsverzeichnis

I. Einleitung

Das Bahá'ítum[1] ist trotz seiner mehr als 150-jährigen Geschichte und einer beträchtlichen geographischen Verbreitung[2] selbst dem wohlunterrichteten Nicht-Theologen allenfalls dem Namen nach bekannt. Wenn überhaupt, so tritt das Bahá'ítum zumeist als Stichwort im Rahmen der Berichterstattung über die Verfolgung der Bahá'í im Iran[3] in das Blickfeld, ohne dass freilich aus diesem Kontext mehr als ein schlagwortartiges Wissen über die Religion als solche zu beziehen wäre. Das Stadium von Stückwissen und Mutmaßung verläßt da nur, wer sich eigens auf die Suche nach Informationen begibt. Nicht anders stellt sich dies für den Kreis der Juristen dar, denen die Bahá'í-Religion vielfach durch einen bekannten Beschluß des Bundesverfassungsgerichts aus dem Jahre 1991[4] ein Begriff ist. Wenn darin auch der Religionscharakter des Bahá'ítums als „of-

---

[1] Im arabischen: *al-baháiyyah.* Das Bahá'ítum ist die Religion des Bahá'í. „Bahá'í" bedeutet „Anhänger Bahá's". „Bahá" ist eine Kurzform von „Bahá'u'lláh", dem Stifter des Bahá'ítums. Der Bahá'í ist also Anhänger Bahá'u'lláhs. Bahá ist zudem eines der Attribute Gottes; der Islam kennt 99 Namen Gottes, von denen der hundertste, der „Größte Name", am Tag der Auferstehung enthüllt werden soll. Für die Bahá'í, die das Eschaton erfüllt sehen, ist es „Bahá" (vgl. hierzu Udo Schaefer, *Das Bahá'ítum*, S. 1).
Dem Begriff „Bahá'ítum" synonym sind die Bezeichnungen „Bahá'í-Religion" und „Bahá'ísmus". Der Begriff „Bahá'í-Religion" ist näher besehen inadäquat: Eine Religion durch das Wort „Religion" zu bezeichnen, scheint wenig überzeugend. Gegen den Begriff „Bahá'ísmus" sprechen ebenfalls geringfügige Bedenken, schwingt hier doch die allen –ismen eigene negative Konnotation mit. Im Folgenden werden die beiden Begriffe dennoch gelegentlich gebraucht, da sie sich, insbesondere ersterer, fest eingebürgert haben.

[2] Laut *World Christian Encyclopaedia* (Band 1, S. 5) ist das Bahá'ítum die nach dem Christentum (in allen seinen Denominationen) im Hinblick auf ihre geographische Verteilung verbreiteste Religion der Erde; so auch *Encyclopeadia Britannica, Book of the Year 1997*, S. 311.

[3] Zur systematischen, noch heute fortdauernden Verfolgung der Bahá'í durch das nachrevolutionäre Ayatollah-Regime des Iran siehe *Die Bahá'í-Religion. Größte religiöse Minderheit im Iran*; John Frelick, *Iran's Baha'is: Victims of continuing Genocide*; Gerome Nash, *Iran's Secret Progrom.* Für eine Dokumentation der Menschenrechtsverletzungen der letzten Jahre siehe Nazila Ghanea-Hercock, *Human rights, the UN and the Bahá'ís* (dort im Anhang auch zahlreiche einschlägige Dokumente der Vereinten Nationen) und Friedrich W. Affolter, *The Specter of Ideological Genocide.*

[4] Beschluß des Zweiten Senats vom 5. Februar 1991 – 2 BvR 263/86, BVerfGE 83, 341=Neue Juristische Wochenschrift 1991, 2623 (rezensiert durch Bernd Jeand'Heure, *Jus divinum oder BGB: Eintragung von Religionsgemeinschaften in das Vereinsregister?*). Dieser Beschluß zählt aufgrund seiner grundlegenden Ausführungen zur Glaubensfreiheit des Art. 4 I GG zu den Leitenscheidungen des Bundesverfassungsgerichts zu diesem Grundrecht (siehe nur Martin Morlok, *Kommentar zu Art. 4 GG*, S. 294, sowie Michael Sachs, *Verfassungsrecht II*, S. 264). Das Bundesverfassungericht betont darin in einer zur Standardwendung avancierten Formulierung, allein die Behauptung und das Selbstverständnis, eine Gemeinschaft bekenne sich zu einer Religion und sei eine Religionsgemeinschaft, könne die Berufung auf Art. 4 I und II GG nicht rechtfertigen; vielmehr müsse es sich auch tatsächlich, nach geistigem Gehalt und äußerem Erscheinungsbild, um eine Religion und Religionsgemeinschaft handeln (E 83, 341 und 353).

fenkundig"[5] bezeichnet wird, die Existenz eines das einfachgesetzliche staatliche Recht durchbrechenden ius divinum der Bahá'í festgestellt[6] und einzelne seiner Vorschriften genannt werden[7], so bleiben die Grundlagen und Inhalte des Bahá'í-Glaubens naturgemäß ungenannt. So wird auch der interessierte Jurist nicht ohne weiteres darüber informiert, was es mit dem Bahá'ítum und seinem Recht im Einzelnen auf sich hat. Der fremd anmutende Name, die geringe Anzahl der Religionsanhänger in Europa[8], die wachsende Zahl von pseudoreligiösen Bewegungen und esoterischen Kulten, die alles nicht etablierte Religiöse dem Argwohn aussetzen, die ausgeprägte Indifferenz des Zeitgeistes gegenüber jeder Art von Religion – diese Gesichtspunkte und andere führen dazu, daß das Bahá'ítum nicht selten gänzlich unbekannt oder Gegenstand von Mutmaßungen, Fehlannahmen oder Halbwissen ist.

Insofern ist kaum bekannt, daß sich die Bahá'í-Religion als eine eigenständige monotheistische Offenbarungsreligion versteht,[9] die von der neueren religionswissenschaftlichen Forschung in Übereinstimmung mit ihrem Selbstverständnis[10] den Weltreligionen zugerechnet wird.[11] Ebenso wenig weiß man, daß das Bahá'ítum in seinen Offenbarungstexten eine gewaltige Fülle von Inhalten präsentiert, in denen alle großen Fragen der klassischen Metaphysik thematisiert sind. Und noch weniger bekannt ist, daß das Bahá'ítum dezidierte Rechtsreligion ist. Diese Gegebenheiten laden umso mehr zu einer näheren Untersuchung von Religion und Recht der Bahá'í ein, als die Forschung zum Bahá'ítum noch in ihren Anfängen steckt. Sowohl die von außerhalb der Gemeinde kommende Literatur, als auch die aus ihr hervorgehenden Arbeiten sind über breit ansetzende, auf eine Gesamtdarstellung des Glaubens zielende Beiträge nur selten hinausgekommen.[12] Das Feld der Bahá'í-Theologie im Besonderen ist noch weit-

---

[5] „Der Charakter des Bahá'í-Glaubens als Religion und der Bahá'í-Gemeinschaft als Religionsgemeinschaft [ist] nach aktueller Lebenswirklichkeit, Kulturtradition und allgemeinem wie auch religionswissenschaftlichem Verständnis offenkundig" (E 83, 353).

[6] Zwar nicht dem Begriff nach, wohl aber in der Sache.

[7] Sie betreffen die institutionelle Gliederung der Gemeindeordnung, ihre hierarchische Struktur und ihr Wahlrecht sowie die Aufteilung der Gewalten (passim).

[8] In Europa leben in etwa 25.000 Bahá'í.

[9] Zu diesem Selbstverständnis siehe Udo Schaefer, *Sekte oder Offenbarungsreligion?*; siehe auch Anmerkung 11.

[10] vgl. Shoghi Effendi *God passes by*, S. XII, 59, 61, 354, 402; *The World Order of Bahá'u'lláh*, S. 196.

[11] siehe Manfred Hutter, *Gutachten: Die Bahá'í in Österreich – Sekte oder eigenständige Weltreligion?*; *Die Bahá'í*, passim (insbes. S. 45 f.); Joachim Wach, *Religionssoziologie*, S. 149 ff.; Feridun Vahman, *Baha'ismus*, S. 130 f.; Mircea Eliade/Ioan P. Culiano, *The Eliade Guide to World Religions*, S. 264; Peter Meinhold, *Die Religionen der Gegenwart*, S. 317; zum Ganzen siehe auch Seena Fazel, *Is the Bahá'í Faith a World Religion?*

[12] Die von außerhalb der Gemeinde stammende Literatur litt lange Zeit unter dem (protestantisch-)theologischen Zugriff ihrer Autoren (so bspw. bei Gerhard Rosenkranz, *Die Bahá'í*; Kurt Hutten, *Seher, Grübler, Enthusiasten*, S. 201-229; Rainer Flasche, *Die Religion der Ein-*

gehend unbearbeitet, selbst zu den zentralen theologischen Topoi[13] fehlen trotz der positiven Entwicklung der letzten zwei Jahrzehnte Beiträge, von Monographien oder Spezialbeiträgen ganz zu schweigen.[14] Noch schlechter ist das Feld auf dem Gebiet des Bahá'í-Rechts bestellt: Weltweit finden sich hier in deut-

---

heit und Selbstverwirklichung der Menschheit sowie *Baha'i-Religion*), gelegentlich sogar unter einer nicht zu verkennenden tendenziösen Intention ihrer Verfasser (so etwa bei Hermann Römer, *Die Bábí-Behá'í, Die behaistische Propaganda im Abendland*, oder bei Francesco Ficicchia, *Der Bahá'ismus*); dazu kritisch Udo Schaefer/Nicola Towfigh/Ulrich Gollmer, *Desinformation als Methode*. In den letzten Jahren zeichnet sich für den deutschsprachigen Raum allerdings eine Hinwendung zu Beiträgen mit religionswissenschaftlichem Charakter ab (so bspw. Manfred Hutter, *Die Bahá'í*; *Der Kitáb-i-Aqdas*; *Religionswissenschaftliche Marginalien zur Bahá'í-Religion*; Ulrich Dehn, *Bahá'í und EZW;* Johann Christoph Bürgel (Hrsg.), *Die Entstehung der Bahá'í Religion im Iran des 19. Jahrhunderts*).
Innerhalb der Bahá'í-Gemeinde dominierten viele Jahre Einführungsbroschüren, nichtakademische Allgemeindarstellungen mit häufig apologetischer Stoßrichtung (so etwa John E. Esslemont, *Bahá'u'lláh und das neue Zeitalter*) oder Werke mit historiographischem Bezug, die nicht selten hagiographische Tendenzen aufwiesen (so etwa bei den gemeindeinternen Standardwerken Hasan Balyuzis (*Bahá'u'lláh*; *'Abdu'l-Bahá*, Bände 1 und 2) oder Adib Taherzadehs (*Die Offenbarung Bahá'u'lláhs*, Bände 1-4; *The Covenant of Bahá'u'lláh*). Zu Beiträgen auf akademischem Niveau kam es, mit wenigen Ausnahmen, selbst im englischsprachigen Schrifttum erst seit den frühen 80er Jahren, als Periodika (*The Journal of Bahá'í Studies*; *Bahá'í Studies Bulletin*; *Bahá'í Studies Review*), und eine Sammelbandreihe (*Studies in the Bábí and Bahá'í-Religions*) ins Leben gerufen sowie vereinzelt Monographien veröffentlicht wurden. Seitdem nimmt die Zahl der akademischen Veröffentlichungen beständig zu – die Beiträge beschränken sich thematisch jedoch oft auf orientwissenschaftliche Fragestellungen. Unter quantitativen Gesichtspunkten ist die vorhandene Sekundärliteratur immer noch außerordentlich bescheiden (für deutschsprachige Beiträge der jüngsten Zeit siehe nur Fiona Missaghian, *Die Verbindlichkeitsbegründung der Bahá'í-Ethik*; Ariane Sabet-Sobhani, *Die politischen Botschaften des Religionsgründers Bahá'u'lláh*; Aliyeh Yegane Arani, *Die zivilreligiöse Dimension einer neuen Religion*; *Schriftenreihe der Gesellschaft für Bahá'í-Studien*, Band 7; darin insbes. Manfred Hutter, *Religionswissenschaftliche Marginalien zur Bahá'í-Religion*; Gilan Tober, *Ein eindeutiger Wortlaut als Auslegungshindernis?*; Badi Panahi, *Hat die Hegelsche Dialektik ihren Niederschlag in der Offenbarung Bahá'u'lláhs gefunden?*).
Die Übertragung der Primärschriften in die englische und deutsche Sprache ist bei weitem noch nicht abgeschlossen. Vom Schrifttum Bahá'u'lláhs sind nur etwa 15 % in das Englische und Deutsche übersetzt (vgl. Manfred Hutter, *Heilige Schriften der Bahá'í*, S. 259). Ähnliches dürfte für die Schriften des Báb und diejenigen 'Abdu'l-Bahás gelten.

[13] Wie Gottesbild, Menschenbild, Offenbarungsbegriff und Prophetologie, Sünde, Heil und Erlösung, das Jenseits etc.

[14] Beiträge zur Bahá'í-Theologie sind Jack McLean, *Prolegomena to a Bahá'í Theology*; *Revisioning the Sacred* (Sammelband); Robert Parry, *Philsophical Theology in Bahá'í Scholarship*; Nader Saedi, *Logos and Civilization*; Udo Schaefer, *Heilsgeschichte und Paradigmenwechsel*; theologische Ausführungen finden sich auch in: Udo Schaefer, *Der Bahá'í in der modernen Welt* und in: Udo Schaefer/Nicola Towfigh/Ulrich Gollmer, *Desinformation als Methode*. Eine umfangreiche Arbeit von Ulrich Gollmer zur politischen Theologie im Bahá'ítum (Gottesreich und Weltgestaltung. Grundlegung einer politischen Theologie im Bahá'ítum) ist bislang unveröffentlicht.

scher und englischer Sprache nicht mehr als ein Dutzend Beiträge[15]. Man kann daher ohne weiteres konstatieren, daß das Bahá'í-Recht für die Sekundärliteratur auf weiten Strecken terra incognita ist. Naturgemäß existiert auch noch keine Bahá'í-Rechtslehre.[16]

Dem will die vorliegende Arbeit Abhilfe verschaffen. Sie gilt dem sich als göttlich verstehenden, hier als „ius divinum" oder als „Bahá'í-Recht" bezeichneten Recht des Bahá'ítums.[17] Im Anschluß an eine Einführung in die Geschichte, Lehre und das außerrechtliche Normenwerk dieser nachislamischen Religion sowie Ausführungen zu den Quellen, der Struktur und dem Inhalt ihres ius divinum widmet sich die Arbeit als ihrem Hauptanliegen dessen Theologie: Sie entwirft eine Theologie des ius divinum der Bahá'í, eine Bahá'í-Rechtstheologie. Dies geschieht durch Aufarbeitung des dem Bahá'í-Recht eigenen, von der Bahá'í-Schrift kommunizierten theologischen Unterbaus. Es geht hier also nicht um den autonomen Entwurf einer Bahá'í-Rechtstheologie, um die freihändige, dem persönlichen Gutdünken folgende Unterlegung des Bahá'í-Rechts mit theologischen Argumenten, sondern um eine bloße Darstellung der Rechtstheologie der Bahá'í-Schrift. Woher kommt das Bahá'í-Recht, was bezweckt es, und wohin will es gehen? – auf diese Fragen und andere sollen hier Antworten gefunden werden. Im Rahmen der Untersuchung wird sich das Bahá'í-Recht seinem Anspruch nach nicht nur als ius divinum (IV 2), sondern als im Rahmen einer göttlich koordinierten Heilsgeschichte und fortschreitenden Gottesoffenbarung jüngstes und zugleich aktuelles ius divinum (IV 3) erweisen, das als Erlösungsrecht die Menschheit auf ihre Vollendung führen (IV 4) und sie darin weiter integrieren soll (IV 5). Dabei wird insbesondere auch dargestellt, wie das Bahá'í-Recht intendiert, vom heute nicht-staatlichen, innergemeindlichen Recht am Horizont der Zeit zum gesellschaftlich-staatlichen Recht zu transformieren.

---

[15] Zu nennen sind hier: Kiser Barnes, *The Nature of Bahá'í Law*; Roshan Danesh, *Beyond Integration and Separation*; *Internationalism and Divine Law: A Bahá'í Perspective*; Seena Fazel, *Inheritance*; Udo Schaefer, *Die Grundlagen der „Verwaltungsordnung" der Bahá'í*; *Das Recht der Religionsgemeinschaft der Bahá'í=An Introduction to Bahá'í Law*; *Crime and Punishment*; *Einige Anmerkungen zu den strafrechtlichen Bestimmungen im Kitábu'l-Aqdas;* Martha Schweitz, *The Kitáb-i-Aqdas*; John Walbridge, *Sacred Acts, Sacred Space, Sacred Time*, S. 3-29 („Bahá'í Law and its Backround"); Ausführungen zum Bahá'í-Recht finden sich auch bei Udo Schaefer, *Desinformation als Methode*, S. 113-189 und 237-313 (geringfügig überarbeitet in der englischen Ausgabe *Making the Crooked Straight*, S. 141-259 und 317-417).

[16] Die vielzähligen Aussagen der Bahá'í-Schrift zum Recht, sowohl dem religiösen als auch dem weltlich-staatlichen und dessen Philosophie bedürfen vielmehr erst noch der Ausformung zu einer eigenen Rechtslehre.

[17] Das von den Bahá'í-Körperschaften der lokalen und nationalen Ebene zu setzende, einfache Bahá'í-Recht (=ius humanum) ist also nicht Gegenstand der vorliegenden Arbeit und entsprechend hier auch nicht in den Begriff des Bahá'í-Rechts gefaßt.

Der vorliegende Beitrag beansprucht dabei keinesfalls, eine theologische Grundlegung des Bahá'í-Rechts als Spezialfall einer Rechtsbegründung zu sein; eine solche ist zu einem religionsgeschichtlich so frühen Zeitpunkt gar nicht möglich. Die nachfolgende Rechtstheologie versteht sich daher als ein erster Wurf, der bei allem Bemühen um inhaltliche Dichte und Vollständigkeit summarisch bleibt. Kenntnisse über das Bahá'ítum werden beim Leser nicht vorausgesetzt.

An dieser Stelle sei auch kurz auf die Frage der Methodik eingegangen. Die vorliegende Arbeit sieht sich im Grenzbereich zwischen Religionswissenschaft und Theologie angesiedelt: Sie ist dem methodischen Instrumentarium der Religionswissenschaft[18] verpflichtet, nimmt also eine rein deskriptive, urteilsabstinente Perspektive ein, der es nur um Darstellung, nicht um Wertung geht. Die selbstverständlich auch hier erfolgenden Wertungen verstehen sich als bloße Abbildungen der in der Sache selbst liegenden Wertungen, verdanken sich also keiner von außen herangetragenen *Be*wertung. Indessen ist die Arbeit im Hinblick auf ihren Inhalt der Bahá'í-Theologie zuzuordnen, da die grundlegende Aufarbeitung des noch unberührten religiösen Stoffes durch systematische Reflexion der Bahá'í-Theologie obliegt – eine Grundlagenarbeit wie die folgende ist Sache der Theologie, nicht der Religionswissenschaft. Auch wenn die Arbeit daher an ihrem Gegenstand gemessen der Theologie zuzurechnen ist, verzichtet sie auf das für einen theologischen Text statthafte Unterfangen, die innere Bindung des Verfassers an den Stoff in der Behandlung desselben zur Geltung zu bringen oder den Leser für seine Erkenntnisse einnehmen zu wollen. Die Arbeit ist um einen wertfreien Zugriff auf die Materie bemüht – dass sie sich dabei stets am Selbstverständnis der Religionsanhänger orientiert, versteht sich angesichts des heutigen Standes der Selbstreflexion der Religionswissenschaft auf ihre Methoden von selbst.

Damit soll aber keinesfalls einer falschen Erwartung Vorschub geleistet werden: Daß der Verstehende infolge seiner unweigerlichen Standortgebundenheit den Gegenstand seiner Erkenntnis mitkonstituiert, dass er aufgrund der Vorurteilsstruktur des Verstehens in den Verstehenshorizont gleichsam mit eingeht, und dass es demgemäß eine von ihm unabhängige, objektive Erkenntnis nicht geben kann, ist heute eine selbstverständliche hermeneutische Einsicht[19] – natürlich muß sich daher auch die Zugehörigkeit des Verfassers zu der Religion, über die er hier schreibt, irgendwie im Text niederschlagen, so sehr er sich auch um Distanz und Objektivität bemüht. Diese Situation ist indessen keinesfalls neu:

---

[18] siehe hierzu Timothy Fitzgerald, *The Ideology of Religious Studies*; Hans-Jürgen Greschat, *Was ist Religionswissenschaft?*; Günter Lanczkowski (Hrsg.), *Selbstverständnis und Wesen der Religionswissenschaft*; Kurt Rudolphi, *Geschichte und Probleme der Religionswissenschaft*, S. 1-118; Wilfred Cantwell Smith, *The Meaning and End of Religion*.

[19] siehe hierzu nur Hans-Georg Gadamer, *Wahrheit und Methode*, S. 270 ff., insbes. S. 312 ff.; Hans Ineichen, *Philosophische Hermeneutik*, S. 28 ff.

Auch der Katholik oder Protestant, der über Staatskirchen- oder Kirchenrecht schreibt, wird sich nicht von seiner Glaubensbindung an die Materie freimachen können, ebensowenig wie er deren Niederschlag in seinem Text verhindern kann.

II. Das Bahá'ítum: Eine Einführung

1. Geburt, Formation und Entfaltung des Bahá'ítums – ein historischer Aufriß

Die Geschichte der Bahá'í-Religion[20], die ihre in teils dramatischen Brüchen und Veränderungen vollzogene Wandlung „von einem Schulzweig des schiitischen Islam zu einer Weltreligion"[21] dokumentiert, nimmt ihren Ausgang im Persien des 19. Jahrhunderts. Hier tritt im Jahre 1844 im südpersischen Shiraz der fünfundzwangzigjährige Kaufmann Sayyid 'Alí-Muhammad[22], der sich selbst „Báb"[23] nennt, mit dem Anspruch auf, der verheißene „Qá'im", die in der islamischen Eschatologie antizipierte Erscheinung des „Verborgenen Imams" zu sein. Er erfüllt damit den Erwartungshorizont der sog. Shaykhi-Bewegung[24], einer philosophisch-mystisch ausgerichteten Reformbewegung des schiitischen Islam zu Beginn des 19. Jahrhunderts, die unter anderem eine unmittelbar bevorstehende Erscheinung des verheißenen Qá'im postuliert. Eine große Anzahl der Shayhkis, in denen die theologische Bahá'í-Geschichtsdeutung geistige Wegbereiter und Vorläufer des Báb sieht[25], schließt sich diesem an.

Der Báb findet aber nicht nur unter Muslimen, sondern auch unter Juden und Zarathustriern in ganz Persien sowie im Iraq zahlreiche Anhänger. Seine Lehre emanzipiert er schrittweise von ihrem zunächst islamischen Gehalt und beansprucht schließlich, mit dem Bábitum oder Bábismus Stifter einer eigenständigen Religion zu sein,[26] deren Bedeutung und Funktion er in erster Linie in der Ankündigung eines endzeitlichen Propheten und Welterneuerers sieht; insoweit verkörpert er in der Bahá'í-Deutung den aus der Religionsgeschichte bekannten Archetyp des Vorläufers.[27] Die Anhängerschar des Báb sieht sich bald auf

---

[20] Für Gesamtdarstellungen zur Bahá'í-Geschichte siehe Peter Smith, *The Babi and Baha'i Religions; The Bahá'í Religion*; Moojan Momen/Peter Smith, *Bahá'í History*; Manfred Hutter, *Die Bahá'í*, S. 6-32; die ersten hundert Jahre der Bahá'í-Geschichte in theologischer Deutung bei Shoghi Effendi, *God passes by*.

[21] vgl. Untertitel zu Peter Smith, *The Babi and Baha'i Religions*; vgl. auch Shoghi Effendi, *God passes by*, S. XII, 402.

[22] geb. 1819; zum Leben und Wirken des Báb siehe Hasan Balyuzi, *The Báb: The Herald of the Day of Days*; 'Abdu'l-Bahá, *A Traveller's Narrative*; Abbas Amanat, *Resurrection and Renewal*.

[23] arab. „das Tor". In der Selbstdeutung das Tor zu einer neuen Offenbarung, also Wegbereiter für den endzeitlichen Propheten.

[24] Benannt nach ihrem Gründer Shaykh Ahmad al-Ahsa'i (1753-1826).

[25] Shoghi Effendi, *God passes by*, S. XII, 402.

[26] Zur sukzessiven Steigerung seines Anspruchs siehe Todd Lawson, *The Terms 'Remembrance' (dhikr) and 'Gate' (báb) in the Báb's Commentary on the Sura of Joseph*; Nicola Towfigh, *Desinformation als Methode*, S. 466 ff.

[27] In der Bahá'í-Lehre wird die „Einheit der Bahá'í-Offenbarung als ein die Religion des Báb einschließendes Ganzes... betont" (Shoghi Effendi, *Unfolding Destiny*, S. 426). Diese Sicht-

Betreiben der islamischen Geistlichkeit grausamen Verfolgungen durch die staatlichen Behörden ausgesetzt: Der Anspruch auf nachislamische Gottesoffenbarung, die Abrogation der Shari'a sowie auch die allegorische Qur'anexegese sind der schiitischen Orthodoxie Häresie und Apostasie.[28] Es kommt zu blutigen Massakern in der jungen Gemeinde, die in der öffentlichen Hinrichtung des Báb 1850 in Tabriz gipfeln.

Die durch den Báb angekündigte Offenbarungsgestalt sehen die Bahá'í in Bahá'u'lláh[29], eigentlich Mirzá Husayn-'Alí Nuri, einem Ministersohn aus altem iranischem Fürstengeschlecht. Bahá'u'lláh gehörte zu den ersten Anhängern des Báb und nahm bald unter Verzicht auf eine ihm angedachte politische Karriere eine zentrale Rolle innerhalb der Bábí-Bewegung ein. Als es 1852 im Anschluß an ein von zwei Bábí auf den Shah verübtes Attentat zu einer neuerlichen Verfolgungswelle gegen die Bábí kommt, wird Bahá'u'lláh mit anderen führenden Bábí verhaftet und in Teheran eingekerkert. Dort erfährt er seine mystische Berufung zum Prophetenamt, die er in einem Sendbrief an Násiri'd-Dín Sháh wie folgt beschrieben hat:

> „O König, ich war nur ein Mensch wie andere und lag schlafend auf meinem Lager. Siehe, da wehten die Winde des Herrlichsten über Mich und gaben Mir Kenntnis von allem, was war. Diese Sache ist nicht von mir, sondern von dem, welcher mächtig und allwissend ist. Er gebot mir, meine Stimme zu erheben zwischen Erde und Himmel... Sein allbezwingender Ruf hat Mich erreicht und ließ Mich Seinen Lobpreis unter allem Volke anstimmen. Fürwahr, Ich war wie ein Toter, als Sein Befehl erscholl. Die Hand des Willens deines Herrn, des Mitleidigen, des Barmherzigen, verwandelte Mich."[30]

Als unschuldig aus dem Gefängnis entlassen, wird Bahá'u'lláh gleichwohl 1853 nach Baghdad verbannt, wo er innerhalb von zehn Jahren die nach dem Tod ihrer Führungsgestalt orientierungslose, einem Kollaps nahe Bábí-Gemeinde zusammenführt und als ihr Mittelpunkt lenkt. Seine Berufung zum Religionsstifter hat Bahá'u'lláh zunächst niemandem mitgeteilt. Er agiert, auch als Autor einer Reihe von bedeutenden Schriften[31], nach wie vor als Bábí. Dies ändert sich erst, als er sich 1863 am Vorabend seiner durch den Shah erwirkten

---

weise dokumentiert sich auch in dem Umstand, daß die Bahá'í-Jahreszählung mit dem Jahr der Erklärung des Báb, also 1844, beginnt.

[28] Udo Schaefer, *Das Bahá'ítum*, S. 2 f. Alle späteren Verfolgungen der Bahá'í im Iran, auch und gerade die nach der iranischen Revolution 1979/80 verstärkt begonnenen und bis heute fortdauernden, führen sich auf diese Umstände zurück.

[29] arab. „Herrlichkeit Gottes" (Würdetitel); zum Leben und Wirken Bahá'u'lláhs siehe Hasan Balyuzi, *Bahá'u'lláh*; Juan Cole, *Modernity and the Millenium*.

[30] Suriy-i-Haykal 192, in: *The Summons of the Lord of Hosts*, S. 98; für eine weitere Schilderung seines Berufungserlebnisses siehe Bahá'u'lláh, *Brief an den Sohn des Wolfes*, S. 34.

[31] Insbesondere der zentralen Bábí-Apologetik, dem *Kitáb-i-Íqán*; in Baghdad verfaßt Bahá'u'lláh ferner bedeutende mystische Schriften, so *Die Sieben Täler* und *Die Vier Täler*, sowie auch *Die Verborgenen Worte*.

als er sich 1863 am Vorabend seiner durch den Shah erwirkten weiteren Verbannung nach Istanbul einer kleinen Schar seiner Anhänger als der Verheißene des Báb wie auch die Erfüllung der messianischen Verheißungen aller Religionen von einem Weltenerneuerer erklärt. Ende 1863 wird er nach Edirne weiterverbannt, wo er seinen Anspruch als neuzeitlicher Religionsstifter öffentlich verkündet und in der Folge die ganz überwiegende Anzahl der Bábí, die sich nunmehr Bahá'í nennen, als Anhänger gewinnt. 1868 muß Bahá'u'lláh Edirne für die türkische Strafkolonie Akká verlassen.

Von Edirne und Akká aus wendet sich Bahá'u'lláh in Sendschreiben an die Könige und Herrscher des Morgen- und Abendlandes sowie an die religiösen und geistlichen Führer der Welt.[32] Napoleon III., Queen Victoria, Kaiser Wilhelm I., Kaiser Franz Joseph, Zar Alexander II., Sultan 'Abdu'l-Aziz, Ali Pasha und Násiri'd-Dín Shah ruft er dazu auf, seine Botschaft anzuerkennen, ihre maßlose Verschwendung aufzugeben, ihre Untertanen nicht länger untragbar zu belasten sowie den Weltfrieden durch eine umfassende neue Völkerordnung zu begründen. In seinem Sendbrief an Papst Pius IX. erklärt er sich zur Wiederkunft Christi.

In Akká kommt es zu einer Vielzahl von weiteren Schriftoffenbarungen Bahá'u'lláhs[33], in denen die neuen Lehren und Gesetze der Religion sukzessive verkündet und damit u.a. die Abrogation der Shar'ia faktisch vollzogen wird. Die mit dem Tod Bahá'u'lláhs 1892 zu einem Ende kommende, knapp vierzigjährige Verbannung und Inhaftierung des Religionsstifters ist im Hinblick auf seine daraus erwachsenen Leiden von soteriologischer Bedeutung für die Bahá'í.[34] In seinem Testament[35] ernennt Bahá'u'lláh seinen ältesten Sohn Abbas Effendi, in der Selbstbezeichnung 'Abdu'l-Bahá[36], zu seinem Nachfolger als

---

[32] Sämtliche dieser Sendschreiben finden sich in Bahá'u'lláh, *The Summons of the Lord of Hosts*; Teile daraus sind in das Deutsche übersetzt in: *Die Verkündigung Bahá'u'lláhs* und in: *Ährenlese* 65, 66, 113, 114, 116, 118, 119, 120.

[33] Die in arabischer und persischer Sprache verfaßten Schriften Bahá'u'lláhs sind ganz unterschiedlichen Charakters und umfassen Gebete und meditative Lobpreisungen Gottes, mystische Schriften, Lehrtraktate in Briefform, ethische Ermahnungen und Hinweise praktischer Art, philosophisch-theologische Abhandlungen, Gesetze und Gebote etc. Die Übergänge zwischen den Schrifttypen sind oft fließend, ihr Nebeneinander für fast alle Texte charakteristisch.

[34] Udo Schaefer, *Das Bahá'ítum*, S. 4. Deutlich wird dies in folgenden Schriftstellen: *Ährenlese* 45, 141:2, 146; *Botschaften aus 'Akká* 2:7; *Brief an den Sohn des Wolfes*, S. 89; *Die Verborgenen Worte*, pers. 52.

[35] *Kitáb-i-'Ahd* 9; siehe auch *Kitáb-i-Aqdas* 174.

[36] arab. „Diener Bahá's"; da „Bahá" auch hier für „Bahá'u'lláh" steht, bedeutet 'Abdu'l-Bahá „Diener Bahá'u'lláhs". Zu Leben und Wirken 'Abdu'l-Bahás (geb. 1844) siehe Hasan Balyuzi, *'Abdu'l-Bahá*; Mary Perkins, *Servant of the Glory: The Life of 'Abdu'l-Bahá*.

geistiges Oberhaupt der Gemeinde sowie als autoritativer Interpret seiner Lehre[37].

'Abdu'l-Bahá, den Bahá'í der vollkommene Spiegel der Lehre seines Vaters,[38] stärkt im Rahmen einer umfassenden Korrespondenz mit den verstreuten Glaubensangehörigen durch seine darin erfolgenden lehramtlichen Erläuterungen die dogmatische Einheit der Bahá'í-Lehre[39] und treibt durch eigens entsendete Reiselehrer die Verbreitung des Glaubens gezielt voran. 1908 im Gefolge der Jungtürkischen Revolution befreit, bricht er 1911-13 auf umfangreiche Reisen nach Ägypten, Europa und Nordamerika auf, um durch Ansprachen in Universitäten, Kirchen, Synagogen und religiösen wie humanitären Vereinigungen den Bahá'í-Glauben der westlichen Welt zu eröffnen. Zahllos sind die Berichte, in denen die charismatische Ausstrahlung 'Abdu'l-Bahás, seine Menschenliebe und Güte gegenüber Jedermann sowie seine Weisheit beschrieben sind.[40] 'Abdu'l-Bahás Reisen haben denn auch einen beträchtlichen Zuwachs an Gläubigen zur Folge – zu Lebzeiten Bahá'u'lláhs auf die Gebiete Persien, Iraq, Syrien und Indien beschränkt, kommen die Gläubigen nunmehr in zunehmendem Maße auch aus Eu-

---

[37] Die Interpretationskompetenz 'Abdu'l-Bahás ist der Sache nach die aus der katholischen Dogmatik bekannte Lehrgewalt (Udo Schaefer, *Die Grundlagen der „Verwaltungsordnung" der Bahá'í*, S. 107 ff.; *Desinformation als Methode*, S. 123). Insoweit darf der Begriff der „Interpretation" oder „Auslegung" hier nicht im Sinne einer bloßen Sinnermittlung (wie dies im Rahmen der juristischen Auslegung der Fall ist) missverstanden werden. Das auf 'Abdu'l-Bahá ruhende Lehramt geht durch die Ausdeutung bis dato unbekannter Lehrgehalte sowie insbesondere die Setzung originärer Rechtsnormen weit über die Aufdeckung des Sinn- und Bedeutungsrahmens einzelner Schriftaussagen hinaus. Wir haben es hier mit originärer Schriftausdeutung, bisweilen sogar mit Schriftschöpfung (wenn auch gebundener) zu tun. Will man vor diesem Hintergrund an dem Begriff der Auslegung festhalten, so ließe sich besser von „qualifizierter Auslegung" sprechen. Der wesentliche Unterschied zu einer einfachen Auslegung im Sinne von Sinnermittlung zeigt sich darin, daß diese als notwendige Voraussetzung für seine Rechtssetzung auch dem Universalen Haus der Gerechtigkeit (dazu siehe anschließend im Text) gestattet ist (diese Überlegung entspricht denn auch dem Kompetenzverständnis des Universalen Haus der Gerechtigkeit: siehe Briefe vom 9. März 1965, 27. Mai 1966 und 7. Dezember 1969, zit. in: *Lights of Guidance*, S. 314 f., Nr. 1062), obwohl dieses gerade nicht über eine lehrgewaltliche Auslegungskompetenz verfügt: 'Abdu'l-bahá hatte die Lehrgewalt in seinem Testament auf das sog. Hüteramt (dazu siehe anschließend im Text) monopolisiert (*Testament* 1:2, 16-18, 20, 22, 25, 27; 3:13; vgl. auch Shoghi Effendi, *The World Order of Bahá'u'lláh*, S. 148 ff.).

[38] vgl. Shoghi Effendi, *The World Order of Bahá'u'lláh*, S. 134, 144.

[39] Wesentliche Lehrgehalte finden sich daneben in Mitschriften seiner Vorträge und Tischreden (so *Beantwortete Fragen*, *Ansprachen in Paris*, *'Abdu'l-Bahá in London*, *The Promulgation of Universal Peace*), die er zum Teil redigierte und anschließend zur Veröffentlichung freigab.

[40] siehe Myron H. Phelps, *Life and Teachings of Abbas Effendi*; Howard Colby Ives, *Portals to Freedom*; Lady Blomfield, *The Chosen Highway*; Edward Granville Brown, *A Traveller's Narrative*, Bd. 2, S. XXXVI. Für seine humanitären Verdienste während der Kriegsjahre wird 'Abdu'l-Bahá 1920 zum Ritter des Britischen Empire geschlagen.

ropa und Nordamerika. 'Abdu'l-Bahá, dessen Sonderstellung in der Bahá'í-Geschichte daraus ersichtlich wird, daß er nach Bahá'í-Lehre neben den „Zwillingsoffenbarern"[41] Báb und Bahá'u'lláh zu den drei „Zentralgestalten"[42] des Glaubens gehört, verstirbt 1921. In seinem Testament ernennt er seinen ältesten Enkelsohn, Shoghi Effendi[43], zum „Hüter der Sache Gottes"[44], einem dadurch neu geschaffenen Amt, das die Nachfolge im Lehramt mit der Oberleitung der Gemeinde verbindet.[45]

Die Amtsausübung Shoghi Effendis gilt in einem ersten wesentlichen Abschnitt der Jahre 1922-1937 dem weltweiten Aufbau der Bahá'í-Gemeindeordnung: Er weist die Gründung der verschiedenen Selbstverwaltungskörperschaften (="Häuser der Gerechtigkeit") auf örtlicher und nationaler Ebene an, definiert und erläutert in zahlreichen Briefen ihre Funktionen, überwacht ihre administrative Tätigkeit und fungiert als höchste Revisionsinstanz der weltweiten Gemeindeordnung. Nachdem diese in wesentlichen Teilen funktionabel ist, widmet er sich ab ca. 1937 in erster Linie der weiteren Verbreitung des Glaubens, die er durch eine Vielzahl systematischer Lehrpläne für einzelne Gebiete sowie auch die Bahá'í-Weltgemeinde mit beachtlichem Erfolg vorantreibt. Er führt die rege Korrespondenz 'Abdu'l-Bahás fort und erläutert, insbesondere in umfangreichen Lehrbriefen und -traktaten, die dogmatischen Grundlagen des Glaubens weiter.[46] Durch die Übersetzungen zentraler Primärtexte aus der Feder Bahá'u'lláhs sichert er deren normativ-theologischen Gehalt für das Englische; in historischen Werken[47] nimmt er Geschichtsdeutungen vor, die als zentrale Quelle einer Bahá'í-Geschichtstheologie Meta-Historie vermitteln.

Zwischen 1951 und 1957 ernennt Shoghi Effendi 31 herausragende Bahá'í zu sog. „Händen der Sache Gottes", die ihn bei der Verbreitung der Bahá'í-Botschaft und dem Schutz der Einheit und Identität des Glaubens in besonderem Maße unterstützen sollen. Als Shoghi Effendi 1957 überraschend verstirbt, hinterläßt er kein Testament und keinen Nachfolger. Es kommt zu einem Interregnum dieses Gremiums der „Hände", bis 1963 das von Bahá'ú'lláh vorgesehene

---

[41] Shoghi Effendi, *God passes by*, S. 405, 408; vgl. ferner *ebd.*, S. 92, 237.
[42] Shoghi Effendi, *The World Order of Bahá'u'lláh*, S. 131.
[43] Eigentlich Shoghi Rabbani. Der Ehrtitel geht auf die Verleihung durch 'Abdu'l-Bahá zurück. Zu Leben und Wirken Shoghi Effendis siehe Ruhiyyih Rabbani, *The Priceless Pearl*; Riaz Khadem, *Shoghi Effendi in Oxford and Earlier*.
[44] arab. *Valí-Amru'lláh.*
[45] 'Abdu'l-Bahá, *Testament* 1:2, 16-20, 22, 25, 27; 3:13. Die vorherigen Ausführungen zum Charakter des Lehramts 'Abdu'l-Bahás gelten entsprechend für das Lehramt Shoghi Effendis. Zu den Kompetenzen des Hüteramtes im Einzelnen siehe Udo Schaefer, *Die Grundlagen der „Verwaltungsordnung" der Bahá'í*, S. 132 ff.
[46] siehe etwa *The Advent of Divine Justice* oder die in *Bahá'í Administration, The World Order of Bahá'u'lláh, Citadel of Faith, Messages to the Bahá'í World* vereinten Lehrbriefe.
[47] *God passes by*; *The Promised Day is come.*

sog. „Universale Haus der Gerechtigkeit“[48] als Führungsorgan der weltweiten Bahá'í-Gemeindeordnung gewählt wird.

Das Universale Haus der Gerechtigkeit, bei dem die Fülle der Gewalten ruht, leitet als höchste administrative und rechtssetzende Autorität sowie als oberste judizielle Instanz der Gemeindeordnung bis heute die Geschicke der weltweiten Bahá'í-Gemeinde.[49] Neben der allgemeinen Führung der Bahá'í und ihrer Gemeinden sowie der Koordination ihrer Lehrverkündung gilt die Arbeit des Universalen Hauses der Gerechtigkeit der Aufsicht über die untergeordneten nationalen wie lokalen Körperschaften, der Verwaltung des Internationalen Bahá'í-Fonds, der systematischen Erfassung, Archivierung und Übersetzung der unzähligen Primärschriften und der Koordination der humanitären Aktivitäten der Bahá'í sowie ihres Engagements bei den Vereinten Nationen[50]. Der Sitz des Universalen Hauses der Gerechtigkeit wie auch des Bahá'í-Weltzentrums befindet sich in Haifa, Israel.[51] Die Bahá'í-Religion zählt etwa sieben Millionen Anhänger[52], die auf sämtliche Staaten und unabhängige Territorien der Erde verteilt sind; mangels eines Schismas oder nennenswerter Abspaltungen[53] sind

---

[48] arab. *Baytu'l adl-azam*; die eigenwillig anmutende Bezeichnung „*Universales* Haus der Gerechtigkeit“ geht auf die englische Übersetzung des von 'Abdu'l-Bahá stammenden arabischen Begriffes durch Shoghi Effendi mit „Universal House of Justice“ zurück. In einer Vielzahl von Textstellen 'Abdu'l-Bahás und Shoghi Effendis wird diese Körperschaft auch als „*Internationales* Haus der Gerechtigkeit“ bezeichnet (siehe nur 'Abdu'l-Bahá, *The Promulgation of Universal Peace*, S. 455; *Bahá'í Administration*, S. 39, 84, 116, 143; *The World Order of Bahá'u'lláh*, S. 7, 150, 153).

[49] Mit der durch den Tod Shoghi Effendis eingetretenen permanenten Sedisvakanz des Hüteramtes (vgl. Udo Schaefer, *Das Recht der Religionsgemeinschaft der Bahá'í*, S. 42; Ulrich Gollmer, *Desinformation als Methode*, S. 564) ist das Lehramt erloschen (siehe nur Universales Haus der Gerechtigkeit, Briefe vom 9. März 1965, 27. Mai 1966, und 25. Oktober 1984, zit. in: *Wellspring of Guidance*, S. 52 f., 88), so daß die noch verbleibenden „Gewalten“ in Gestalt der sog. Jurisdiktionsgewalt (sie umfaßt die klassischen Gewalten der Legislative, Exekutive und Judikative in dem durch die Schrift vorgegebenem Kompetenzrahmen; zu diesem von Udo Schaefer für die Bahá'í-Lehre fruchtbar gemachten Begriff siehe *Die Grundlagen der „Verwaltungsordnung“ der Bahá'í*, S. 104 ff.; *Desinformation als Methode*, 122 ff.) für die oberste institutionelle Hierarchieebene der Gemeindeordnung auf dem Universalen Haus der Gerechtigkeit ruhen.

[50] Die „Bahá'í International Community“ ist seit 1948 bei den Vereinten Nationen als „Nicht-Regierungsorganisation“ akkreditiert und besitzt seit 1970 beratenden Status im Wirtschafts- und Sozialrat der Vereinten Nationen. Sie arbeitet zudem aktiv mit bei der UNICEF, der Weltgesundheitsorganisation (WHO) und beim Welt-Umweltprogramm der Vereinten Nationen.

[51] Zu den am Weltzentrum in Haifa angesiedelten Einrichtungen zählen das Internationale Archiv, die Internationale Bibliothek, das Internationale Lehrzentrum als Nachfolgeorganisation der „Hände der Sache Gottes“, der Internationale Bahá'í-Fonds, ein Internationales Institut zum Studium der Heiligen Texte sowie die Verwaltung der Grabmäler Bahá'u'lláhs in 'Akká sowie des Báb und 'Abdu'l-Bahás in Haifa.

[52] Laut *World Christian Encyclopaedia* (Band 2, S. 5) waren es im Jahr 2000 ca. 7,1 Millionen Anhänger.

sind; mangels eines Schismas oder nennenswerter Abspaltungen[53] sind sie allesamt unter dem Dach der Bahá'í-Gemeindeordnung vereint.

2. Das Bahá'ítum als dezidierte Schriftreligion: Begriff, Struktur und Komposition der Bahá'í-Schrift

Für den Bahá'í autoritativ und verbindlich sind allein die Texte der Bahá'í-Schrift, wie von 'Abdu'l-Bahá und Shoghi Effendi betont:

> „Any narrative that is not authenticated by a Text should not be trusted... For the people of Bahá [=Bahá'í], the Text, and only the Text, is authentic."[54] „Nothing can be considered scripture for which we do not have an original text."[55]

Allein das schriftliche Wort, und nicht etwa eine religiöse Tradition, Berichte über Aussagen der Zentralgestalten oder Erkenntnisse einzelner Bahá'í oder Bahá'í-Institutionen bestimmen, was das Bahá'ítum zum Inhalt hat – Induktionsbasis der Bahá'í-Lehre ist allein der Text. Weil dem so ist, ist das Bahá'ítum als dezidierte Schriftreligion einzuordnen.[56] Die Schrift umfaßt die Offenbarungstexte Bahá'u'llahs, die von ihm nicht abrogierten Offenbarungsschriften des Báb sowie die lehramtlichen Auslegungen 'Abdu'l-Bahás und Shoghi Effendis.[57] Sie bilden dem Bahá'í-Selbstverständnis gemäß trotz ihrer komplexen

---

[53] Es gibt lediglich eine Anzahl kleinerer Splittergruppen in Amerika und Indien, die sich bspw. „Orthodox Bahá'ís" oder „Bahá'ís under the Provisions of the Guardianship" nennen und deren Anhängerzahlen Schätzungen zufolge (siehe Das Universale Haus der Gerechtigkeit, Research Department, *Mason Remey and those who followed him*) jeweils im zweistelligen bzw. niedrigen dreistelligen Bereich angesiedelt sind.

[54] 'Abdu'l-Bahá, zit. in: *Lights of Guidance*, S. 438, Nr. 1431.

[55] Shoghi Effendi, *Unfolding Destiny*, S. 208.

[56] vgl. Udo Schaefer, *Die Grundlagen der „Verwaltungsordnung" der Bahá'í*, S. 69, sowie *Die mißverstandene Religion*, S. 32 ff. Das Bahá'ítum ist Schriftreligion in einem doppelten Sinne: Zum einen, weil nur das schriftliche Wort autoritativ ist. Zum anderen muß es sich um Schrift im engeren Sinne handelt, ein irgendwie schriftliches Dokument genügt nicht: Nur wenn geistiger Urheber des Textes in seiner Gesamtheit eine der Zentralgestalten des Bahá'í-Glaubens oder Shoghi Effendi ist, handelt es sich um Bahá'í-Schrift. Kumulative Voraussetzung für alle vier möglichen Fälle ist zudem noch, dass das Dokument im Original erhalten ist.

[57] ähnl. Ulrich Gollmer, *Desinformation als Methode*, S. 359, Anm. 228. Dieser hier vertretene, als weit bezeichenbare Schriftbegriff will dem Umstand gerecht werden, daß die besagten Texte in ihrem Selbstverständnis von gleicher Validität und Autorität sind und auch im übrigen eine Einheit bilden (siehe anschließend im Text) – eine gemeinsame begriffliche Erfassung ist da plausibel. Der alternative, enge Schriftbegriff erfaßt demgegenüber allein das Offenbarungswerk Bahá'u'lláhs und die von ihm nicht abrogierten Werkteile des Báb; er läßt sich insbesondere vor dem Hintergrund der christlichen Dogmatik, die den Begriff der Heiligen Schrift allein den Büchern der Bibel vorbehält, vertreten. Während sich für den engen Schriftbegriff ins Feld führen läßt, daß er sowohl der Zentralität der Texte der Religionsstifter als auch ihrer erhöhten Dignität Rechnung trägt, überwiegt doch das Bedürfnis nach einer

Struktur[58] *ein* göttliches Kompositum, das sich als intendiertes Sinnganzes und fehler- wie widerspruchsloses System versteht[59] – Umstände, die im Begriff der Schrift selbst[60], explizit auch in der Formel der „Einheit der Bahá'í-Schrift“[61] ihren Ausdruck finden.

Was beinhaltet diese Schrift nun? In zwei zentrale Komponenten zerlegt, enthält sie zunächst religiöse Weisungen, die das tägliche *Handeln* des Gläubigen bestimmen und als Ethik, Recht, Kult oder Vorschriften zum Leben in der Bahá'í-Gemeinschaft das unmittelbar normative Programm der Bahá'í-Botschaft ausmachen (nachfolgend unter 4). Die zweite elementare Komponente gilt metaphysischen Konzepten, die in erster Linie das religiöse Weltbild des Bahá'í, sein Verhältnis zur Transzendenz und zu anderen Religionen, mithin sein weltanschauliches *Denken* bestimmen (nachfolgend unter 3).[62] Ein Spezifikum des Bahá'ítums ist, daß sich die zweite Komponente der Bahá'í-Schrift im Rahmen einer Begründung der ersten vermittelt.[63]

---

einheitlichen Erfassung dessen, was sich nicht nur als einheitlich, sondern vielmehr als *eins* versteht (siehe anschließend im Text).

58 Diese ist nicht nur bedingt durch die verschiedenen Schriftväter und -quellen, sondern auch durch die unterschiedlichen Texttypen, den unterschiedlichen Rang der Schriftkomponenten, sowie die unterschiedliche Entstehungszeit und große Vielzahl der Schrifttexte.

59 Der Gehalt der jeweiligen Schriftkomponenten versteht sich nicht als akzidentell, sondern als notwendig: So wie das Lehramt jeweils ausgefüllt wurde, *mußte* es ausgefüllt werden. Daß sich vor diesem Hintergrund in der Selbstdeutung vermeintliche Widersprüche einzelner Schriftstellen durch das Aufspüren aussageimmanenter Bedeutungsschranken auflösen lassen, ist nur folgerichtig.

60 Als Alternative zu der bislang innerhalb der Bahá'í-Gemeinde gängigen pluralen Bezeichnung „Bahá'í-Schriften“. In der englischsprachigen Sekundärliteratur setzt sich die singulare Form „Bahá'í Scripture“ allmählich durch.

61 Sie bringt Shoghi Effendi zum Ausdruck, indem er schreibt: „We must take the teachings as a great, balanced whole, not seek out and oppose to each other two strong statements that have different meanings; somewhere in between, there are links uniting the two“ (Brief vom 19. März 1946, zit. in: Das Universale Haus der Gerechtigkeit, *Brief zur Frage der Theokratie*, S. 3).

62 Einführungstexte zum Bahá'í-Glauben beschränken sich vielfach auf diese Komponente. Während auf diese Weise das besondere Profil von Bahá'í-Theologie und -Lehre in den Vordergrund gerückt wird, gerät der Charakter des religiösen Lebens der Bahá'í, das in erster Linie durch die Weisungen ihrer Religion bestimmt ist, in das Hintertreffen.

63 Konkret bedeutet das: Indem die Bahá'í-Lehre die für das Glaubensleben maßgeblichen Normen der Bahá'í-Religion sowie die eigene Botschaft insgesamt einwertet (und zwar als relativ; dazu siehe nachfolgend unter 3), begründet sie diese nicht nur, sondern bestimmt damit zugleich auch das Verhältnis des Gläubigen zu Mensch und Welt – Gottesbild, Menschen- und Offenbarungsbild, Zweck von Religion, Bestimmung des Menschen etc. werden nicht für sich isoliert und abstrakt, sondern im Rahmen jener Selbstbegründung der Schrift vermittelt.

3. Zur Bahá'í-Lehre: Relativitätsdoktrin, theologischer Universalismus und Einheitsparadigma

Worin vollzieht sich nun jene Eigenwertung der Bahá'í-Schrift, die als der Katalysator für die Vermittlung des religiösen Weltbildes qualifiziert wurde? Stark pointiert erfolgt sie in dem Fundamentalsatz:

> „Religiöse Wahrheit [ist] nicht absolut, sondern relativ.“[64]

Diese Relativitätsdoktrin, die Shoghi Effendi als Dreh- und Angelpunkt[65] wie auch als „bedrock of Bahá'í belief“[66] bezeichnet hat, und die keinesfalls eine Beliebigkeit oder nur relative Verbindlichkeit der Inhalte von Religion meint,[67] ordnet die Bahá'í-Botschaft in toto als relativ ein – eine Wertung, in der die Bahá'í-Lehre zu einem elementaren Substrat verdichtet, gleichsam in nuce beschlossen liegt. Sich der Bahá'í-Lehre zu nähern, erfordert daher, den Zusammenhang, dem der Relativitätsgedanke Existenz und Gehalt verdankt, aufzuschlüsseln. Dieser Zusammenhang ist ein Deutungsmodell, das einen neuartigen Zugang zum Phänomen der Pluralität der Religionen liefert und als das Schibboleth der Bahá'í-Botschaft gelten mag: Das sog. Paradigma der fortschreitenden Gottesoffenbarung.[68] Wer mithin aufschlüsselt, was dieses Paradigma zum Inhalt hat, erhält Bahá'í-Lehre. Der zugrunde liegende Gedankengang nimmt sich wie folgt aus:

Gott, der eine und einzige (=„Einheit Gottes“), steht mit der Menschheit im Bund. Im Rahmen dieses Bundes offenbart er sich mittels der Religion als dem Medium der Verkündung und Implementierung seines Willens. Eine jede der historischen Hochreligionen ist Träger des göttlichen Willens, sie alle verdanken sich dem einen Urheber: Gott. Die sich in ihrer Pluralität dokumentierende rezidivierende Selbstoffenbarung Gottes bedingt sich dabei durch die Funktion von Religion. Sie besteht nach der Bahá'í-Lehre darin, den Menschen beständig und unablässig moralisch zu führen und mit dem Heil zu versorgen, ihn also zu jeder Zeit in seiner Entwicklung zu begleiten. Weil der Mensch aber – gerade im Hinblick auf seine gesellschaftliche Existenz – ein evolutives Wesen ist, erfordert seine adäquate Führung und Heilsversorgung durch Gott auch ein dynamisches

---

[64] Shoghi Effendi, *The World Order of Bahá'u'lláh*, S. 58, 115; *Die Bahá'í-Weltreligion*, S. 8; siehe auch *The Promised Day is come*, S. 108; *Bahá'í Administration*, S. 185.

[65] *The World Order of Bahá'u'lláh*, S. 58.

[66] *The World Order of Bahá'u'lláh*, S. 115; vgl. auch *God passes by*, S. 281.

[67] Jede religiöse Botschaft tritt für ihre Zeit vielmehr mit einem Anspruch auf absolute Geltung auf; dazu siehe unten Anmerkung 614.

[68] Der Begriff des Paradigmas wurde in die Bahá'í-Theologie eingeführt und in extenso begründet von Udo Schaefer (*Heilsgeschichte und Paradigmenwechsel*, insbes. S. 47 ff., 61 ff.). Alternativ läßt sich mit Blick auf die diesem Konzept zugrundeliegenden, sog. drei Einheiten der Bahá'í-Theologie (zu diesen siehe nachfolgend im Text) auch vom „Einheitsparadigma“ sprechen (*ebd.*, S. 61, 174).

Religionsmodell[69]: In je neuen Religionsstiftungen wird Gottes Wille den Erfordernissen der Zeit gemäß aktualisiert und so das göttliche Bundesversprechen der unablässigen und sachadäquaten Wegweisung eingelöst. Gott ist der souveräne Reformator seiner religiösen Stiftungen. Nach diesem Modell gilt, daß die Wahrheit der Religionen nur *eine* ist, sie muß nur angesichts anderer Zeitumstände je anders konkretisiert werden.[70] Die Religion muß sich gewissermaßen stets auf den neuesten Stand bringen, und zwar, indem sie sich erneuert:

> „Wie der Leib des Menschen eines Gewandes bedarf, sich zu kleiden, so muß der Leib der Menschheit mit dem Mantel der Gerechtigkeit und Weisheit geschmückt sein. Ihr Prachtgewand ist die Offenbarung, die Gott ihr verliehen hat. Wann immer dieses Gewand seinen Zweck erfüllt hat, wird der Allmächtige es gewiß erneuern. Denn jedes Zeitalter fordert ein neues Maß an Gottes Licht. Jede göttliche Offenbarung wurde so herabgesandt, wie sie den Verhältnissen des Zeitalters entspricht, in dem sie erscheint."[71]

Die religiöse Gottesoffenbarung vollzieht sich dabei nicht akzidentell[72], sondern folgt einem genauen Plan, dem göttlichen Heilsplan, in dem die Religionsstiftungen eherne Fixpunkte und ihre Sendungen ebenso gleichwertige wie komplementäre Heilsabschnitte verkörpern. Das abstrakte Heilsziel der verschiedenen Religionsstiftungen ist dabei stets gleich: Die Realisierung des menschlichen Potentials zur Gottesebenbildlichkeit, mithin die Erlösung von Mensch und Gesellschaft.[73] Demgegenüber weisen die jeweiligen Religionen differierende konkrete Heilsziele auf, die durch ihren je spezifischen Auftrag und ihre komplementäre Funktion innerhalb des göttlichen Heilsplanes bedingt sind. Da nun die Erkenntnisfähigkeit und Rezeptivität des Menschen im Zuge seiner Evolution beständig wächst, und das Maß der ihm zuteil werdenden Wahrheit infolgedessen stets zunimmt, handelt es sich um *fortschreitende* Gottesoffenbarung, die im übrigen kein Ende kennt: Sie ist ein nach vorne offenes Kontinuum.[74]

---

69 Eine einzige, ewig unveränderliche Religion würde alsbald nicht mehr ihrem Adressaten und dessen zurückgelegter wie auch bevorstehender Entwicklung gerecht.

70 vgl. 'Abdu'l-Bahá, *Ansprachen in Paris* 40:4. Shoghi Effendi hat dieses Phänomen für die Mission Bahá'u'lláhs wie folgt beschrieben: „His purpose, far from belittling the station of the Prophets gone before Him or of whittling down their teachings, is *to restate the basic truths* which these teachings enshrine in a manner that would conform to the needs, and be in consonance with the capacity, and be applicable to the problems, the ills and perplexities, of the age in which we live in" (*The Faith of Bahá'u'lláh*, S. 7). Die Hochreligionen der Erde stellen, so Shoghi Effendi, trotz ihrer Unterschiede nur „Facetten der einen Wahrheit" dar (*Bahá'í*, S. 4).

71 Bahá'u'lláh, *Ährenlese* 34:7.

72 Sie erfolgt, in den Worten Shoghi Effendis, „orderly, continuous and progressive and not spasmodic" (*The World Order of Bahá'u'lláh*, S. 115).

73 Nach Bahá'í-Lehre ist dieses abstrakte Heilsziel zu unterscheiden von dem ebenfalls allen Religionen gemeinsamen, übergreifenden Fernziel des neuen Menschen oder weltimmanenten „Reich Gottes".

74 Udo Schaefer, *Wenn Gott spricht...*, S. 11.

Indessen unterliegt nach der Bahá'í-Lehre streng genommen nur ein Teilbereich der religiösen Botschaft der Veränderlichkeit: Eben jenes Gebiet, das im besonderen Maße die menschlich-gesellschaftliche Entwicklung abbildet und in erster Linie durch die Rechts- und Sozialnormen der Religion sowie ihre kultischen Vorschriften verkörpert wird; diese Inhalte von Religion sind aufgrund ihrer besonderen Zeit- und Kulturrelativität einigermaßen kontingent. Dagegen weist Religion auch einen unveränderbaren Essentialgehalt auf, der sich aus den Moral- und Tugendwerten speist. Hier findet so gut wie keine Veränderung statt. Im Hinblick auf die gleiche Provenienz der verschiedenen Religionen, ihre identische Funktion und ihre Zugehörigkeit zu einem übergreifenden Heilsplan, aber auch im Hinblick auf ihren identitären Kerngehalt spricht die Bahá'í-Schrift von der Existenz nur *einer* Religion: Judentum, Christentum, Buddhismus, Hinduismus, Islam, Parsentum, Bábismus, Bahá'ítum etc. – sie alle sieht das Bahá'ítum

> „in no other light except as different stages in the eternal history and constant evolution of one religion, divine and indivisible, of which it itself forms but an integral part."[75]

In diesen Sätzen zeigt sich der theologische Universalismus[76] des Bahá'ítums an, der in dem Stichwort der „Einheit der Religionen" auf den Begriff gebracht ist.[77]

Adressat der *einen* Religion des *einen* Gottes ist dem Bahá'ítum zufolge die *eine* Menschheit: In der Lehre von der „Einheit der Menschheit", von Shoghi Effendi als „pivotal principle and fundamental doctrine"[78] des Bahá'í-Glaubens bezeichnet und zweifelsohne eines seiner Spezifika, liegt die dritte Säule von Bahá'í-Theologie und Lehre. In ihr drückt sich zunächst das deskriptiv-wertende Postulat von der „Einheit und Unteilbarkeit des Menschengeschlechts"[79] aus.[80] Dar-

---

[75] *The World Order of Bahá'u'lláh*, S. 114; siehe auch die anschließenden Ausführungen *ebd.*

[76] Udo Schaefer, *Desinformation als Methode*, S. 212.

[77] Shoghi Effendi hat das Postulat der Einheit der Religionen wie folgt zusammengefaßt: Das Bahá'ítum „proclaims all established religions to be divine in origin, identical in their aims, complementary in their functions, continuous in their purpose, indispensable in their value to mankind" (*The World Order of Bahá'u'lláh*, S. 58); vgl. auch *The Faith of Bahá'u'lláh*, S. 6.

[78] *God passes by*, S. 281; vgl. auch *The World Order of Bahá'u'lláh*, S. 42.

[79] Shoghi Effendi, *God passes by*, S. 217.

[80] Ihm zugrunde liegt die Lehre von der Gleichheit aller Menschen und menschlichen Rassen (im Sinne ihrer Gleichwertigkeit; siehe nur 'Abdu'l-Bahá, *Briefe und Botschaften* 227:8), die in der gleichen Schöpfung durch Gott begründet ist: „O Menschenkinder! Wißt ihr, warum Wir euch alle aus dem gleichen Staub erschufen? Damit sich keiner über den anderen erhebe." (Bahá'u'lláh, *Die Verborgenen Worte*, arab. 68). Zudem beinhaltet das Konzept der Einheit der Menschheit den Gedanken der Existenz einer übergreifenden ideellen Entität, der der Mensch kraft seines Menschseins zugehört („Die Erde ist nur ein Land, und alle Menschen sind seine Bürger" (Bahá'u'lláh, *Botschaften aus 'Akká* 11:13; vgl. auch *ebd.* 6:27, 8:58)), und die sich durch ein gemeinsames Schicksal und eine einheitliche Bestimmung auszeichnet (vgl. 'Abdu'l-Bahá, *Briefe und Botschaften* 227:12 f.). An ihren Interessen soll der Mensch sein Handeln ausrichten, sie soll der Gegenstand seines Wohlwollens und seiner Liebe sein

über hinaus und ganz zentral ist die Einheitslehre den Bahá'í realpolitisches Programm:[81] Bahá'u'lláh tritt mit dem Anspruch auf, die eine Menschheit in einer universalen Völkerordnung, in der alle Staaten der Erde einem föderalen Weltgemeinwesen angehören, zu vereinigen. Dieses konkrete Heilsziel des Bahá'ítums, das „Reich Gottes auf Erden", ist nach Bahá'í-Lehre mit dem übergreifenden Heilsziel aller Religionen identisch und begründet das Selbstverständnis der Bahá'í-Religion als Summe und Erfüllung der religiösen Botschaften der Vergangenheit. In der Unbedingtheit seiner vorausgesagten Realisierung ist das Postulat der Einheit der Menschheit schließlich auch göttliche Verheißung.[82]

Weitere zentrale Positionen der Bahá'í-Lehre hat Shoghi Effendi wie folgt zusammengefaßt: Der Bahá'í-Glaube

> „enjoins upon its followers the primary duty of an unfettered search after truth, condemns all manner of prejudice and superstition, declares the purpose of religion to be the promotion of amity and concord, proclaims its essential harmony with science, and recognizes it as the foremost agency for the pacification and the orderly progress of human society. It unequivocally maintains the principle of equal rights, opportunities and privileges for men and women, insists on compulsory education..., emphasizes the necessity of strict obedience to one's government, exalts any work performed in the spirit of service to the level of worship, urges either the creation or the selection of an auxiliary international language, and delineates the outlines of those institutions that must establish and perpetuate the general peace of mankind.[83]

4. Das normative Programm des Bahá'ítums

Welchen Inhalt hat nun jenes normative Programm der Bahá'í-Schrift, dessen Relativität sie – wie soeben dargestellt – selbst postuliert? Unter Ausklammerung des Rechts, das nachfolgend unter III. einer ausführlicheren Behandlung zugeführt werden soll, ergeben sich folgende Teilgebiete:

(vgl. nur Shoghi Effendi, *The Faith of Bahá'u'lláh*, S. 14, sowie Bahá'u'lláh, *Ährenlese* 43:4, 6, 117:1, 132:1, 5); insoweit ist hier der Gedanke der Nächstenliebe in eine andere, größere Dimension erhoben. Im übrigen wird die Verschiedenheit der Rassen und Individuen innerhalb jener geschlossenen Entität als ebenso gottgewollt wie wertvoll betrachtet (sog. Einheit in der Vielfalt; siehe nur 'Abdu'l-Bahá, *Ansprachen in Paris*, Kap. 42; Shoghi Effendi, *The World Order of Bahá'u'lláh*, S. 41 f.; *Directives from the Guardian*, Nr. 25).

[81] Der Gedanke der Einheit der Menschheit weist also zwei unterschiedliche Dimensionen auf: eine ontologische und eine normativ-politische.

[82] dahingehend Bahá'u'lláh, zit. in: Shoghi Effendi, *God passes by*, S. 194; Shoghi Effendi, *The World Order of Bahá'u'lláh*, S. 43, 47; *The Faith of Bahá'u'lláh*, S. 8.

[83] *The Faith of Bahá'u'lláh*, S. 8.

a) Die Bahá'í-Ethik

Mit der Bahá'í-Ethik[84] handelt es sich zunächst um jenes Feld, in dem die Unterschiede zu den sonstigen Religionen am geringsten sind,[85] so daß auch der suchende Blick nicht fundamental Neuem begegnet.[86] Neu ist in erster Linie nur die andere Hierarchisierung und Gewichtung der aus der Ethik der Hochreligionen bekannten Moral- und Tugendwerte, sowie deren andere komplexe Verkettung. Neu ist in jedem Falle aber auch, daß die ethischen Weisungen in so überwältigender Anzahl und Fülle und zudem noch in authentischer Schriftform überkommen sind.[87] Für den Bahá'í verkörpern sie in ihrer Summe den sog. „Geraden Pfad"[88], den zu beschreiten urtümliche Pflicht des Menschen aus seinem Bund mit Gott ist.

Die Bahá'í-Ethik kennt ethische Pflichten dreier Kategorien:[89] Die oberste Kategorie sind die Pflichten des Einzelnen gegenüber Gott, wie beispielsweise Gottesliebe[90], Gottesfurcht[91], Gottvertrauen[92], Standhaftigkeit im Glauben[93], Ge-

---

[84] Zum Ganzen siehe Udo Schaefer, *Bahá'í Ethics in Light of Scripture*; *Ethics for a Global Society*; *The new morality*; *Verantwortliches Leben aus dem Glauben*; Ihsan Halabi, *Ethische Aspekte des Aqdas*. Für eine Bahá'í-Ethik am konkreten Fall siehe ferner Udo Schaefer, *Ethische Aspekte des Rauchens*.

[85] Bahá'u'lláh schreibt denn auch: „Die Tugenden und göttlichen Attribute sind offenkundig; sie wurden in allen heiligen Büchern genannt und beschrieben" (*Ährenlese* 134:2).

[86] Ein Beispiel für die vereinzelt gegebenen Neuerungen ist der von Bahá'u'lláh gestiftete, der Ethikgeschichte in dieser Form unbekannte Tugendwert der „Feinheit" (arab. *latáfah*; *Kitáb-i-Aqdas* 46, 74, 76, 151), der so unterschiedliche Werte wie Sauberkeit, Kultiviertheit, Eleganz, Feinheit, Graziösität, Höflichkeit und Reinheit umfaßt (vgl. *Kitáb-i-Aqdas*, Erl. 75); zur „Feinheit" als einem ethischen Novum siehe Ihsan Halabi, *Ethische Aspekte des Aqdas*, S. 300 f.

[87] Der Charakter der einzelnen normativen Aussagen ist dabei durchaus heterogen: Sie umfassen so unterschiedliche Kategorien wie Gebote und Verbote, Befehle, Tugendkataloge, Warnungen vor dem Schlechten und Bösen, Ratschläge und Ermahnungen zu einem Leben in Anstand und Rechtschaffenheit vor Gott, allgemeine Werturteile etc.

[88] Dabei handelt es sich um eine qu'ranische Metapher (vgl. Qu'ran 1:6, 4:68, 5:16, 37:118. 1:6 u.w.), die im Schrifttum Bahá'u'lláhs vielfach rezipiert ist (vgl. *Ährenlese* 82:5, 110, 114:1, 116:3, 128:3; *Botschaften aus 'Akká* 4:8, 5:17, 6:11, 8:3, 11:15, 14:5 u. w.). Bahá'u'lláh hat den „Geraden Pfad" wie folgt definiert: „Der Gerade Pfad ist derjenige, welcher den Menschen zum Morgen der Wahrnehmung, zum Dämmerort wahren Verstehens führt und ihn zu dem bringt, was ihm zu Ruhm, Ehre und Größe gereicht" (*Botschaften aus 'Akká* 4:8). Mit anderen Worten: Der Gerade Pfad ist der durch die Religion bezeichnete Weg zu Gott, der Weg zu Erlösung und Wiedergeburt. Die Diktion erklärt sich dabei wohl wie folgt: Die Gerade ist der kürzeste Weg zwischen zwei Punkten, und so soll das Leben in Unterwerfung unter das religiöse Gebot der direkteste Weg zu Gott sein.

[89] Udo Schaefer, *Verantwortliches Leben aus dem Glauben*, S. 108; die nachfolgende Systematisierung geht auf diesen Beitrag zurück.

[90] Bahá'u'lláh, *Ährenlese* 134:2. Hier und im folgenden jeweils nur einzelne Fundstellen aus der großen Fülle einschlägiger Schriftstellen.

[91] Bahá'u'lláh, *Brief an den Sohn des Wolfes*, S. 20, 38 f.

duld[94] und Frömmigkeit[95]. Die zweite Kategorie umfaßt Pflichten des Menschen gegenüber sich selbst, wie Loslösung von allem außer Gott[96] (zuvorderst von allem Materiellen), Reinheit[97], Keuschheit[98] und Heiligkeit[99]. Die dritte Kategorie sind die Pflichten gegenüber dem Nächsten und dem Gemeinwesen. Hier nimmt die Gerechtigkeit den höchsten Rang ein[100]; sie ist höchster Tugendwert, aber auch Zentralwert der Ordnungswelt. Der Gerechtigkeit stehen die Kardinaltugenden der Weisheit[101] und Mäßigung[102] zur Seite. Einen besonderen Rang im Tugend- und Wertekanon Bahá'u'lláhs nehmen auch die Tugenden der Wahrhaftigkeit[103] und Vertrauenswürdigkeit[104] ein. Fundament und Grundbedingung allen moralischen Handelns ist die Liebe.[105] Bahá'u'lláh hat den Bahá'í eine allumfassende Menschen- und Menschheitsliebe aufgetragen[106], er fordert eine Liebe, die „ohne Schranken und ohne Ende“[107] sei.

In einer Vielzahl von Schriftstellen werden weitere Tugenden inhaltlich beschrieben oder unter Voraussetzung ihres Inhalts einfach nur benannt, so etwa Demut, Barmherzigkeit, Mitleid, Sauberkeit, Selbstlosigkeit, Höflichkeit, Sanftmut, Langmut, Nachsicht, Dankbarkeit, Rechtschaffenheit, Großzügigkeit, Mildtätigkeit, Milde, Gastfreundschaft etc.[108] Zu meiden sind Bosheit[109], Faulheit und Müßiggang[110], Stolz[111], Neid[112], Habgier[113], Hochmut[114], Heuchelei[115]

---

92 Bahá'u'lláh, *Botschaften aus 'Akká* 10:2.

93 Bahá'u'lláh, *Ährenlese* 133:2, 162:2.

94 Bahá'u'lláh, *Kitáb-i-Aqdas* 42; *Die Verborgenen Worte*, arab. 48.

95 Bahá'u'lláh, *Botschaften aus 'Akká* 4:16; *Die Verborgenen Worte*, pers. 47.

96 Dies eine zentrale, immer wieder eindringlich betonte Pflicht: vgl. nur Bahá'u'lláh, *Die Verborgenen Worte*, arab. 16, 23, 54 ff.; *Ährenlese* 14:18, 46:4.

97 Bahá'u'lláh, *Die Verborgenen Worte*, arab. 1; 'Abdu'l-Bahá, *Briefe und Botschaften* 2:7, 95:1.

98 Bahá'u'lláh, *Ährenlese* 59:5, 60:3; siehe auch Shoghi Effendi, *The Advent of Divine Justice*, S. 29 ff.

99 Bahá'u'lláh, *Die Verborgenen Worte*, pers. 8, 38, 79.

100 „Von allem das Meistgeliebte ist mir die Gerechtigkeit“ (Bahá'u'lláh, *Die Verborgenen Worte*, arab. 2); vgl. auch *Botschaften aus 'Akká* 10:23; *Ährenlese* 100:6.

101 Bahá'u'lláh, *Botschaften aus 'Akká* 6:4, 25, 41.

102 Bahá'u'lláh, *Botschaften aus 'Akká* 6:31, 11:19. Es gilt der Kardinalgrundsatz der „Mäßigung in allen Dingen“ (siehe *ebd.* sowie *Ährenlese* 163:2.)

103 Bahá'u'lláh, *Ährenlese* 114:3, 126:2, 139:8.

104 Bahá'u'lláh, *Kitáb-i-Aqdas* 120; *Botschaften aus 'Akká* 4:17-20, 8:40, 44, 57.

105 Bahá'u'lláh, *Botschaften aus 'Akká* 6:42; *Ährenlese* 126:3, 145:1.

106 siehe nur Bahá'u'lláh, *Kitáb-i-Íqán*, S. 214, 216; *Botschaften aus 'Akká* 6:27, 8:58, 11:13; *Ährenlese* 43:4, 6, 117:1, 132:1, 5; 'Abdu'l-Bahá, *Ansprachen in Paris* 42:12.

107 'Abdu'l-Bahá, *Ansprachen in Paris* 9:7.

108 Für Schriftbelege siehe das Sachregister von Bahá'u'lláh, *Ährenlese* und *Botschaften aus 'Akká*, sowie 'Abdu'l-Bahá, *Briefe und Botschaften*.

109 Bahá'u'lláh, *Die Verborgenen Worte*, pers. 42.

110 Bahá'u'lláh, *Botschaften aus 'Akká* 3:22.

111 Bahá'u'lláh, *Botschaften aus 'Akká* 6:20; *Brief an den Sohn des Wolfes*, S. 52.

sowie List und Argwohn[116]. Untersagt sind üble Nachrede und Verleumdung[117], Fanatismus[118] und leerer Wortdisput[119]. Der Mensch wird überdies ermahnt, seinen Blick auf das Gute im Nächsten zu richten[120], ihm stets zu vergeben und zu verzeihen[121], „wenig Worte zu machen und eine Fülle von Taten aufzuweisen“[122], „jede Art von Schlechtigkeit“[123] zu meiden, sich der Vergänglichkeit des Materiellen und Irdischen stets bewußt zu machen[124], sich nicht den eigenen Trieben und Leidenschaften zu unterwerfen[125] und sich täglich aufs Neue moralisch zu prüfen[126]. Hier eine Schriftstelle aus dem Schrifttum Bahá'u'lláhs, die einen Eindruck vom ethischen Gehalt seiner Botschaft vermitteln mag:

> „Gebt alles Böse auf und haltet fest, was gut ist. Strebt danach, der ganzen Menschheit leuchtende Beispiele zu bieten und Wahrzeichen der göttlichen Tugenden unter den Menschen zu sein... Laßt jeden Morgen besser sein als den Abend davor und jeden neuen Tag reicher werden als den gestrigen. Des Menschen Vorzug liegt im Dienst und in der Tugend, nicht im Prunk des Wohllebens und des Reichtums. Habt acht, daß eure Worte rein sind von eitlem Wahn und weltlichen Lüsten und eure Taten von List und Argwohn. Vergeudet nicht den Reichtum eures kostbaren Lebens im Verfolg böser, verderbter Neigung, noch laßt eure Mühe völlig in der Förderung eurer eigenen Interessen aufgehen. Seid großzügig in Tagen der Fülle und geduldig in der Stunde des Verlustes. Auf Not kommt Erfolg, und Jubel folgt dem Wehe. Nehmt euch in acht vor Faulheit und Müßiggang, haltet euch an das, was der Menschheit, ob jung oder alt, hoch oder niedrig, Nutzen bringt. Hütet euch, das Unkraut des Zwistes unter die Menschen zu säen oder die Dornen des Zweifels in reine, strahlende Herzen zu pflanzen. Begeht nichts, was den klaren Fluß der Liebe verschmutzt oder den süßen Duft der Freundschaft tilgt. Bei der Gerechtigkeit des Herrn! Ihr seid erschaffen, einander Liebe zu bezeigen, nicht Eigensinn und Groll. Seid nicht stolz auf eure Eigenliebe,

---

[112] Bahá'u'lláh, *Die Verborgenen Worte*, pers. 6, 42.
[113] Bahá'u'lláh, *Die Verborgenen Worte*, pers. 50; 'Abdu'l-Bahá, *Das Geheimnis göttlicher Kultur*, S. 48.
[114] Bahá'u'lláh, *Kitáb-i-Aqdas* 122; *Ährenlese* 105:5.
[115] Bahá'u'lláh, *Kitáb-i-Aqdas* 36.
[116] Bahá'u'lláh, *Botschaften aus 'Akká* 9:4.
[117] Bahá'u'lláh, *Kitáb-i-Aqdas* 19.
[118] Bahá'u'lláh, *Kitáb-i-Aqdas* 144.
[119] Bahá'u'lláh, *Kitáb-i-Aqdas* 73, 148, 169.
[120] 'Abdu'l-Bahá, *Briefe und Botschaften* 144:2 ff.
[121] 'Abdu'l-Bahá, *Beantwortete Fragen* 77:2.
[122] Bahá'u'lláh, *Botschaften aus 'Akká* 10:13.
[123] Bahá'u'lláh, *Ährenlese* 128:8.
[124] Bahá'u'lláh, *Brief an den Sohn des Wolfes*, S. 61.
[125] Bahá'u'lláh, *Ährenlese* 126:4; *Brief an den Sohn des Wolfes*, S. 81.
[126] Bahá'u'lláh, *Botschaften aus 'Akká* 9:4.

> sondern auf die Liebe zu euren Mitgeschöpfen. Rühmt euch nicht der Liebe zu eurem Vaterland, sondern der Liebe zur ganzen Menschheit."[127]

b) Das Gemeindeleben der Bahá'í

Zu den das Dasein des Bahá'í konstituierenden Elementen gehört darüber hinaus ganz wesentlich das Leben in der Bahá'í-Gemeinschaft. Dessen Herzstück bildet das sog. Neunzehntagefest, eine Gemeindefeier, die alle neunzehn Tage am Vorabend eines jeden Bahá'í-Monats von den Mitgliedern der Ortsgemeinde begangen wird.[128] Nach seiner durch Shoghi Effendi vorgenommenen Organisation[129] zerfällt es in drei Teile: Am Beginn steht eine Andacht. Ihr schließt sich ein administrativer Abschnitt an, in dem die Gemeindeangelegenheiten besprochen werden, gefolgt von einem abschließenden sozialen Teil, in dessen Mittelpunkt ein gemeinsames Mal sowie überhaupt Gastlichkeit und Freundschaft stehen. Da das Bahá'ítum keinen Klerus kennt[130] und nur sehr wenige Bahá'í hauptberuflich für den Bahá'í-Glauben tätig sind, fehlt ein Dualismus zwischen den Amtsträgern der Ordnung und dem einfachen Gemeindevolk, wie er für andere religiöse Gemeinschaften typisch ist: In den demokratischen Wahlen der verschiedenen Leitungsgremien und der Arbeit in ihnen sowie den verschiedenen Gemeindeausschüssen, in der Veranstaltung von Lektürekreisen, Informationsabenden und Kinderunterricht, einer je nach Gemeinde häufig gemeinsamen Begehung der Feiertage, sowie überörtlich in einer jährlich stattfindenden Nationaltagung und zahlreichen Konferenzen, Tagungen, Seminaren etc. zeigt sich eine societas aequalis[131] am Werk, die ganz maßgeblich von der Initiative und dem Engagement des Einzelnen lebt.[132]

---

[127] Bahá'u'lláh, *Botschaften aus 'Akká* 9:4 f.; siehe auch *Ährenlese* 130:1 und 'Abdu'l-Bahá, *Briefe und Botschaften* 1:7.

[128] Das Gebot zur Teilnahme am Neunzehntagefest ist nicht obligatorisch (Bahá'u'lláh, *Kitáb-i-Aqdas*, Fragen und Antworten 48), aber aufgrund dessen zentraler Bedeutung für das Gemeindeleben einer Pflicht angenähert (Shoghi Effendi, zit. in: *Kitáb-i-Aqdas*, Erl. 82).

[129] vgl. hierzu *Kitáb-i-Aqdas*, Erl. 82.

[130] Das Bahá'ítum kennt keinerlei heilsvermittelnden Instanzen, ebenso auch keinen objektiven Gnadenschatz, etwa in Gestalt von Sakramenten – das Heil vollzieht sich allein im Verhältnis des Einzelnen zu Gott (vgl. Udo Schaefer, *Desinformation als Methode*, S. 127 f.).

[131] Udo Schaefer, *Das Recht der Religionsgemeinschaft der Bahá'í*, S. 39.

[132] Die Finanzierung der Gemeinde erfolgt im übrigen in strikter Ausschließlichkeit durch die Spenden der Gemeindemitglieder; Spenden von Nicht-Bahá'í werden aus einer Reihe von Gründen nicht angenommen (siehe nur Shoghi Effendi, Brief vom 12. Juli 1938, zit. in: *Lights of Guidance*, S. 253 f., Nr. 854).

c) Kult und Kalender

Weiteres Zentralstück im normativen Korpus der Schrift sind die kultischen Vorschriften[133], die abschließend durch Bahá'u'lláh vorgegeben sind[134]. Sie verstehen sich als das bedeutendste Instrument zur Implementierung der Bahá'í-Sittlichkeit: Mittels der durch sie installierten Regelmäßigkeit der Kontemplation sollen sie den Gläubigen auf den Geraden Pfad führen, ihn mithin durch eine rezidiv ausgelöste Besinnlichkeit und eine dadurch konstant gewährleistete Vergeistigung moralisch festigen.[135]

Der Kult umfaßt ein tägliches Pflichtgebet[136], die tägliche Schriftlektüre jeweils am Morgen und am Abend[137], das täglich 95-malige Sprechen des sog. Größten Namens[138], das jährlich neunzehntägige Fasten[139], sowie die fakultative Pilgerreise zu den Heiligen Stätten der Bahá'í. Weiteres Pflichtgebet und zugleich einzige gemeinschaftliche Kulthandlung[140] ist das Totengebet. Die sonstigen, in großer Anzahl von den drei Zentralgestalten des Glaubens verfaßten Gebete für die unterschiedlichsten Anlässe und Zwecke[141] werden nach eigenem Bedarf und Ermessen alleine gesprochen oder in der Gemeinschaft vorgetragen. Die einzigen Kultgebäude sind weltweit derzeit sieben sog. „Häuser der Andacht", die für

---

[133] arab. *'ibádát*.

[134] Der Aussage Bahá'u'lláhs in *Botschaften aus 'Akká* 3:25 ist ein numerus clausus seiner kultischen Regeln zu entnehmen.

[135] Das kultische Regelwerk bildet ein Korsett, mit dessen Hilfe das Niedere im Menschen niedergehalten und das Gute und Erhabene in ihm systematisch entfaltet werden soll.

[136] Das tägliche Gebet, das im Anschluß an rituelle Waschungen der Hände und des Gesichts gesprochen wird, hat drei Varianten: Ein einmal täglich zu sprechendes kurzes Gebet, ein mittleres, das dreimal am Tag zu sprechen ist, sowie ein langes, das einmal täglich zu sprechen ist (die Pflichtgebete sind abgedruckt in: Bahá'u'lláh, *Kitáb-i-Aqdas*, Ergänzende Texte, S. 106-116). Der Gläubige hat jeden Tag die Wahl zwischen diesen Pflichtgebeten.

[137] Die jeweilige Textauswahl aus den Schriften des Báb, Bahá'u'lláhs und 'Abdu'l-Bahás sowie die Lektüredauer sind dem Ermessen des Einzelnen unterstellt.

[138] Die zu sprechende arabische Formel „Alláh-u-Abhá", zu übersetzen mit „Gott der Allherrliche", ist eine der Varianten des Größten Namens, der für die Bahá'í den Namen Bahá'u'lláhs repräsentiert (Shoghi Effendi, zit. in: *Kitáb-i-Aqdas*, Erl. 33). Das repetitive Sprechen dieses Namens, dem islamischen *dhikr* vergleichbar, wird als eine eigene Form der Anbetung Gottes und Ehrerbietung gegenüber Bahá'u'lláh gesehen.

[139] Fasten ist für Bahá'í das Enthalten von Speis und Trank zwischen Sonnenaufgang und Sonnenuntergang (Bahá'u'lláh, *Kitáb-i-Aqdas* 17). Die Fastenpflicht greift nur im Alter von 15 bis 70 Jahren und wird zudem durch eine ganze Reihe von Befreiungstatbeständen beschränkt; bspw. sind Schwangere, Stillende, Frauen während ihrer Menstruation, Reisende, Schwerstarbeitende etc. von der Fastenpflicht ausgenommen (siehe *Kitáb-i-Aqdas*, Systematische Übersicht IV B 5).

[140] Bahá'u'lláh, *Kitáb-i-Aqdas* 12; vgl. auch *ebd.*, Erl. 10.

[141] Etwa für Dank, Beistand, Gesundung, Standhaftigkeit, Läuterung, Vergebung, den Lobpreis Gottes, die Eltern, den Ehegatten, die Kinder, die Verstorbenen etc.

jedermann offen stehen.[142] Bei ihnen handelt es sich um Gebetstempel, die ausschließlich dem Lobpreis Gottes dienen[143], und in denen im Rahmen von Andachten aus den Heiligen Texten aller Religionen vorgetragen wird.

Im übrigen verfügen die Bahá'í über einen eigenen Kalender, der sich nach dem Sonnenkreislauf richtet und 19 Monate[144] mit jeweils 19 Tagen sowie vier respektive fünf Zusatztage[145] vorsieht. Die Jahreszählung beginnt mit dem Jahr 1844, dem Jahr der sog. Erklärung des Báb. Das einzelne Bahá'í-Jahr beginnt mit dem Neujahrstag des 21. März, einem von insgesamt neun Bahá'í-Feiertagen[146].

---

[142] Das einzige Haus der Andacht Europas befindet sich in Deutschland, und zwar in Langenhain bei Frankfurt am Main.

[143] Predigten, instrumentelle Musik oder Darbietungen sonstiger Art sind nicht gestattet.

[144] Jeder Bahá'í-Monat hat, wie auch jeder der jeweils 19 Tage, eine eigene Bezeichnung, etwa Monat der „Güte", des „Lichts", der „Schönheit" der „Barmherzigkeit", der „Weisheit" etc.

[145] Die sog. „eingeschobenen Tage".

[146] Die restlichen Bahá'í-Feiertage sind die sog. „Erklärung Bahá'u'lláhs" (gefeiert am 20. April, 29. April und 2. Mai; sog. Ridván-Fest), sein Geburts- (12. November) und Todestag (29. Mai), sowie die Erklärung des Báb (23. Mai), sein Geburtstag (20. Oktober) und seine Hinrichtung (9. Juli).

III. Zum Recht der Bahá'í: Quellen, Strukturen, Inhalte

1. Was ist „Bahá'í-Recht"? Prolegomena zu einem Begriff des Bahá'í-Rechts

Zunächst sei der Gegenstand der vorliegenden Arbeit bestimmt. Dazu ist auf die Frage, was ist Bahá'í-Recht?, zu antworten. Der hier entwickelte Rechtsbegriff soll zugleich eine Abgrenzung der Normen des Bahá'í-Rechts von anderen Bahá'í-Normen, insbesondere denjenigen der Bahá'í-Moral, leisten.[147]

a) Stoffgleiche Papiernormen identischen Ursprungs: Eine andere Ausgangslage für die Bahá'í-Rechtslehre

Die Herausforderung bei der Entwicklung eines Bahá'í-Rechtsbegriffes besteht darin, daß die Erkenntnisse der Rechtsphilosophie in der Frage der Abgrenzung von Recht und Moral[148] und in der Frage des Rechtsbegriffes[149] nicht ohne weiteres auf sie übertragen werden können.[150] Warum? Weil hier eine völlig andere Ausgangslage gegeben ist: Zum einen grenzen die Klassifizierungsversuche im modernen, säkularen Staat stets ein durch ordnungsgemäße Setzung erzeugtes,

---

[147] Im folgenden unter a-d sind nur die *Schrift*normen des Bahá'í-Rechts Gegenstand der Abgrenzung und Begriffskonstruktion; das Recht des Universalen Hauses der Gerechtigkeit wird unter e einer gesonderten Betrachtung unterzogen.

[148] Dazu siehe nur Gustav Radbruch, *Rechtsphilosophie*, S. 41 ff; Hans Welzel, *Recht und Sittlichkeit*; Hans Kelsen, *Reine Rechtslehre*, S. 60 ff.; *Allgemeine Theorie der Normen*, S. 113 ff.; Ernst-Wolfgang Böckenförde, *Staatliches Recht und sittliche Ordnung*, S. 92 ff.; Bernd Rüthers, *Rechtstheorie*, S. 276 ff.; Peter Koller, *Theorie des Rechts*, S. 277 ff.

[149] Für die Rechtsbegriffslehre siehe Robert Alexy, *Begriff und Geltung des Rechts*; Ralf Dreier, *Der Begriff des Rechts*; Peter Koller, *Theorie des Rechts*, S. 19 ff.; siehe zudem Walter Ott, *Der Rechtspositivismus*.

[150] Es sei darauf hingewiesen, dass die Bemühungen der Rechtsphilosophie um einen Rechtsbegriff sachlich von ihren Versuchen der Abgrenzung von Recht und Moral zu unterscheiden sind: Die Rechtsbegriffsdefinitionen verfolgen entweder explikative Interessen und gelten der Beschreibung dessen, was man seit alters her als Recht versteht (so der positivistische Rechtsbegriff; vgl. hierzu H.L.A. Hart, *Der Begriff des Rechts*, S. 288 ff.; *Der Positivismus und die Trennung von Recht und Moral*, S. 15 ff., 18 f., 45 f.; Norbert Hoerster, *Die rechtsphilosophische Lehre vom Rechtsbegriff*, S. 187 f.). Oder der Rechtsbegriff soll normative Funktion erfüllen, indem er die gerichtliche Aufarbeitung staatlichen Unrechts mittels dessen Entlegitimisierung ermöglicht (so der nichtpositivistische Rechtsbegriff, dessen prominentestes Beispiel der der sog. Radbruch'schen Formel (vgl. Gustav Radbruch, *Gesetzliches Unrecht und übergesetzliches Recht*, S. 107) zugrundeliegende Rechtsbegriff ist). Eine Abgrenzung ist jeweils nicht bezweckt (freilich wird sie schon durch die Begriffsdefinition ansatzweise geleistet). Wichtig für die nachfolgende Untersuchung ist, daß beide Unternehmungen infolge ihrer unterschiedlichen Zwecksetzung zum Teil unterschiedliche Ergebnisse hervorbringen. Insoweit, als es hier um die Entwicklung eines Rechtsbegriffs mit Abgrenzungsfunktion geht, wird im Folgenden je nach Bedarf mit den Erkenntnissen beider Unternehmungen operiert.

darum empirisch verifizierbares und insoweit positives[151] Normensystem (=Recht) von einem ideellen Normensystem ab, das bei aller Geltendmachung im Faktischen insgesamt nicht-positiv bleibt (=Moral). Demgegenüber ist das Bahá'í-Recht nicht-positiv, weil es nicht auf empirisch überprüfbare Art und Weise erzeugt wurde. Es ist aber immerhin schriftlich dokumentiert, also positiviert. Zusätzlich dazu haben wir es hier mit einer positivierten Moral zu tun. Mithin existieren Recht und Moral im Kontext der Bahá'í-Religion ausschließlich in und durch ihre Schrift. Auf der einen Seite, in der säkularen Welt, haben wir also ein positives Recht und eine nicht-positive Moral, und auf der anderen Seite, im Kosmos der Bahá'í-Religion, nicht-positive Rechts- und Moralnormen. Schon in diesen Umständen zeigt sich eine andere Ausgangslage für jedes Bemühen um eine Normabgrenzung oder eine Begriffskonstruktion.

Bahá'í-Recht und -Moral sind gleichermaßen positiviert, weil sie ihrem Anspruch nach durch die gleiche Autorität, den göttlichen Gesetzgeber, gestiftet wurden. Ihre Quelle und Genese ist insoweit identisch. Dies trifft für Recht und Moral im säkularen Staat gerade nicht zu; hier ist der staatliche Gesetzgeber sicher nicht die gleiche Instanz, der auch die Moralnormen ihre Existenz verdanken. Auch die Genese von Recht und Moral ist daher hier unterschiedlich.

Schließlich unterscheiden sich Bahá'í-Recht und säkulares Recht aufgrund ihres anderen Ursprungs auch in materialer Hinsicht. Dies einmal in einem Direktvergleich: Das, was man als Bahá'í-Recht vorverstehen kann, hat, wie später gezeigt wird, eine völlig andere Natur als das säkulare staatliche Recht, es versteht sich als sakral und liegt seiner Funktion und seinem Inhalt nach erheblich näher an der Moral als das staatliche Recht, das vielfach pragmatische, rechtstechnische Zwecke erfüllt, und sich überdies in der säkularen Welt eine Tugend daraus macht, möglichst moralfrei zu sein. Das Bahá'í-Recht versteht sich nicht als bloß funktionale Befehlsregel, sondern als Odem des Göttlichen, als eine stets fehlerfreie, erhabene Weisung von absoluter Gerechtigkeit.[152] Daran anknüpfend unterscheiden sich Bahá'í-Recht und säkulares Recht auch in ihrem jeweiligen Verhältnis zur Moral: Weil Bahá'í-Recht und -Moral ihrem Selbstverständnis nach gleichermaßen Ausfluß des Göttlichen sind, und weil sie sich deshalb in gleichem Maße als absolut gerecht sehen, sind sie von gleicher Wertigkeit. Sie sind material betrachtet quasi aus dem gleichen Stoff gemacht. Das trifft für

---

[151] Von lat. *ponere*, hier = setzen. Nur weil das Recht im modernen Staat durch wissenschaftlich überprüfbare Vorgänge erzeugt wird, kann es überhaupt ein Phänomen wie den juristischen Positivismus oder Rechtspositivismus geben; jene Rechtstheorie also, die die Aufgabe der Rechtswissenschaft allein in der Beschreibung des faktisch geltenden Rechts sieht (dazu siehe nur Walter Ott, *Der Rechtspositivismus*; Armin Engländer, *Grundzüge des modernen Rechtspositivismus*).

[152] Dazu siehe unten IV 2 h und IV 2 j aa.

Recht und Moral im säkularen Staat nicht zu. Hier wird das Recht an der Moral gemessen, sie steht material gesehen über dem Recht.[153]

b) Die bedingte Übertragbarkeit der Abgrenzungskriterien und Begriffselemente der Rechtsphilosophie am konkreten Beispiel

Daß infolge dieser anderen Ausgangssituation die Abgrenzungskriterien und Rechtsbegriffselemente der Rechtsphilosophie jedenfalls nicht direkt übertragbar sind, sei im Folgenden anhand einiger Beispiele verdeutlicht. Sie sollen uns zugleich näher an die Frage heranführen, was Bahá'í-Recht ist.

Ein Beispiel ist die sehr unterschiedliche Bedeutung des Begriffs- und Abgrenzungskriteriums der „Faktizität". Die moderne Rechtsbegriffslehre hat nachgewiesen, dass es abstrakt betrachtet drei mögliche Elemente eines jeden Rechtsbegriffs gibt: Die „ordnungsgemäße Gesetztheit", die „soziale Wirksamkeit" und die „inhaltliche Richtigkeit" einer Norm.[154] Zwei von drei möglichen Begriffskriterien gelten also einem Moment des Faktischen, weshalb es ja auch möglich ist, positives Recht im Sinne des juristischen Positivismus anzunehmen.[155] Es läßt sich sagen, daß alle modernen Rechtsbegriffe irgendwie mit dem Kriterium der Faktizität arbeiten. Gleiches gilt für die Abgrenzungsmodelle zwischen Recht und Moral, die zumeist mit dem organisierten Zwang (=Faktizität des Rechtszwanges) als wesentlichem Unterscheidungsmerkmal operieren.

---

[153] Der Unterschied zwischen Bahá'í-Recht und staatlichem Recht an dieser Stelle zeigt sich an folgendem: Im säkularen Staat kann gewissen Rechtsnormen aufgrund ihrer nachhaltigen Wertwidrigkeit die Geltung von Recht abgesprochen werden, oder sie können sogar aus dem Begriff des Rechts ausgeschlossen werden (dies geschieht in Deutschland de facto in der Rechtsprechung von Bundesverfassungsgericht und Bundesgerichtshof: Zur sog. Naturrechtsrechtsprechung im Rahmen der Aufarbeitung des nationalsozialistischen Rechts siehe BVerfGE 3, 58 (118 f.); 3, 225 (232 f.); 6, 132 (138); 6, 389 (414 ff.); 23, 98 (106); 54, 53 (67 ff.); BGHSt 2, 173 (177); 2, 234 (239); 3, 357 (362 ff.); BGHZ 3, 94 (107); 9, 34 (44); 10, 340 (342); 16, 350 (354); 26, 91 (93); zur gerichtlichen Bewältigung des im Namen der DDR begangenen Unrechts (sog. Mauerschützenurteile) siehe BGHSt 39, 1 (15 ff.); 39, 168 (181 ff.), BGHSt 40, 48 (64); 40, 241 (242 ff.); 41, 101 (104 f.); BVerfGE 95, 97 (134 f.); zu den Mauerschützenurteilen siehe Horst Dreier, *Gustav Radbruch und die Mauerschützen*; Rudolf Wassermann, *Zur Bewertung der strafrechtlichen Aufarbeitung des DDR-Unrechts*). Dies ist aus Bahá'í-Sicht bei den Normen des Bahá'í-Rechts nicht möglich: Das Recht kann hier systemintern überhaupt nicht an der Moral als Maßstab gemessen werden, weil beide ranggleich sind. Ein Widerspruch zur Gerechtigkeit ist hier, wie gering auch immer, nicht denkbar; die Annahme eines moralwidrigen Rechts würde hier eine contradictio in adjecto darstellen.

[154] Dazu siehe Robert Alexy, *Begriff und Geltung des Rechts*; Ralf Dreier, *Der Begriff des Rechts*.

[155] Diese Kriterien finden sich denn auch immer im Umfeld von positivistischen Rechtstheorien.

Für das Bahá'í-Recht dagegen ist das Kriterium der Faktizität nicht von maßgebender Bedeutung. Weder im Hinblick auf die Faktizität der Norm*entstehung* (=ordnungsgemäße Gesetztheit einer Norm): Das Bahá'í-Recht der Schrift wurde nicht in empirisch überprüfbarer Art und Weise erzeugt. Noch im Hinblick auf die Faktizität der Rechts*geltung* (=soziale Wirksamkeit einer Norm): Das, was sich dem Betrachter als „Bahá'í-Recht" aufdrängt, steht in weiten Teilen noch nicht in Geltung, es führt eine papierene Existenz.[156] Schließlich auch nicht im Hinblick auf die Faktizität der Rechts*durchsetzung* (=Abgrenzungskriterium des Rechtszwanges): Weil die Sollenssätze des Bahá'í-Rechts in materialer Hinsicht aus dem gleichen erhabenen Stoff sind, wie die der Bahá'í-Moral (so jedenfalls ihr Anspruch), kommt dem Zwang hier a priori eine nachrangigere Bedeutung zu; die Verpflichtung des Gewissens steht im Vordergrund. Wenn Bahá'u'lláh beispielsweise fordert: „Haltet Meine Gebote aus Liebe zu meiner Schönheit"[157], oder „Wandelt in meinen Geboten aus Liebe zu mir"[158], so sind damit seine Rechtsnormen in gleichem Maße gemeint, wie seine Moralnormen und seine sonstigen Weisungen. Das Bahá'í-Recht kennt insoweit auch andere Mechanismen der Verhaltensmotivierung und -steuerung, als das staatliche Recht. Daß Rechtsnormen anders als Moralnormen immer zwangsbewehrt sein müssen, läßt sich für die Normen der Bahá'í-Schrift daher nicht annehmen.

Damit zusammenhängend verliert auch ein anderes Abgrenzungskonzept seine Schärfe: Die klassische, auf Christian Thomasius zurückgehende und üblicherweise Immanuel Kant zugeschriebene[159] Differenzierung zwischen Moralität (=die Moral verlangt eine besondere Motivation: der Handelnde muß die sittliche Pflicht um ihres ihr innewohnenden Wertes willen erfüllen wollen) und Legalität (=dem Recht genügen im Hinblick auf die subjektive Seite des normgemäßen Akts auch andere Triebfedern als das Bewußtsein des material-ethischen Wertes; es gibt sich auch mit dem bloßen Gesetzesvollzug zufrieden). Denn wie bereits angeklungen und später näher dargestellt[160], genügt dem Bahá'í-Recht seinem Selbstverständnis nach der legalistische Gesetzesvollzug nicht, das Bahá'í-Recht soll wie jede von Gott gestiftete Norm im Rahmen des Bundes mit ihm befolgt werden, d. h. aus Liebe zu Gott. Bahá'í-Recht und -Moral weisen im Hinblick auf die subjektive Seite der Normbefolgung daher jedenfalls keine kategorialen Unterschiede auf.

---

[156] Die Normen des Bahá'í-Rechts sind zwar auf eine Geltung gerichtet; sie müssen sich aber schon jetzt, da sie noch nicht gelten, klassifizieren lassen. Dies umso eher, als man bereits jetzt kaum zögern würde, hier von Recht zu sprechen.

[157] *Kitáb-i-Aqdas* 4.

[158] *Die Verborgenen Worte* arab. 38; siehe zum Ganzen auch unten IV 2 j aa.

[159] dazu siehe Hans Welzel, *Recht und Sittlichkeit*, S. 46 f.; *Das Gesinnungsmoment im Recht*, S. 258 f.

[160] siehe IV 2 j aa.

Auch jene Differenzierung zwischen dem Recht als einem dynamischen Regelwerk (weil es jederzeit von den hierzu ermächtigten Personen durch willentliche Festsetzung geändert werden kann), und der Moral als einem entsprechend statischen Normensystem[161], greift hier nicht: Das Recht der Bahá'í-Schrift ist ebensowenig dynamisch-veränderbar wie seine Moral.

Schließlich hilft hier auch die Unterscheidung zwischen Rechtspflichten als Pflichten um der Interessen Dritter willen und sittlicher Pflichten als Pflichten, die um des Pflichteninhabers willen bestehen[162], nicht weiter: Die Bahá'í-Rechtsnorm sieht sich, wie bereits festgestellt, als Norm von absoluter Gerechtigkeit. Nach Bahá'í-Lehre wirkt die gerechte Rechtsnorm – wie jede gerechte Norm – moralisch für denjenigen, der sie befolgt, stets; also auch dann, wenn sie sachlich auf die Interessen eines Dritten bezogen ist.[163] Die Pflichten des Bahá'í-Rechts bestehen daher nicht nur im Interesse Dritter.

c) Konvergenzfeststellung als Verfahren der Klassifizierung von Bahá'í-Recht

Wenn in summa gilt, daß die Abgrenzung des Rechts von der Moral im Falle der Normen der Bahá'í-Schrift nicht einfach unkritisch den Regeln folgen kann, die man für den säkularen Staat entwickelt hat, wird man wie folgt zu verfahren haben: Geht es um einen deskriptiven Rechtsbegriff, so sind diejenigen Normen der Bahá'í-Schrift als Recht einzuordnen, die im Großen und Ganzen dem Gegenstand entsprechen, den man seit alters her als Recht bezeichnet. Die Normen der Bahá'í-Schrift sind also mit dem Konzept von Recht in der modernen Welt als einer Art Deutungsschema zu untersuchen und Recht dann anzunehmen, wenn sich eine hinreichende Konvergenz feststellen läßt. Diese ist dann gegeben, wenn eine Subsumtion der Normmaterie unter den landläufigen Begriff des Rechts möglich ist, und sei es auch nur gerade noch. Bahá'í-Recht ist im Ergebnis das, was dem Gegenstand, den man mit dem Begriff „Recht“ im allgemeinen bezeichnet, so sehr entspricht, dass man ihn ebenfalls als Recht bezeichnen kann.[164]

---

[161] Dazu siehe H.L.A. Hart, *The Concept of Law*, S. 131 ff.
[162] So Bernhard Windscheid, *Aufgaben der Rechtswissenschaft*, S. 2 ff.
[163] Als Beispiel möge die steuerähnliche Sonderabgabe *huqúqu'lláh* (dazu siehe Anmerkung 337) dienen: Ihr Aufkommen soll Dritten zugute kommen, insbesondere für humanitäre Zwecke. Kommt der Einzelne dieser Pflicht – durch reine Beweggründe motiviert – nach, so wirkt sich dies nach dem Glauben der Bahá'í aber auch auf ihn selbst aus: Er hat sich selbstlos verhalten, und wird von Gott dafür entlohnt werden. Insoweit ist er gleichermaßen Profiteur dieser Norm wie derjenige, dem sein Geld zugute kommt.
[164] Dabei ist nota bene keine Identität der Gegenstände zu fordern, die mit Blick auf die völlig andere Natur und Genese des Gegenstandes gar nicht möglich wäre, sondern wie gesagt nur eine Konvergenz.

An dieser Stelle lassen sich dann die Erkenntnisse der Rechtsphilosophie und -theorie einbringen: Allerdings nicht unvermittelt und pauschal, sondern erst, nachdem man sie im Einzelnen für übertragbar befunden hat. Der notwendige Ausschluß einiger Kriterien konnte hier demonstriert werden. Mit den für valide befundenen Abgrenzungskriterien und Begriffselementen läßt sich der weltliche Begriff des Rechts im Wege einer Art Obersatzbildung von der Moral sondern und mit Inhalt füllen, um dann die anschließende Subsumtion präziser vollziehen zu können.[165] Weil der Begriff des Rechts indessen semantisch nicht so eindeutig bestimmt ist, dass sich nicht über das, was Recht ist, sehr trefflich streiten ließe, zeigt sich an dieser Stelle, dass man bei der Annahme von Bahá'í-Recht über einen nicht unerheblichen Spielraum verfügt.[166] Es kann daher selbstredend nicht nur einen Begriff des Bahá'í-Rechts geben. Selbst in einer Person lassen sich, je nach intendierter Funktion und verfolgtem Erkenntnisinteresse, recht unterschiedliche Begriffe von Recht vertreten. Jeder Rechtsbegriff ist dabei so gut, wie die Gründe es sind, die ihn tragen.

d) Die „besondere Regelhaftigkeit“ einer Norm als maßgebendes Abgrenzungskriterium und Rechtsbegriffselement

In Umsetzung dieser Überlegungen wird Bahá'í-Recht hier in denjenigen generellen Bahá'í-Normen gesehen, die, anders als die Normen der Bahá'í-Moral, *in besonderem Maße regelhaft* sind. Die Annahme dieses Kriteriums begründet sich wie folgt: Die Normen der Bahá'í-Moral geben nicht präzise an, wann sie wie genau zu verwirklichen sind. Sie schweigen sich zu dem konkreten Lebenssachverhalt, der ihre Befolgung auslösen soll, ebenso aus, wie dazu, welches Verhalten dann ganz konkret gefordert ist. Wenn der Mensch beispielsweise angehalten ist, sich gerecht, weise und liebevoll zu verhalten und Mäßigung zu üben, so lassen diese Normen offen, was wann konkret zu tun ist. Hier bestehen erhebliche Einschätzungs- und Anwendungsspielräume.[167] Dies insbesondere dann, wenn die Bahá'í-Moralnormen – wie so oft – den Charakter von Optimierungsgeboten aufweisen, also fordern, einem Ideal so sehr als möglich zu entsprechen. Aber auch dann, wenn sich die Moralnormen als konkretisierte Tugendwerte[168] darstellen, bestehen Anwendungsspielräume. Sie schwinden, je mehr Regelcharakter eine Norm aufweist. Zwar können die

[165] Dabei ließe sich auch an eine Obersatzbildung auf der Grundlage des christlichen Kirchenrechts denken.

[166] Der Spielraum ist jedenfalls nicht weniger groß, als derjenige, der bei der Annahme von säkularem Recht gegeben ist.

[167] Das wäre anders, wenn die Bahá'í-Ethik kasuistisch wäre oder zumindest kasuistische Züge trüge; dann eignete sich das Kriterium der „besonderen Regelhaftigkeit“ nicht für eine Abgrenzung. Das ist jedoch nicht der Fall.

[168] Als Beispiel möge hier die von Bahá'u'lláh normierte Pflicht, die Rechte der eigenen Eltern zu achten und diese zu lieben (*Kitáb-i-Aqdas*, Fragen und Antworten 106), dienen. Ebenso das folgende Gebot Bahá'u'lláhs: „Wird jemand auf euch zornig, so begegnet ihm mit

mehr Regelcharakter eine Norm aufweist. Zwar können die Normen der Bahá'í-Moral auch die Struktur einer Regel aufweisen,[169] eine *besondere* Regelhaftigkeit fehlt ihnen jedoch stets.[170] Diese ist dann gegeben, wenn eine Norm tatbestandlichen Charakter, d.h. eine wenn-dann-Struktur aufweist. Zumeist geht diese Normstruktur einher mit einer besonderen Regelungsdichte der betreffenden Sachmaterie, d.h. mehreren oder vielen tatbestandlich strukturierten Normen. Mit wenigen Ausnahmen[171] ist allem säkularen Recht eine besondere Regelhaftigkeit eigen. Dieses Kriterium eignet sich deshalb besonders gut zur Festellung einer Konvergenz, weil es einerseits für das säkulare Recht konstitutiv ist, andererseits auch abstrakt genugt ist, um eine Subsumtion zu erlauben. Da auch das Bahá'í-Recht die Voraussetzungen dieses Kriteriums erfüllt,[172] eignet sich die besondere Regelhaftigkeit hier als konstitutives Rechtsbegriffselement.

Jedoch muß das Bahá'í-Recht noch von einer weiteren Gruppe von Schriftnormen, den Vorschriften des Kults (=sog. Ritual- oder Zeremonialgesetz), gesondert werden. Indem diese präzise angeben, wann genau sie wie zu befolgen sind, eignet ihnen ein besonderer Regelcharakter. Und doch sind sie so anders als das, was man gewöhnlich als Recht bezeichnet, dass man hier kaum eine sachliche Konvergenz bejahen kann. Warum? Diesen Normen fehlt etwas, was jeder Rechtsnorm eigen ist: Die Sozialität[173]. Rechtsvorschriften sind stets Vorschriften, die das soziale Miteinander der Menschen regeln. Die Vorschriften des Ritual- oder Zeremonialgesetzes betreffen dagegen nur das Verhältnis des Einzelnen zu Gott, sie sind ohne jede soziale Relevanz. Darum scheiden sie als Rechtsnormen aus – die Sozialität als zweites Konvergenzkriterium ist geboren.[174]

Milde, und schilt euch jemand, so scheltet nicht zurück, sondern überlaßt ihn sich selbst und setzt euer Vertrauen auf Gott" (*Kitáb-i-Aqdas* 153).

[169] Wenn der Einzelne beispielsweise gehalten ist, auf Einladungen zu festlichen Anlässen mit Freude und Dankbarkeit zu reagieren (Bahá'u'lláh, *Kitáb-i-Aqdas* 156), oder ein Haus nicht ohne die Genehmigung des Eigentümers zu betreten (Bahá'u'lláh, *Kitáb-i-Aqdas* 145), so handelt es sich dabei sicher um moralische Regeln.

[170] Es sei denn, eine Moralnorm ist zugleich auch eine Rechtsnorm, wie beispielsweise im Falle des Verbots von Rauschdrogen (Bahá'u'lláh, *Kitáb-i-Aqdas* 155, 190). Solche Normen mit Doppelnatur müssen bei der Abgrenzung selbstverständlich außen vor bleiben.

[171] Man denke beispielsweise an die Grundrechte und Staatszielbestimmungen des Grundgesetzes oder die Generalklauseln des Zivilrechts (z. B. §§ 138, 242 BGB).

[172] Für weite Teile des bis dato existierenden Bahá'í-Rechts wie das Gemeindeordnungs-, das Ehe- und Erbrecht, ist eine tatbestandliche Struktur evident.

[173] So im Anschluß an Gustav Radbruch, *Rechtsphilosophie*, S. 38.

[174] Die Bedeutung dieses Kriteriums zeigt sich am Beispiel der *huqúqu'lláh*-Normen (dazu siehe nochmals Anmerkung 337): Diese sind nicht zwangsbewehrt, aber in gesteigertem Maße regelhaft. Anders als den kultischen Vorschriften eignet ihnen Sozialität, weil das Aufkommen Dritten zugeführt wird. Zwar sind Normen, die allein das Gewissen verpflichten, dem säkularen staatlichen Recht fremd, jedoch tut man sich noch schwerer, ein derart durch-

e) Zur Qualifizierung der Normsetzung des Universalen Hauses der Gerechtigkeit

Was gilt nach alledem für die Normsetzung des Universalen Hauses der Gerechtigkeit? Hier ist zu differenzieren: Daß es sich bei den von dieser Körperschaft bislang gesetzten Normen[175] nach den hier entwickelten Kriterien um Recht handelt, liegt auf der Hand – der besondere Regelcharakter und die Sozialität dieser Normen ist so evident, dass sich ein Nachweis erübrigt. Bezüglich künftiger Normsetzungen darf angenommen werden, dass sie eben so strukturiert sein werden. Davon abgesehen bleibt schon unter grundsätzlichen Gesichtspunkten so gut wie kein Raum, hier eine Rechtssetzung *nicht* anzunehmen: Zwar ist die Auszeichnung einer Norm oder eines Normenkreises als „Recht" das Ergebnis einer Zuschreibung, die überdies unter unterschiedlichen heuristischen Gesichtspunkten erfolgen kann und insoweit nie zwingend ist. Jedoch muß sie sich, weil sie ja sachgerecht sein will, am Selbstverständnis der Normen orientieren. Dieses ist im Falle der Normen des Universalen Hauses der Gerechtigkeit durch das bestimmt, was die Bahá'í-Schrifttexte über sie sagen. Sowohl 'Abdu'l-Bahá, als auch Shoghi Effendi und das Universale Haus der Gerechtigkeit haben immer wieder von einer *Rechts*setzung dieser Institution gesprochen.[176] Da bedürfte es schon eines argumentativen Gewaltaktes, um hier der Materie die Qualifizierung als Recht zu verweigern.

Im Ergebnis wird hier unter Bahá'í-Recht der Inbegriff jener generellen Bahá'í-Normen verstanden, denen sowohl eine besondere Regelhaftigkeit als auch Sozialität eignet. Für die im Folgenden dargestellten Normen läßt sich der Rechtscharakter anhand dieses Rechtsbegriffes verifizieren. Der Leser sei im übrigen auf die Evidenz des Vorliegens der Konvergenzkriterien verwiesen.

2. Das Bahá'ítum: Religion des Rechts

Jede ausführlichere Behandlung des Bahá'í-Rechts wäre unvollkommen, würde sie nicht das besondere Verhältnis des Bahá'ítums zum Recht apostrophieren: Wir haben es hier mit einer dezidierten Rechtsreligion zu tun. Wer nach Gründen für diese Einordnung sucht, wird sie jedenfalls nicht in der Anzahl der in der Bahá'í-Schrift enthaltenen Rechtsnormen oder der Vielzahl der durch sie erfaßten Lebensbereiche finden – beides wäre, wie noch zu zeigen sein wird, ganz und gar unzutreffend. Maßgebend ist vielmehr die besondere Bedeutung, die die Bahá'í-Religion ihrem eigenen Recht sowie überhaupt allem Recht, insbesondere dem weltlich-staatlichen Recht, zuweist.

---

normiertes Regelwerk der Moral zuzuordnen. Angesichts dessen läßt sich eine hinreichende Konvergenz bejahen, so daß *huqúqu'lláh* hier als Recht eingeordnet wird.

[175] Dazu siehe Anmerkung 239.

[176] Für Schriftbelege siehe im Folgenden, passim.

Zunächst die zentrale Bedeutung des Rechts für die Gemeinschaft der Bahá'í: Über die Bahá'í-Gemeindeordnung stiftet das Bahá'í-Recht das Glaubensvolk der Bahá'í als Rechtsgemeinde und hebt es dadurch von einer freigeistig-spirituellen Heilsbewegung ebenso ab wie von einer rein individualistischen Ansammlung von Religionsgläubigen. Zudem obliegt dem Recht hier die Aufgabe, die Gemeinde im Einzelnen zu normieren und zu steuern: Die Primärkompetenz des der Bahá'í-Weltgemeinde vorstehenden Universalen Hauses der Gerechtigkeit ist seine Rechtssetzungsbefugnis.[177] Bahá'u'lláh hat eine Rechtssetzungskörperschaft gestiftet, und dadurch dem Recht eine zentrale und dauerhafte Rolle in der Gestaltung des Lebens der Glaubensanhänger zugewiesen. Wie Shoghi Effendi betont, ist hier die weitere Rechtsentwicklung der Gemeinde zum ersten Mal in der Religionsgeschichte durch den Religionsstifter selbst bestimmt.[178] Das Recht ist der Offenbarung immanent, es gehört damit zum Wesenskern des Bahá'í-Glaubens.

Daß in der Bahá'í-Religion dem Recht per se ein besonderer Rang zugewiesen ist, ergibt sich aus ihrer Zielsetzung, der Gründung einer „Neuen Weltordnung".[179] Diese wird in der Vereinigung der Menschheit in einer Art Weltbundesstaat gesehen. Die Neue Weltordnung ist nichts anderes als eine neue rechtliche Ordnung der Welt, eine neue, oder besser, eine erste Welt*rechts*ordnung. Mit dem Ziel des Bahá'ítums untrennbar verbunden ist daher der Gedanke, daß Bedeutung, Aufgabe und Geltungsradius von Recht für die Menschheit in spezifischer Weise unbedingt zunehmen müssen. Insoweit, als sich nach Bahá'í-Lehre mit der Gründung der Neuen Weltordnung die Bestimmung der Menschheit realisiert, läßt sich sagen, daß sich diese gerade mit Hilfe des Rechts und auf seiner Grundlage verwirklicht. Zudem antizipiert das Bahá'ítum die grundlegenden Züge der neuen Rechtsstrukturen in seiner Schrift und trägt diese zugleich der Menschheit zu ihrer Verwirklichung auf.[180]

Ein weiterer Gesichtspunkt für die Einordnung des Bahá'ítums als einer Religion des Rechts ist die besondere Bedeutung, die ihre Schrift der objektiven, institutionellen Gerechtigkeit (im Arabischen *'adl*) zuweist: *'adl* zielt auf eine Herrschaft des Rechts.[181] Wenn Bahá'u'lláh *'adl* für die Gesellschaft fordert, so liegt

---

[177] Dahingehend läßt sich wohl auch die Charakterisierung des Universalen Hauses der Gerechtigkeit als „supreme legislative organ" (*Messages to the Bahá'í World*, S. 19), „supreme legislative body" (*Messages to the Bahá'í World*, S. 21, 158; *Unfolding Destiny*, S. 261) oder auch „highest legislative body" (*Citadel of Faith*, S. 85, 95) der Bahá'í-Gemeinedordnung durch Shoghi Effendi verstehen; vgl. hierzu aber Das Universale Haus der Gerechtigkeit, Brief vom 27. März 1966, zit. in: *Lights of Guidance*, S. 314, Nr. 1060.

[178] *The World Order of Bahá'u'lláh*, S. 20 ff., 145 f.; vgl. Udo Schaefer, *Das Recht der Religionsgemeinschaft der Bahá'í*, S. 38, Anm. 209.

[179] Zum Begriff der „Neuen Weltordnung" sowie zum Ganzen ausführlich siehe unter IV 4.

[180] siehe hierzu ebenfalls unter IV 4.

[181] vgl. Udo Schaefer, *Das Recht der Religionsgemeinschaft der Bahá'í*, S. 24.

darin ein Appell an die Welt, dem Recht insgesamt breiteren Raum zu gewähren, insbesondere dort, wo der Rechtsstaat noch fern ist. Dies deckt sich mit Schriftpositionen, in denen das Recht explizit als unverzichtbares Instrument zur Gewährleistung gerechter gesellschaftlicher Verhältnisse postuliert und Recht- und Gesetzeslosigkeit gegeißelt werden.[182]

Sichtbar wird die zentrale Bedeutung des Rechts in der Bahá'í-Religion an ihrem Heiligsten Buch, ihrem „Mutterbuch"[183], dem Kitáb-i-Aqdas, bei dem es sich nicht allein um einen theologischen Lehrtraktat oder einen Moralkodex handelt, sondern auch um ein „Buch der Gesetze"[184].

3. Rechtssetzungsautoritäten und Quellen des Bahá'í-Rechts

Wie schon ihre Schrift, so speist sich auch das Recht der Bahá'í aus unterschiedlichen Quellen. Jeder Rechtsquelle korrespondiert dabei eine eigene Rechtssetzungsautorität. Im Folgenden seien die Rechtsquellen des Bahá'í-Rechts sowie dessen dadurch vorgegebene Struktur skizziert:

a) Bahá'u'lláh: Die Offenbarergestalt als legislator

Oberste Rechtsautorität ist zunächst Bahá'u'lláh: Den Bahá'í ist er nicht nur redemptor, sondern auch legislator.[185] Seine Gesetzgebung macht das Herzstück allen Bahá'í-Rechts aus. Dessen Kern wiederum bildet der Kitáb-i-Aqdas, jenes Heiligste Buch der Bahá'í. Hier finden sich rudimentäre Normen eines Straf-, Erb- und Familienrechts sowie ein Gemeindeverfassungsrecht, das mit der Stiftung des Universalen Hauses der Gerechtigkeit ganz entscheidend auch Rechterzeugungsrecht enthält[186]. Der Kitáb-i-Aqdas ist jedoch kein Gesetzbuch im eigentlichen Sinne[187] – bereits hinsichtlich der Rechtssetzung Bahá'u'lláhs ist er

---

[182] dazu siehe unter IV 2 g.

[183] Shoghi Effendi, *Citadel of Faith*, S. 6, 18; *Messages to the Bahá'í World*, S. 42, 78, 139, 142.

[184] So die Schriftbezeichnung: siehe nur 'Abdu'l-bahá, *Ansprachen in Paris* 48:2; Shoghi Effendi, *The World Order of Bahá'u'lláh*, S. 4.

[185] Udo Schaefer, *Desinformation als Methode*, S. 237. Bahá'u'lláh ist den Bahá'í der „Richter, Gesetzgeber, Vereiniger und Erlöser der ganzen Menschheit" (Das Universale Haus der Gerechtigkeit, *Die Verfassung des Universalen Hauses der Gerechtigkeit*, Treuhandschafterklärung Abs. 4; vgl. auch Shoghi Effendi, *God passes by*, S. 93). Daß mit Bahá'u'lláh der Religionsstifter selbst rechtssetzend tätig war und überdies ein rechtssetzungsbefugtes oberstes Gemeindeorgan gestiftet hat, drückt die nachhaltige Gesellschaftsbezogenheit der Bahá'í-Religion, ihren Willen zur Wirklichkeitsgestaltung und zur sozialen Steuerung aus.

[186] Also Recht, das zur Setzung weiteren Rechts ermächtigt.

[187] Dies schon nicht, weil er sich nicht als ein reines Gesetzeswerk versteht, wie Bahá'u'lláh betont: „Wähnt nicht, Wir hätten euch nur ein Gesetzbuch offenbart. Nein, Wir haben den erlesenen Wein mit den Fingern der Macht und Kraft entsiegelt" (*Kitáb-i-Aqdas* 5). Der

nicht abschließend: Supplementäre Rechtsnormen finden sich über das gesamte Schrifttum des Religionsstifters verstreut.[188] Die Rechtssetzung Bahá'u'lláhs erfolgte folglich weder gebündelt noch systematisch,[189] so daß eine umfassende Sammlung und Systematisierung seiner Rechtsnormen einer Bahá'í-Rechtslehre vorbehalten ist.

b) 'Abdu'l-Bahá: Rechtssetzung im Wege der Lehrgesetzgebung

Weitere Quelle des Bahá'í-Rechts ist das von 'Abdu'l-Bahá gesetzte Recht.[190] Zwar findet sich keine explizite Rechtssetzungsermächtigung für 'Abdu'l-Bahá. Jedoch wird man es wohl so zu sehen haben, dass seine Rechtssetzungskompetenz in seiner Ernennung zum Nachfolger Bahá'u'lláhs und autoritativen Interpreten seiner Schrift impliziert war.[191] Insoweit ist alle Rechtssetzung 'Abdu'l-

---

Kitáb-i-Aqdas enthält neben Rechtsnormen unter anderem kultische Vorschriften, ethische Gebote und Ermahnungen, Prophezeiungen, Mahnungen und Warnungen an Einzelpersonen und Personenmehrheiten, sowie ganz entscheidend auch zentrale Lehren zur dogmatischen Verankerung des Glaubens, so zur Souveränität Gottes, zum Gottesbund, zur Freiheit des Menschen, zum Charakter göttlicher Normen und zur Ethik (einen schnellen Überblick über den Inhalt dieses Werkes vermittelt die von Shoghi Effendi erstellte „Inhaltsübersicht und systematische Darstellung der Gesetze und Gebote des Kitáb-i-Aqdas", in: *Kitáb-i-Aqdas*, S. 155-182).

[188] Insbesondere in seinen Sendbriefen (siehe *Botschaften aus 'Akká*) und in den sog. „Fragen und Antworten" (*Kitáb-i-Aqdas*, S. 119-154; dabei handelt es sich um Anworten Bahá'u'lláhs auf Fragen von Gläubigen zum Kitáb-i-Aqdas, die sein bedeutendster Kopist, der ehemals islamische Rechtsgelehrte Zaynu'l-Muqarrabín, zusammenstellte) finden sich ergänzende Rechtsvorschriften, die einen integralen Bestandteil des Kitáb-i-Aqdas bilden (was Bahá'u'lláh mitunter auch explizit machte: „Der Abschnitt, den die Feder der Herrlichkeit [=Bahá'u'lláh] nunmehr schreibt, gilt als Teil des Heiligsten Buches" (*Botschaften aus 'Akká* 8:60)). Der Kitáb-i-Aqdas für sich enthält also keinen numerus clausus der Gesetze (Udo Schaefer, *Desinformation als Methode*, S. 257). Als Rechtsquelle ist er vielmehr in vierfacher Hinsicht nicht abschließend: Neben der Legislatur Bahá'u'lláhs an anderer Stelle wird er durch die Verfügungen 'Abdu'l-Bahás in maßgeblichen Bereichen ergänzt und konkretisiert; dies ebenfalls, wenn auch zu einem erheblich geringeren Anteil, durch die Normsetzungen Shoghi Effendis. Der Kitáb-i-Aqdas ist zudem a priori auf die Rechtssetzung des Universalen Hauses der Gerechtigkeit angelegt (zu den letzteren drei Gesichtspunkten siehe nachfolgend b, c und d).

[189] Von seiten der Bahá'í wird dies mit dem Charakter göttlicher Gesetzgebung erklärt: Sie folge jenseits des Rationalen und seiner Kategorien einer eigenen Logik (siehe Udo Schaefer, *Desinformation als Methode*, S. 254 ff.; Nader Saedi, *Logos and Civilization*, S. 235 ff.).

[190] so auch Udo Schaefer, *Die Grundlagen der „Verwaltungsordnung" der Bahá'í*, S. 62 f.; *Desinformation als Methode*, S. 263; Ulrich Gollmer, *Desinformation als Methode*, S. 548 f. Dies ergibt sich auch aus Shoghi Effendi, *The World Order of Bahá'u'lláh*, S. 19; vgl. auch *ebd.*, S. 3 ff.

[191] so auch Ulrich Gollmer, *Desinformation als Methode*, S. 549. Da Shoghi Effendi eine Rechtssetzung durch 'Abdu'l-Bahá mit Selbstverständlichkeit annimmt (siehe nochmals *The World Order of Bahá'u'lláh*, S. 19), bleibt im Grunde keine andere Möglichkeit, als eine implizite Ermächtigung anzunehmen, will man nicht eine Kompetenzüberschreitung 'Abdu'l-

Bahás Lehrgesetzgebung[192]. Wie Shoghi Effendi darlegt, war die Rechtssetzung Bahá'u'lláhs a priori auf die Supplementierung durch 'Abdu'l-Bahá angelegt:

> „Indem Er gewisse Bereiche in Seinem Buch der Gesetze unbestimmt und ungeregelt ließ, hat Bahá'u'lláh offenbar mit Bedacht eine Lücke im allgemeinen System seiner Verfügungen gelassen, die die unzweideutigen Vorkehrungen des Meisters [=Ehrbezeichnung für 'Abdu'l-Bahá] in seinem Testament ausgefüllt haben."[193]

So hat 'Abdu'l-Bahá in seinem Testament das Hüteramt[194] und die Institution des „Nationalen Hauses der Gerechtigkeit"[195] gestiftet, Regelungen zu dem Gemeindeorgan der Hände der Sache Gottes getroffen[196], die Voraussetzungen für eine Exkommunikation bestimmt,[197] die Kompetenzen des Universalen Hauses der Gerechtigkeit präzisiert[198], dessen Wahlmodalitäten bestimmt[199] und es ermächtigt, seine eigene Rechtssetzung jederzeit wieder aufzuheben[200]. Insoweit stellen der Kitáb-i-Aqdas und das Testament 'Abdu'l-Bahás „untrennbare Teile eines vollständigen Ganzen"[201] dar – gemeinsam bilden sie die Verfassungsurkunde der Gemeindeordnung[202]. Das ist möglich, weil den Schriften 'Abdu'l-Bahás die gleiche Validität und Autorität eignet, wie denjenigen Bahá'u'lláhs: Nach Shoghi Effendi stehen sie zwar nicht „im gleichen Range mit den Äußerungen Bahá'u'lláhs", besitzen aber „die gleiche Gültigkeit wie jene"[203]. Das wiederum erklärt sich dadurch, daß ihnen nach dem Bahá'í-Selbstverständnis

---

Bahás annehmen oder den betreffenden Normen 'Abdu'l-Bahás gegen die ausdrückliche Einordnung Shoghi Effendis die Eigenschaft von Recht absprechen.

192 Unter diesem Begriff will eine eigene Form der Rechtssetzung verstanden sein, die eine Gesetzgebung im Rahmen einer Lehramtsausübung meint, mithin eine Rechtssetzung, die im Wege qualifizierter Auslegung erfolgt. Der Begriff hat hier insoweit ausdrücklich nicht den Inhalt, den Francesco Ficicchia (*Der Bahá'ismus*, S. 367) mit ihm verbindet, wenn er irrigerweise behauptet, das Universale Haus der Gerechtigkeit würde den Bahá'í dogmenartig religiöse Lehren vorschreiben (dazu siehe Udo Schaefer, *Desinformation als Methode*, S. 125 ff.; siehe auch *ebd.*, S. 86).

193 Shoghi Effendi, *The World Order of Bahá'u'lláh*, S. 4.

194 *Testament* 1:2, 16-20, 22, 25, 27, 3:13.

195 *Testament* 1:25; zu dieser Körperschaft der Gemeindeordnung siehe unten III 5 d.

196 *Testament* 1:17, 19-22; zudem 1:2, 13, 16, 3:13.

197 *Testament* 1:17, 2:13; vgl. auch *ebd.* 1:5, 10, 20, 2:6, 7, 11; vgl. zudem *Briefe und Botschaften* 185:1 ff.

198 *Testament* 1:17, 25, 2:8, 9.

199 *Testament* 1:17, 25.

200 *Testament* 2:9.

201 Shoghi Effendi, *The World Order of Bahá'u'lláh*, S. 4.

202 vgl. Shoghi Effendi, *The World Order of Bahá'u'lláh*, S. 3 f., 16, 19, 143 f.; vgl. hierzu auch Udo Schaefer, *Die Grundlagen der „Verwaltungsordnung" der Bahá'í*, S. 65.

203 Shoghi Effendi, *The World Order of Bahá'u'lláh*, S. 139. vgl. auch folgende Aussage Shoghi Effendis: „Whatever the Master has said is based on the teachings of Bahá'u'lláh.... what He says has the same standing, even if a text of Bahá'u'lláh is not available" (zit. in: Das Universale Haus der Gerechtigkeit, *Brief zur Frage der Theokratie*, S. 3).

Unfehlbarkeit eignet.[204] Die Aussagen 'Abdu'l-Bahás unterscheiden sich von denjenigen Bahá'u'lláhs nur hinsichtlich ihrer Dignität.[205] 'Abdu'l-Bahás Rechtssetzung beschränkt sich im übrigen nicht auf sein Testament, auch in anderen Schriftdokumenten finden sich Rechtssätze oder rechtsähnliche Regelungen[206].

c) Bahá'í-Recht in der lehramtlichen Auslegung Shoghi Effendis?

Intrikat ist die Frage der Rechtssetzung durch den sog. Hüter der Sache Gottes. Shoghi Effendi selbst hat für das Hüteramt jede Rechtssetzungskompetenz kategorisch ausgeschlossen:

> „Though the Guardian of the Faith has been made the permanent head of so august a body [=Universales Haus der Gerechtigkeit] he can never, even temporarily, assume the right of exclusive legislation... He... cannot legislate except in his capacity as member of the Universal House of Justice."[207]

In der bisherigen Literatur wurde vor dem Hintergrund dieser Aussage eine Rechtssetzungskompetenz des Hüteramtes abgelehnt,[208] immerhin aber eine provisorische Rechtssetzung Shoghi Effendis angenommen: Diese könne sich auf eine vorläufige Natur der Sache-Kompetenz des Hüteramtes berufen,[209] und

---

[204] Auf dem Amt 'Abdu'l-Bahás ruht die sog. verliehene Unfehlbarkeit (*Kitáb-i-'Ahd* 9; *Kitáb-i-Aqdas* 121; siehe dazu Udo Schafer, *Desinformation als Methode*, S. 133; *Infallible Institutions*, S. 21, Anm. 32), weshalb es sich überhaupt als Lehramt bezeichnen läßt. Die verliehene Unfehlbarkeit geht nach 'Abdu'l-Bahá auf einen göttlichen Stiftungsakt zurück und ist von der sog. wesenhaften Unfehlbarkeit zu unterscheiden, die das Kennzeichen der ontologischen Stufe des Gottesoffenbarers ist ('Abdu'l-Bahá, *Beantwortete Fragen*, Kap. 45).

[205] Das erklärt sich daraus, dass Bahá'u'lláh für die Bahá'í Gottesoffenbarer ist, und 'Abdu'l-Bahá nicht (so Shoghi Effendi, *The World Order of Bahá'u'lláh*, S. 132).

[206] So beispielsweise die Lehrauslegung zur Verbindlichkeit der Einehe ('Abdu'l-Bahá, zit. in: *Kitáb-i-Aqdas*, Erl. 89), oder die Verbindlichmachung der allgemeinen Menschenrechte (*Ansprachen in Paris* 46:11; *The Promulgation of Universal Peace*, S. 182), darunter konkret unter anderem der Gewissensfreiheit (*A Traveller's Narrative*, S. 91; *The Promulgation of Universal Peace*, S. 197), der Religionsfreiheit (*The Promulgation of Universal Peace*, S. 197) und der Gleichheit vor dem Gesetz (*Ansprachen in Paris* 47:2, 46:12).

[207] *The World Order of Bahá'u'lláh*, S. 150. Das von 'Abdu'l-Bahá entworfene Institutionenmodell sah vor, daß der Hüter Haupt des Universalen Hauses der Gerechtigkeit auf Lebenszeit sei (*Testament* 1:25). Durch den Wegfall des Hüteramtes vor Errichtung des Universalen Hauses der Gerechtigkeit ist es nie zu dieser Aufgabenwahrnehmung gekommen.

[208] Udo Schaefer, *Die Grundlagen der „Verwaltungsordnung" der Bahá'í*, S. 77; *Das Recht der Religionsgemeinschaft der Bahá'í*, S. 25.

[209] Udo Schaefer, *Die Grundlagen der „Verwaltungsordnung" der Bahá'í*, S. 144 f. Schaefer weist darauf hin, daß das Universale Haus der Gerechtigkeit noch nicht existierte, als der Institutionalisierungs- und Organisationsprozeß der Gemeinde in den frühen zwanziger Jahren des letzten Jahrhunderts begann, so daß Shoghi Effendi in seiner Funktion als höchstes Organ

ihre Erzeugnisse stünden unter dem Vorbehalt der Billigung durch das Universale Haus der Gerechtigkeit[210].

Die Frage, ob es eine Rechtssetzung durch Shoghi Effendi gegeben hat, die auf eine Rechtssetzungskompetenz des Hüteramtes schließen ließe, hängt ganz entscheidend davon ab, welchen Rechtsbegriff man annimmt. Legt man den hier entwickelten Rechtsbegriff zugrunde, so steht außer Frage, daß es sich bei einer ganzen Reihe von Normen Shoghi Effendis um Recht handelt. Hier läßt sich auf die Evidenz des Vorliegens der Konvergenzkriterien verweisen. Dies sowohl im Hinblick auf Regelungen, die vorläufig sein wollen,[211] als auch im Hinblick auf solche, die sich als grundsätzlich und zeitlos gültig verstehen.[212] Für die Mög-

---

und Oberhaupt der weltweiten Bahá'í-Gemeinde rechtliche Vorgaben habe machen müssen, um die Funktionalität der Gemeindeordnung gewährleisten zu können.

[210] Udo Schaefer, *Das Recht der Religionsgemeinschaft der Bahá'í*, S. 25.

[211] Shoghi Effendi hat die Kompetenzen, Aufgaben und die intendierte Funktionsweise der verschiedenen Gemeindeorgane normiert, ebenso wie beispielsweise das Entstehen und den Verlust der sog. administrativen Rechte oder das Gemeindewahlrecht (zu allem siehe *Bahá'í Administration* und die in *Lights of Guidance*, S. 1-86 sowie in *Geistige Räte – Häuser der Gerechtigkeit* zusammengestellten Weisungen Shoghi Effendis). Der Rechtscharakter dieser Normen drängt sich förmlich auf. Ihre Vorläufigkeit ergibt sich entweder aus ihrer Natur oder dem Sachkontext. Mitunter wurde sie von Shoghi Effendi aber auch ausdrücklich festgehalten, wie eine genauere Untersuchung seiner Texte ergibt; so beispielsweise in *Bahá'í Administration*, S. 135 f., wo er schreibt: „I feel that in view of the fact that definite and detailed regulations defining the manner and character of Bahá'í elections have neither been expressly revealed by Bahá'u'lláh nor laid down in the Will and Testament of 'Abdu'l-Bahá, it devolves upon the members of the Universal House of Justice to formulate and apply such system of laws as would be in conformity with the essentials and requisites expressly provided by the Author and Interpreter of the Faith for the conduct of Bahá'í administration. I have consequently refrained from establishing a *settled*... procedure for the election of the Assemblies of the East and the West". Unmittelbar anschließend macht Shoghi Effendi einige Ausführungen zu der gängigen Wahlpraxis der in der östlichen Hemisphäre angesiedelten Gemeinden und reflektiert die Vorzüge ihrer allgemeinen, aber wohlbemerkt vorläufigen Anwendung: „Should this simple system be *provisionally* adopted, it would safeguard the spiritual principle of the unfettered freedom of the voter..." (*ebd.*, S. 136). In einer zweiten Schriftstelle schreibt Shoghi Effendi im Anschluß an eine erstmalige Bestimmung der Wahl- und Funktionsmodi sowie der Pflichten der örtlichen und nationalen Bahá'í-Verwaltungskörperschaften: „And when this Supreme Body [=Das Universale Haus der Gerechtigkeit] will have been properly established, *it will have to consider afresh the whole situation*, and lay down the principle which shall direct, so long as it deems advisable, the affairs of the Cause" (*Bahá'í Administration*, S. 41). Diese Aussage läßt sich auch als globale Vorläufigkeitserklärung der Weisungen Shoghi Effendis zu den Aufgaben und Komptenzen der verschiedenen Gemeindeorgane verstehen.

[212] So stellt sich beispielsweise die folgenschwere Bestimmung Shoghi Effendis, das Recht des Kitáb-i-Aqdas mutatis mutandis zur Anwendung zu bringen, sofern dies der Kontext nicht ausschließt (*Kitáb-i-Aqdas*, Einf. 17), ohne weiteres als rechtliche Regelung von zeitloser Gültigkeit dar. Gleiches gilt etwa für die Präzisierung und zum Teil sogar Neudefinition der Kompetenzen von Universalem Haus der Gerechtigkeit und Hüteramt (*The World Order of*

lichkeit der Annahme von Recht spricht im übrigen rein grundsätzlich, daß jedenfalls die Verbindlichkeit von Recht allen lehramtlichen Verfügungen Shoghi Effendis zukommt: Auch auf dem Hüteramt ruhte nach Bahá'í-Lehre die sog. verliehene Unfehlbarkeit,[213] so daß alle Normen Shoghi Effendis kategorial von gleicher Validität und Autorität sind, wie die Rechtssetzungen Bahá'u'lláhs und 'Abdu'l-Bahás.[214] Überdies ist angesichts identischer Materien und Regeltypen sachlich kaum zu erklären, warum man bei 'Abdu'l-Bahá, dessen Lehrgewalt strukturell nicht anders beschaffen ist, als diejenige Shoghi Effendis, Rechtssetzung annimmt, und bei diesem nicht. Rein grundsätzlich sei daher hier unter Verweis auf die angeführten Beispiele angenommen, daß einer Anzahl von Normen Shoghi Effendis Rechtscharakter zukommt.[215] Während der Annahme einer provisorischen Natur der Sache-Rechtssetzungskompetenz keinerlei Bedenken entgegenstehen, sie daher hier bejaht werden kann, bleibt die Frage, ob die Annahme einer zeitlosen Lehrgesetzgebung gleich derjenigen 'Abdu'l-Bahás nicht den zuvor angeführten generellen Ausschluß Shoghi Effendis mißachten würde.

Hier mag ein Blick auf die Intention der betreffenden Aussage weiterhelfen: Die gesamte Passage Shoghi Effendis, aus der das zu Beginn von Gliederungspunkt c angeführte Zitat stammt,[216] gilt einer Abgrenzung der Kompetenzen zwischen Hüteramt und Universalem Haus der Gerechtigkeit, den „Zwillingsinstitutionen"[217] der Gemeindeordnung.[218] Bei der zitierten Aussage selbst handelt es sich um einen Kompetenzausschluß: Shoghi Effendi will für das Hüteramt eine

---

Bahá'u'lláh, S. 147-152); ein Beispiel für die Neuschaffung einer Kompetenz durch Shoghi Effendi ist das von ihm verfügte Vetorecht des Hüters bezüglich solcher Entscheidungen des Universalen Hauses der Gerechtigkeit, die er als unvereinbar mit den Schriften Bahá'u'lláhs sieht (*ebd.*, S. 150). Daß die Kompetenzfestlegung eines durch Recht gestifteten Rechtssetzungsorgans im Wege des Rechts erfolgt, liegt auf der Hand.

213 'Abdu'l-Bahá, *Testament* 1:17, 3:13; Shoghi Effendi, *Directives from the Guardian*, Nr. 88; Brief vom 20. August 1956, zit. in: *Lights of Guidance*, S. 313, Nr. 1055; vgl. auch Udo Schaefer, *Desinformation als Methode*, S. 133 ff.

214 Zudem sind die Verfügungen des Hüters nach Shoghi Effendis ausdrücklicher Feststellung gleichermaßen verbindlich, wie die Rechtsnormen des Universalen Hauses der Gerechtigkeit: „The interpretation of the Guardian, functioning within his own sphere, is as authoritative and binding as the enactments of the International House of Justice" (*The World Order of Bahá'u'lláh*, S. 150).

215 Für diese Auffassung läßt sich auch diejenige Meinung anführen, die nur eine provisorische Rechtssetzung Shoghi Effendis annimmt: Denn nicht, daß es keine Rechtssetzung durch Shoghi Effendi gegeben hat, sondern nur, daß sie vorläufig war, ist ihre Auffassung.

216 *The World Order of Bahá'u'lláh*, S. 149-150.

217 Shoghi Effendi, *The World Order of Bahá'u'lláh*, S. 18, 19 f., 21, 148, 157.

218 Dies wird auch anhand folgender Aussage Shoghi Effendis deutlich: „Neither can, nor will ever, infringe upon the sacred and prescribed domain of the other. Neither will seek to curtail the specific and undoubted authority with which both have been divinely invested (*The World Order of Bahá'u'lláh*, S. 150).

Rechtssetzungskompetenz ausschließen, wie sie dem Universalen Haus der Gerechtigkeit zusteht. Dies steht indessen der Anwendung eines Begriffes, nämlich des Rechtsbegriffes, auf seine Tätigkeit nicht entgegen: Denn daß eine Bahá'í-Rechtslehre zu dem Ergebnis gelangt, daß eine Lehramtsausübung mitunter den Charakter von Lehr*gesetzgebung* annimmt, vermehrt nicht die Kompetenzen des Hüteramtes: Es bleibt bei der von Shoghi Effendi betonten Gewaltenaufteilung in die Lehrgewalt des Hüters und die Rechtssetzungsgewalt des Universalen Hauses der Gerechtigkeit. Nur daß erstere aus Sicht des betrachtenden Juristen eine Rechtssetzungskompetenz einschließt, so sehr diese strukturell auch völlig anders ist, als diejenige des Hauses der Gerechtigkeit.

Der von Shoghi Effendi hier applizierte Rechtsbegriff ist offensichtlich an der Tätigkeit des Universalen Hauses der Gerechtigkeit orientiert. Er ist formal, stellt auf die Entstehung von Recht in einem Verfahren, dessen Festschreibung in besonderer Form[219], oder dessen regelmäßige, reiche Erzeugung ab, meint also eine systematische, formalisierte Gesetzgebung. Eine solche förmliche Rechts*setzung* steht dem Hüteramt nicht zu; sie und nur sie wollte Shoghi Effendi durch jene Aussage ausschließen. Eine Bahá'í-Rechtslehre darf indessen im Rahmen ihrer erkenntnisorientierten Qualifizierung von Schriftnormen einen anderen Rechtsbegriff zugrundelegen, als der auf Kompetenzabgrenzung bedachte Shoghi Effendi.[220] Mithin darf eine Bahá'í-Rechtslehre unter „Recht" auch etwas verstehen, was ohne Verfahren und Form, also ohne Setzung erfolgt, vielmehr im Wege der qualifizierten Auslegung entsteht.

Im Ergebnis läßt sich also auf der Grundlage eines materiellen Rechtsbegriffs, der im übrigen den zuvor entwickelten Rechtsbegriffskriterien entspricht, eine Rechtssetzung Shoghi Effendis im Wege der Lehrgesetzgebung grundsätzlich annehmen. Der Kompetenzausschluß wird dadurch nicht übergangen, weil die ihm zugrundeliegende Kompetenzaufteilung unberührt bleibt. Neben einer a priori zeitlosen Rechtssetzung Shoghi Effendis, die für jede einzelne Norm eigens zu eruieren wäre, läßt sich dauerhaftes Bahá'í-Recht sicher auch als seiner provisorischen Gesetzgebung immanent finden.[221]

---

[219] Etwa der systematischen Auflistung in Paragraphen und Normenkatalogen, oder auch der Ausfertigung und Verkündigung der Rechtsvorschriften.

[220] Die jeweils verwandten Rechtsbegriffe haben beide ihre Berechtigung, sie erfüllen ganz einfach unterschiedliche Funktionen.

[221] Denn so sehr Shoghi Effendi hier eine situative, vorläufige Regelung treffen wollte, so handelt es sich doch immer um materiale Schriftausdeutung, die in ihrem Kern nicht kontingent sein kann. Mitunter dürfte daher bei den provisorischen Rechtsfestlegungen Shoghi Effendis unter einer zeitrelativen, inhaltlich vorläufigen Schale ein zeitloses Kernsubstrat zu finden sein.

d) Komplementäre Rechtssetzung durch das Universale Haus der Gerechtigkeit

aa) Ergänzende Rechtssetzung „nach den Nöten und Erfordernissen der Zeit“[222]

Das von Bahá'u'lláh gestiftete,[223] in seinen Kompetenzen und Pflichten von 'Abdu'l-Bahá[224] und Shoghi Effendi[225] näher definierte Universale Haus der Gerechtigkeit dient in erster Linie der Schaffung supplementären Bahá'í-Rechts. Bahá'u'lláh hat hierzu verfügt:

> „Die Vertrauensleute des Hauses der Gerechtigkeit haben über jene Dinge zu beraten, die nicht ausdrücklich im Buche offenbart sind, und zu vollziehen, was sie für gut halten.“[226]

Und 'Abdu'l-Bahá präzisierte:

> „Alles ist dieser Körperschaft vorzulegen. Sie erläßt alle Vorschriften und Satzungen, die nicht im klaren heiligen Text zu finden sind.“[227] „Dem Heiligsten Buche muß sich jeder zuwenden, und was darin nicht ausdrücklich verwahrt ist, ist dem Universalen Haus der Gerechtigkeit vorzulegen.“[228]

Bei umfassender Bindung an das Recht der Bahá'í-Schrift sowie an diese überhaupt[229] ist das Universale Haus der Gerechtigkeit auch ermächtigt, seine eigene Rechtssetzung „den Zeiterfordernissen entsprechend“[230] aufzuheben oder zu modifizieren.[231] Die dynamische Rechtsergänzungsfunktion der höchsten Bahá'í-Körperschaft soll angesichts sich rasch wandelnder Verhältnisse die jederzeitige Sachadäquanz des Religionsrechts sicherstellen – durch sie soll gewährleistet sein, dass das Bahá'í-Recht nicht alsbald starr und inhaltlich obsolet wird. Bahá'u'lláh schrieb hierzu:

---

[222] Bahá'u'lláh, *Botschaften aus Akká* 8:61.
[223] *Kitáb-i-Aqdas* 42; *Botschaften aus 'Akká* 6:29; vgl. zudem die in *Establishment of the Universal House of Justice*, S. 319 ff., zusammengestellten Auszüge aus dem Schrifttum Bahá'u'lláhs.
[224] *Testament* 1:17, 1:25, 2:8, 9; vgl. zudem die in *Establishment of the Universal House of Justice*, S. 322 ff., zusammengestellten Auszüge aus dem Schrifttum 'Abdu'l-Bahás.
[225] insbes. *The World Order of Bahá'u'lláh*, S. 147 ff.; siehe zudem *Establishment of the Universal House of Justice*, S. 328 ff.
[226] *Botschaften aus 'Akká* 6:29.
[227] *Testament* 1:25.
[228] *Testament* 2:8; vgl. auch *ebd.* 2:9: „Es obliegt diesen Mitgliedern [des Universalen Hauses der Gerechtigkeit], an einem Ort zusammenzukommen und alle Fragen zu beraten, die kontrovers, unklar oder nicht ausdrücklich im Buche behandelt sind.“
[229] Die Schriftbindung des Universalen Hauses der Gerechtigkeit versteht sich angesichts der *Ergänzungs*funktion seiner Rechtssetzung von selbst. 'Abdu'l-Bahá hat sie jedoch auch ausdrücklich festgehalten (*Testament* 2:9).
[230] 'Abdu'l-Bahá, *Testament* 2:9.
[231] 'Abdu'l-Bahá, *Testament* 2:9.

> „Insofern es für jeden Tag ein neues Problem und für jedes Problem eine zweckmäßige Lösung gibt, sind solche Angelegenheiten dem Haus der Gerechtigkeit vorzulegen, damit dessen Mitglieder nach den Nöten und Erfordernissen der Zeit handeln."[232]

Dem Universalen Haus der Gerechtigkeit ist überdies gestattet, über den Zeitpunkt der Inkraftsetzung der Rechtsvorschriften der Bahá'í-Schrift zu befinden.[233]

Nach 'Abdu'l-Bahá eignet den Gesetzen des Universalen Hauses der Gerechtigkeit eine besondere Qualität:

> „Was immer sie [=die Mitglieder des Universalen Hauses der Gerechtigkeit] entscheiden, hat dieselbe Geltung wie der heilige Text."[234]

Hintergrund dieser Qualifizierung ist, wie schon im Falle des Amtes 'Abdu'l-Bahás und des Hüteramtes, die auf der Institution als solcher[235] ruhende, sog. verliehene Unfehlbarkeit.[236] 'Abdu'l-Bahá schrieb hierzu:

> „The Universal House of Justice, if it be established under the necessary conditions – with members elected from all the people – that House of Justice will be under the protection and the unerring guidance of God. If that House of Justice shall decide unanimously, or by a majority, upon any question not mentioned in the Book, that decision and command will

---

232 *Botschaften aus Akká* 8:61. 'Abdu'l-Bahá erläuterte ergänzend: „Alles Wesentliche, die Grundlage des göttlichen Gesetzes, ist eindeutig im heiligen Text festgelegt. Ergänzende Gesetze bleiben jedoch dem Haus der Gerechtigkeit überlassen. Die Weisheit dieser Regelung liegt im Wandel der Zeit, denn Veränderung ist ein unabdingbares, wesentliches Merkmal dieser Welt, ein Attribut von Zeit und Raum. Dementsprechend wird das Haus der Gerechtigkeit verfahren" (zit. in: *Kitáb-i-Aqdas*, Einf. 9). Shoghi Effendi stellte die Rechtsergänzungsfunktion des Hauses der Gerechtigkeit in einen größeren Zusammenhang, indem er schrieb, durch die für sie geltende salvatorische Klausel (=Aufhebbarkeit bei veränderten Verhältnissen) sei dem Bahá'í-Glauben eine Elastizität verliehen, „die ihn in die Lage versetzt, sich, einem lebendigen Organismus gleich, auszuweiten und sich den Bedürfnissen und Ansprüchen einer sich stets wandelnden Gesellschaft anzupassen" (*The World Order of Bahá'u'lláh*, S. 23).

233 siehe dazu *Kitáb-i-Aqdas*, Einf. 12-15, Erl. 126.

234 *Testament* 2:9.

235 Die Mitglieder des Universalen Hauses der Gerechtigkeit als Individuen haben keinen Anteil an der Unfehlbarkeit ('Abdu'l-Bahá, *Beantwortete Fragen* 45:4).

236 Bahá'u'lláh, *Botschaften aus 'Akká* 6:29; 'Abdu'l-Bahá, *Testament* 1:17, 25, 2:8; *Beantwortete Fragen* Kap. 45, insbes. 45:4; zit. in: *Establishment of the Universal House of Justice*, S. 323, Nr. 728; der Verfasser vertritt im Anschluß an Udo Schaefer (*Infallible Institutions*, S. 30 ff.; *Desinformation als Methode*, S. 133 ff.) die Auffassung, dass die Unfehlbarkeit des Universalen Hauses der Gerechtigkeit immanenten Schranken unterliegt, die aus der Textstruktur, insbesondere dem Aussagezusammenhang erwachsen; infolge dieser erstreckt sich die Unfehlbarkeit nach der hier vertretenen Auffassung entgegen dem schrankenlosen Wortlaut der einschlägigen Schriftstellen nur auf das Gebiet der Rechtssetzung, gilt also nicht für sonstige Entscheidungen des Universalen Hauses der Gerechtigkeit, insbesondere nicht für Einzelfallentscheidungen (siehe hierzu *ebd.*).

be guarded from mistake."[237] „Was diese Körperschaft einstimmig oder mit Stimmenmehrheit beschließt, ist die Wahrheit und Gottes eigener Wille."[238]

Von dieser Kompetenz zur Setzung sich als unfehlbar verstehenden, ergänzenden bzw. komplementären Rechts hat das Universale Haus der Gerechtigkeit bislang nur sehr sporadisch Gebrauch gemacht.[239]

bb) Eine Allkompetenz? Zur Reichweite der Rechtssetzungsbefugnis des Universalen Hauses der Gerechtigkeit

Die Frage stellt sich, welchen inhaltlichen Radius die Rechtssetzungskompetenz des Universalen Hauses der Gerechtigkeit hat. Insbesondere stellt sich die Frage, ob hier nicht gar eine Allkompetenz für das Gebiet der Gesetzgebung gegeben ist.

Daß die entscheidenden Normen im Testament 'Abdu'l-Bahás[240] dem Universalen Haus der Gerechtigkeit jedenfalls nur ein limitiertes Kompetenzfeld für den Bereich der Rechtssetzung zuweisen, ergibt sich aus Erläuterungen Shoghi Effendis, wonach dem Universalen Haus der Gerechtigkeit eine „clearly-defined sphere of jurisdiction"[241] zukommt. Was auch immer dies inhaltlich gesehen bedeutet – diese „sphere of the legislative action of its elected representatives"[242] erfordert nach Shoghi Effendi „necessary guidance to define [it]"[243] durch den Hüter. Stünde dem Universalen Haus der Gerechtigkeit eine Allkompetenz zu, so gäbe es kein Erfordernis, Grenzen der Gesetzgebungsbefugnis im Wege der lehramtlichen Interpretation markieren zu müssen, ja, es gäbe noch nicht einmal überhaupt ein Gebiet der Rechtssetzung. Es ist also festzuhalten,

---

237 'Abdu'l-Bahá, *Some Answered Questions* 45:4.

238 'Abdu'l-Bahá, *Testament* 2:8. Nach 'Abdu'l-Bahá hat Gott diese Institution „von allem Irrtum befreit" (*Testament* 1:25), und Bahá'u'lláh hat den Bahá'í versichert: „Gott wird ihnen [=den Mitgliedern des Universalen Hauses der Gerechtigkeit] wahrlich eingeben, was Er will" (*Botschaften aus 'Akká* 6:29).

239 Zu nennen sind hier seine am 24. November 1972 verabschiedete Verfassung (*Die Verfassung des Universalen Hauses der Gerechtigkeit*); der Rechtsentscheid, dass ein Hüter weder vom Haus der Gerechtigkeit noch sonst ernannt werden kann, und dass das Hüteramt infolgedessen erloschen ist (Brief vom 6. Oktober 1963, zit. in: *Messages from the Universal House of Justice 1963-1986*, S. 14; siehe auch Briefe vom 9. März 1965 und 27. Mai 1966, zit. in: *Wellspring of Guidance*, S. 52 f.); die zum Ridván 1992 erfolgte In-Geltungssetzung von *huqúqu'lláh* (Brief zum Ridván 1991, zit. in: *The Bahá'í World*, Band 20, S. 117); sowie die Schaffung des sog. Regionalen Bahá'í-Rates (Brief vom 30. Mai 1997, zit. in: *Regional Bahá'í Councils*, S. 2 ff.; zu diesem Gemeindeorgan siehe unten III 5 d).

240 1:25, 2:8, 9.

241 *The World Order of Bahá'u'lláh*, S. 5.

242 *The World Order of Bahá'u'lláh*, S. 148.

243 *The World Order of Bahá'u'lláh*, S. 148.

dass dem Internationalen Haus der Gerechtigkeit nach der Bestimmung Shoghi Effendis die Kompetenz zur Regelung nur bestimmter Rechtsfragen zusteht.

Im Hinblick auf deren mögliche Materien ist folgendes zu bedenken: Das Recht, welches das Universale Haus der Gerechtigkeit anwenden und ergänzen soll, versteht sich als göttliches Recht. Als Offenbarungsrecht[244] weist dieses stets einen moralisch-theologischen Bezug auf. Rein rechtstechnisches Regelwerk (wie beispielsweise Straßenverkehrs-, Tierseuchen-, Bundesautobahnen-, Notar- oder Paßrecht) ist als Offenbarungsrecht nicht denkbar, da es als solches in weiten Teilen letztlich beliebig ist. Als kontingentes Recht fehlt ihm der wertsetzende Charakter, der jeder göttlichen Normsetzung eigen ist und daher Voraussetzung für jede Rechtsmaterie ist, die Gegenstand göttlicher Rechtssetzung sein soll. „Göttliches" Recht versteht sich seiner Funktion als Wegweisung für die menschliche Gesellschaft gemäß stets als Ausdruck absoluter Gerechtigkeit und steht als solches in einem moralisch-theologischen Zusammenhang. Indem nun das Haus der Gerechtigkeit zur Setzung *komplementären* Rechts ermächtigt wird, wird es zur Setzung von Normen berechtigt, die ihrer Natur nach auch als Offenbarungsrecht denkbar gewesen wären, diesem jedenfalls sachlich entsprechen. Nach dem hier vorgelegten Bestimmungsversuch[245] ist also nicht das Universum nicht-geregelter Rechtsfragen Gegenstand der höchsten Bahá'í-Gesetzgebung, sondern ein limitiertes Jurisdiktionsfeld, das sich durch einen dezidierten Gerechtigkeitsbezug oder sonst einen unmittelbaren moralisch-theologischen Bezug auszeichnet.

Es scheint, daß sich die Reichweite der Rechtssetzungskompetenz des Universalen Hauses der Gerechtigkeit nicht präziser bestimmen läßt. Für den Bahá'í gibt es nach dem Erlöschen des Lehramtes auch keine Möglichkeit, jemals abstrakt feststellen zu lassen, ob diese oder jene Bestimmung der Kompetenzreichweite zutreffend ist. Allerdings ist aus Bahá'í-Sicht ein Überschreiten des Kompetenzrahmens durch das Universale Haus der Gerechtigkeit nicht möglich: ein solches bedeutete eine fehlerhafte Rechtssetzung, die angesichts der Qualität der Rechtssetzung das Hauses der Gerechtigkeit als unfehlbar für den Bahá'í nicht denkbar ist – unfehlbares Recht ist notwendig kompetenzgemäßes Recht.[246]

---

[244] Zur Definition dieses Begriffs siehe Anmerkung 266.

[245] Es sei betont, dass dieser die Rechtssetzungkompetenz des Universalen Hauses der Gerechtigkeit nicht von außen beschränken will; vielmehr geht es hier darum, die durch die Schrift vorgegebenen und dieser Körperschaft darum immer schon eigenen, immanenten Kompetenzgrenzen zu eruieren. Es handelt sich hierbei also um einen Vorgang der Auslegung.

[246] Wenn eine Überschreitung des Kompetenzfeldes durch das Universale Haus der Gerechtigkeit im Wege der Rechtssetzung aber per se nicht denkbar ist, stellt sich die Frage, wieso Shoghi Effendi dann überhaupt eine notwendige Befugnis des Hüteramtes, diese zu bestimmen, angenommen hat. Hier lassen sich drei Überlegungen anführen: Entweder, man nimmt

e) Naturrecht als Rechtsquelle?

Die Frage stellt sich, ob das Bahá'ítum ein Naturrecht[247] kennt, und ob dieses infolgedessen eine weitere Rechtsquelle darstellt. Für die Annahme von Naturrecht spricht zunächst der Naturbegriff der Bahá'í-Schrift: Gott erscheint hier als der Stifter, Erhalter und Herrscher über die Natur;[248] sie wird als eine Widerspiegelung seiner Eigenschaften[249] und als sein „Wille [und] dessen Ausdruck in

---

an, dass durch die sechsundreißigjährige Amtsausübung Shoghi Effendis, in der er die Funktionen, Aufgaben und Kompetenzen des Universalen Hauses der Gerechtigkeit immer wieder beschrieben hat, die „sphere of the legislative action" als Voraussetzung für eine unfehlbare Gesetzgebung des Hauses der Gerechtigkeit in hinreichendem Maße bestimmt wurde (dahingehend wohl das Universale Haus der Gerechtigkeit, Brief vom 7. Dezember 1969, zit. in: *Messages from the Universal House of Justice 1968-1973*, S. 43). Oder aber, man argumentiert, daß die bloße Existenz der Hüterkompetenz zur Definition der Gesetzgebungsgrenzen nicht schon per se impliziert, daß das Haus der Gerechtigkeit diese Grenzen ohne Ausübung der Hüterkompetenz überschreiten würde (so das Universale Haus der Gerechtigkeit, Brief vom 7. Dezember 1969, zit. in: *Messages from the Universal House of Justice 1968-1973*, S. 43). Diese Annahme für sich gesehen setzt aber voraus, dass eine Festlegung der Gesetzgebungsgrenzen durch den Hüter nicht-zwingender Art ist, was problematisch ist, weil Shoghi Effendi von einer „*necessary* guidance" des Hüters an dieser Stelle spricht. Es ließe sich jedoch drittens argumentieren, dass die von Shoghi Effendi entworfene Kompetenzverteilung zwischen dem Hüteramt und dem Universalen Haus der Gerechtigkeit mit dem Wegfall des Hüteramtes jedenfalls insoweit obsolet geworden ist, als diese eine aktive Amtsausübung des Hüters vorsieht; so daß in der Folge die vor der Schaffung des Hüteramtes bestehende Konstitution des Universalen Hauses der Gerechtigkeit wieder aufgelebt sei. Weil sich die Unfehlbarkeit des Hauses der Gerechtigkeit bereits bei Bahá'u'lláh findet und nirgends von der Existenz des Hüteramtes, geschweige denn der Ausübung seiner Kompetenzen abhängig gemacht ist, sieht seine ursprüngliche Verfassung keine Bestimmung der Gesetzgebungsgrenzen vor. Sieht man die Sachlage derart, so ließe sich auf diese Weise begründen, warum das Universale Haus der Gerechtigkeit die inhaltlichen Grenzen seiner Rechtssetzungskompetenz nicht (oder besser: nicht mehr) überschreiten kann.

[247] Der Begriff „Naturrecht" kann einerseits konkrete „naturrechtliche" Normen oder Normensysteme meinen (=Naturrecht). Andererseits kann er diejenige Theorie meinen, die der Herleitung und Begründung dieser „naturrechtlichen" Normen oder Normensysteme gilt (=Naturrechtstheorie). Naturrechtstheorie ist dann die Theorie, für die die Natur der letzte Maßstab der Richtigkeit von Recht ist. Die Natur, insbesondere die Natur des Menschen, ist normsetzende Autorität – das aus ihr als Rechtsquelle hervorgehende Naturrecht ist Instanz der Legitimation und Limitation für alle menschliche Rechtssetzung. Die sog. rationale Naturrechts- oder Vernunftrechtstheorie sieht dagegen nicht in der Natur, sondern in der Vernunft den grundlegenden Maßstab der Richtigkeit von Recht: Die Vernunft ist mittels des aus ihr hervorgehenden Vernunftrechts Rechtsquelle und als solche Grund und Maß für eine gerechte Staats- und Rechtsordnung. Hier gegenständlich sind beide Naturrechtsgattungen; zum Ganzen siehe Hans Welzel, *Naturrecht und materiale Gerechtigkeit*; Erik Wolf, *Das Problem der Naturrechtslehre*; Ewald Zacher, *Der Begriff der Natur und des Naturrechts*; Karl-Heinz Ilting, *Naturrecht*; Hans Kelsen, *Die Grundlagen der Naturrechtslehre*.

[248] Bahá'u'lláh, *Gebete und Meditationen* 4:1, 18:4; 'Abdu'l-Bahá, *Beantwortete Fragen*, Kap. 1.

[249] Bahá'u'lláh, *Botschaften aus 'Akká* 6:11.

der bedingten Welt"[250] gesehen; 'Abdu'l-Bahá erklärt, die Natur weise eine perfekte Ordnung auf[251] und sei zudem werthaft, da sie als solche nur das Gute kenne[252] – bei diesen Annahmen handelt es sich um klassische Positionen der Naturrechtstheorie.[253] Jedoch genügt das Vorliegen eines naturrechtsfähigen Naturbegriffes allein nicht: Dass die Natur eine werthafte Ordnung aufweist, und man infolgedessen Werte aus ihr ableiten *kann*, bedeutet noch nicht eo ipso, dass diese auch aus ihr abgeleitet werden *sollen*; es bedeutet mithin noch nicht, daß die Natur normative Autorität und Rechtsquelle ist. Für die Annahme von Naturrecht müsste für die Bahá'í-Lehre begründet werden (können), dass diese die Natur als normsetzende Autorität zu verstehen hat.

Eine solche Begründung kann jedoch aufgrund der epistomologischen Positionen der Bahá'í-Schrift a priori nicht erbracht werden: Wie später im Einzelnen zu zeigen sein wird,[254] negiert die Bahá'í-Epistomologie eine Wertanlage im Menschen ebenso, wie eine Fähigkeit, Werte mit Gewißheit zu erkennen: Zwar verfügt der Mensch über Vernunft, und wird diese als sein entscheidendes, in ihrer Erkenntnispotenz göttliches Erkenntnisvermögen gesehen. Jedoch sind der Vernunft keine Werte immanent, und sie ist auch weder a priori noch überhaupt zu einer fehlerfreien, sicheren Werterkenntnis imstande. Alles Naturrecht lebt demgegenüber von dem Gedanken, dass dem Menschen die der Natur immanenten Werte jedenfalls in ihren Fundamentalnormen irrtumsfrei oder zumindest sicher erkennbar sind, daß diese der menschlichen Vernunft „ebenso einleuchtend sind wie etwa die Regeln der Logik"[255].[256] Das Vernunftrecht beruht ganz ebenso auf diesen noetischen Prämissen. Im Ergebnis bedeutet dies für die Bahá'í-Lehre: Die These der Wertimmanenz in der Natur kann der Bahá'í noch teilen, die ihrer sicheren Erkenntnismöglichkeit schon nicht mehr. An diesem Punkt scheitert daher die Annahme von Naturrecht, und auch die Annahme von

---

[250] Bahá'u'lláh, *Botschaften aus 'Akká* 9:14.
[251] 'Abdu'l-Bahá, *Beantwortete Fragen* 1:2.
[252] 'Abdu'l-Bahá., *Beantwortete Fragen*, Kap. 57.
[253] Auch das Bahá'í-Menschenbild erscheint als naturrechtsfähig, wenn 'Abdu'l-Bahá in frappierender Übereinstimmung mit dem Naturrechtsvertreter Thomas von Aquin die natürlichen Eigenschaften des Menschen (sog. *inclinationes naturales*; dazu siehe Hans Welzel, *Naturrecht und materiale Gerechtigkeit*, S. 58 ff.) als per se gut ausweist (*Beantwortete Fragen* 57:11 f.), so daß sie und mit ihnen der Mensch grundsätzlich zu einer Deduktion von Werten im Sinne der Naturrechtslehre geeignet wären.
[254] siehe IV 2 b.
[255] Hans Kelsen, *Die Idee des Naturrechtes*, S. 250; vgl. auch *Die philosophischen Grundlagen der Naturrechtslehre und des Rechtspositivismus*, S. 9.
[256] Dazu siehe Hans Kelsen, *Reine Rechtslehre*, Anhang: Das Problem der Gerechtigkeit, S. 404 ff.; *Die Idee des Naturrechts*, S. 247 ff., 275 ff. Daß diese Grundannahme für jede Naturrechtstheorie unverzichtbar ist, liegt auf der Hand: Normen, die nicht jedermann sicher eingängig sind, könnten wohl kaum als Fundament und Maßstab der Staats- und Gesellschaftsordnung fungieren – sie wären Gegenstand eines Geheimwissens Weniger und als solche nicht tauglich zum allgemeinen Richtmaß für jedermann.

Vernunftrecht ist unter den nach der Bahá'í-Schrift gegebenen epistomologischen Bedingungen im Menschen nicht möglich.

Gegen ein Natur- oder Vernunftrecht spricht darüber hinaus auch ein systematisches Argument: Die Naturrechtslehre verweist den Menschen in der Frage der Ordnung des gesellschaftlichen Daseins auf die Natur: Ihr soll der Mensch autonom einer als objektiv gedachten natürlichen Ordnung eine Wertordnung für sich und die Gesellschaft ausdeuten. Er ist also in der Frage der maßgeblichen Sozialnormen von Staat und Gesellschaft auf sich selbst gestellt: Als Objekt der Natur und ihrer Werteordnung zwar, jedoch als Subjekt der Rechtsgenese an dieser Stelle. Wie die nachfolgende Rechtstheologie zeigen wird, geht das Bahá'ítum demgegenüber davon aus, dass der Mensch in diesen Fragen nicht auf sich selbst gestellt ist: Gott adressiert ihn über seine religiöse Offenbarung explizit, er steht mit ihm im Bund, und versorgt ihn über diesen kontinuierlich und lückenlos mit Normen. In diesem Normstiftungs- und -versorgungsmodell der Bahá'í-Theologie werden die für die Ordnung des Lebens maßgeblichen Werte, sowohl die des Individuums wie der Gemeinschaft, nicht als der Natur inhärent autonom gefunden, sondern passiv im Rahmen des urewigen Gottesbundes als explizite Wortoffenbarungen empfangen. Die von der Naturrechtslehre behauptete, absolut gerechte Ordnung ist nach dem Bahá'í-Modell nicht in der Natur zu finden, sondern in der Offenbarung Gottes. Nicht die Natur ist hier also normative, d.h. normsetzende Autorität, sondern allein die Religion. Dieses Konzept eines heteronomen Normenempfangs als Gegensatz zur souveränen Individual-Normfindung des Naturrechtlers macht die Naturrechtstheorie mit der Bahá'í-Lehre inkompatibel. Entsprechendes gilt für die Vernunftrechtstheorie.[257]

Im Ergebnis ist für die Bahá'í-Rechtslehre festzuhalten, dass sie kein Naturrecht kennt, und dieses daher keine Quelle des Bahá'í-Rechts bildet.[258]

---

[257] Gegen die Annahme von Naturrecht läßt sich schließlich noch ein funktionales Argument anführen: So sehr die vom Naturrechtler angenommene Ordnung der Natur ebenso wie die durch sie gesetzten Werte als objektiv gedacht werden, verdankt sich deren beider Annahme letztlich funktionalen Gesichtspunkten: Dem Bedürfnis nach einem Maßstab (sei er legitimierend oder kritisierend-korrigierend), dem sich alle menschliche Rechtssetzung soll unterwerfen müssen. Dieses funktionale Bedürfnis fehlt der Bahá'í-Lehre: Wie später gezeigt wird, sieht das Bahá'ítum in seinem Recht (wie schon in seiner Schrift) einen unfehlbaren Maßstab, der beansprucht, von absoluter Gerechtigkeit zu sein. Es ließe sich daher sagen, dass das Bahá'í-Recht, insbesondere soweit es eines Tages durch Entfaltung seines ergänzenden Rechts eine weitaus größere Anzahl von Rechtsfeldern abdeckt, eine naturrechtsersetzende Funktion erfüllen kann.

[258] Im Ergebnis ebenso Udo Schaefer, *Die Grundlagen der „Verwaltungsordnung" der Bahá'í*, S. 57, 58, 80; *Die Bahá'í-Religion im Spiegel christlicher Betrachtung*, S. 27; *Das Recht der Religionsgemeinschaft der Bahá'í*, S. 26.

f) Sonstige Rechtsquellen?

Keine Rechtsquelle bilden, trotz des Einheitsparadigmas[259], die Rechtsvorschriften vorangegangener Religionsstifter. Sie wurden mit der Gesetzgebung Bahá'u'lláhs aufgehoben.[260] Dies gilt im Besonderen für die zahlreichen Rechtsvorschriften des Báb,[261] auch wenn dessen Offenbarungstexte insgesamt der Bahá'í-Schrift zugehören. Rechtsquelle ist ebensowenig – mit Blick auf das sola scriptura-Prinzip des Bahá'ítums – die mündliche Tradition. Quelle des Bahá'í-Rechts, wie der Begriff hier eingangs definiert wurde, ist ebenfalls nicht das einfache Recht der dem Universalen Haus der Gerechtigkeit nachgeordneten Gemeindeorgane auf lokaler und nationaler Ebene:[262] Auch wenn dieses Recht, soweit es eines Tages gesetzt wird, beansprucht, aus von Gott gestifteten Institutionen hervorzugehen, sieht es sich selbst nicht als göttlich, und ist darum als *ius humanum*[263] einzuordnen.

4. Zur Struktur des Bahá'í-Rechts

a) Die Einheit des Bahá'í-Rechts

Allen Rechtskomponenten der Bahá'í-Schrift ist demgegenüber gemeinsam, daß sie sich als göttlich verstehen: Bei Bahá'u'lláh, den die Bahá'í als Gottesoffenbarer, als „Vertreter und Sprachrohr Gottes"[264] sehen, liegt das auf der Hand. Das Recht 'Abdu'l-Bahás und Shoghi Effendis erhebt Anspruch auf Göttlichkeit, weil es sich als unfehlbar versteht: Denn unfehlbar ist es seinem Selbstverständnis nach, weil es den Willen Gottes verkörpert. Diese drei Rechtskomponenten bilden gemeinsam das Schriftrecht des Bahá'ítums.[265] Ein anderer Be-

---

[259] Näher besehen müßte es eigentlich heißen: Gerade *wegen* des Einheitsparadigmas, verkörpert ihm zufolge doch das Recht die variable, da immer wieder abrogierte Komponente der religiösen Botschaft.

[260] Der juristische Grundsatz lex posterior derogat legi priori (Dig. 1,4,4) greift auch für dasjenige Recht der Religionen, das sich auf Offenbarung zurückführt (vgl. Udo Schafer, *Die Grundlagen der „Verwaltungsordnung" der Bahá'í*, S. 73; *Das Recht der Religionsgemeinschaft der Bahá'í*, S. 26).

[261] 'Abdu'l-Bahá hat deklarativ festgehalten: „Der Bayán [=Gesetzbuch des Báb] ist durch den Kitáb-i-Aqdas aufgehoben mit Ausnahme der Gesetze, die dort aufgeführt und bestätigt sind" (zit in: *Kitáb-i-Aqdas*, Erl. 108); ebenso Shoghi Effendi, zit. in: *Kitáb-i-Aqdas*, Einf. 19.

[262] Zu diesen Organen und ihren Kompetenzen siehe unten III 5 d.

[263] So im Anschluß an Udo Schaefer, *Das Recht der Religionsgemeinschaft der Bahá'í*, S. 45; vgl. auch *Desinformation als Methode*, S. 139, 276; zur Rezeption dieses kirchenrechtlichen Begriffs durch eine Bahá'í-Rechtslehre siehe Anmerkung 533.

[264] Bahá'u'lláh, *Ährenlese* 28:2

[265] Analog dem zuvor entwickelten Begriff der Bahá'í-Schrift. Aufgrund der strengen sachlichen wie intentionalen Akzessorietät der lehramtlichen Erläuterungen 'Abdu'l-Bahás und Shoghi Effendis zum Recht Bahá'u'lláhs macht es hier erst recht Sinn, diese unter den Begriff der Schrift zu fassen.

griff für „Bahá'í-Schriftrecht" ist der des „Bahá'í-Offenbarungsrechts"[266]. Als göttlich sieht sich aufgrund seiner Unfehlbarkeit aber auch das ergänzende Recht des Universalen Hauses der Gerechtigkeit.[267] Weil sich beide Blöcke des Bahá'í-Rechts, das Schriftrecht und das ergänzende Recht, auf Gott zurückführen, teilen sie allesamt die gleiche Validität.[268] Infolgedessen sind alle vier Komponenten des Bahá'í-Rechts auf der gleichen hohen Geltungsebene angesiedelt und bilden insoweit eine geschlossene Einheit.

Daß sich alles Bahá'í-Recht als materialisierter göttlicher Wille darstellt, ist auch für das Selbstverständnis seiner Komponenten sowie insbesondere deren Verhältnis zueinander von Bedeutung: Zunächst versteht sich jede Regelung als notwendig – so, wie sie konkret ist, hat sie sein müssen. Notwendig ist aber auch die Beziehung der einzelnen Normen sowie der Rechtskomponenten zueinander – die Vorschriften fügen sich nach ihrem Selbstverständnis in absoluter Harmonie, ohne jedweden Reibungsverlust, zu einem intendierten Sinnganzen zusammen. Wie schon im Falle der Schrift, deren Teilmenge das Schriftrecht nur ist, handelt es sich bei dem Bahá'í-Recht seinem Anspruch nach um *ein* göttliches Kompositum – es sieht sich als *ein* Rechtskorpus, der trotz seiner verschiedenen Quellen aus einem Stoff gemacht ist. Es ist dies der Gedanke der „Einheit des Bahá'í-Rechts", der über den Gedanken der Bildung einer geschlossenen Einheit deutlich hinausgeht, weil er unter anderem die absolute Widerspruchsfreiheit und Folgerichtigkeit der Einzelkomponenten des Rechtkorpusses impliziert.

---

[266] Wenn es sich bei den Schriften 'Abdu'l-Bahás und Shoghi Effendis im Selbstverständnis auch nicht um „Offenbarungen" handelt (jedenfalls nicht um prophetische Gottesoffenbarung; auch Shoghi Effendi will dies sicherlich nicht sagen, wenn er im Hinblick auf 'Abdu'l-Bahá mitunter von „Offenbarung" spricht (siehe nur *The World Order of Bahá'u'lláh*, S. 4, 6, 22, 23, 79, 82, 137)), so scheint der Begriff gleichwohl berechtigt, weil ihre Rechtsnormen nur einen Annex zum Offenbarungsrecht Bahá'u'lláhs bilden. Zudem läßt sich der Begriff „Bahá'í-Offenbarungsrecht" auch verstehen im Sinne von „das Recht der Bahá'í-Offenbarung". Wichtig ist in jedem Falle, daß der Begriff „Offenbarungsrecht" hier und im folgenden im religionswissenschaftlich neutralen Sinne ein Recht meint, das sich insgesamt auf Offenbarung zurückführt; nicht gemeint ist, daß der Verfasser selbst dieses Recht in Offenbarung wurzelnd sieht. Diese Begriffsdefinition erfolgt in Anlehnung an den religionswissenschaftlichen Begriff der „Offenbarungsreligion", der ebenfalls nur meint, daß sich eine Religion auf eine behauptete Offenbarung zurückführt.

[267] Dazu siehe IV 2 j bb.

[268] Als dritte Begriffskategorie neben der Validität (nicht Legitimität! – z. B. beanspruchen Bahá'u'lláhs Aussagen, das wahrhaftige Wort Gottes zu sein, und weisen darum ihrem Selbstverständnis zufolge selbstverständlich eine andere Legitimität auf, als die anderen Schriftkomponenten, nämlich die größte) und Dignität des Rechts sei die Verbindlichkeit genannt, die allen Rechtskomponenten gleichermaßen zukommt; selbst das einfache Recht der nachgeordneten Bahá'í-Gemeindeorgane ist genauso verbindlich, wie das (sich als göttlich sehende) Bahá'í-Recht.

Wichtig ist, daß die Einheit des Bahá'í-Rechts gerade auch das ergänzende Recht des Universalen Hauses der Gerechtigkeit einschließt: Obwohl in einem Verfahren durch einen demokratisch gewählten Spruchkörper erzeugt, fügt es sich als seinem Anspruch nach gleichermaßen göttliches Recht widerspruchs- und reibungsfrei in das Ganze des Bahá'í-Rechts ein, und zwar so, als wäre es Teil des Schriftrechts oder immer schon Teil des Ganzen gewesen. Noch deutlicher: So, als sei es aus der Feder Bahá'u'lláhs geflossen, fügt es sich in das schon gegebene Bahá'í-Recht ein.[269]

b) Das Schriftrecht als rechtssetzungsermächtigendes Grundgesetz

Von Bedeutung ist auch das strukturelle Verhältnis zwischen Schriftrecht und ergänzendem Recht: Das Schriftrecht in seiner Gesamtheit ist nicht mehr als ein Rahmenwerk, ein rechtlicher Torso: Die Anzahl seiner Rechtsvorschriften ist außerordentlich gering, die von ihnen erfaßten Rechtsmaterien ebensosehr bescheiden. Von einer Rechtsordnung oder einem Rechtssystem im eigentlichen Sinne läßt sich mitnichten sprechen. Insgesamt ist eine Unfertigkeit des Schriftrechts zu konstatieren. Diese ist so nachhaltig, daß dessen unmittelbare Geltung nicht intendiert sein kann.[270] Die Funktion des Schriftrechts kann primär nur darin liegen, eine Gesetzgebungskörperschaft zu stiften und diese durch einige fundamentale Vorgaben inhaltlich einer Verfassung gleich zu steuern, *damit* diese Körperschaft dann ein veritables Rechtssystem schafft.[271] Die Funktion des Offenbarungsrechts liegt also näher besehen nicht darin, selbst zu gelten, sondern eines fernen Tages die Geltung einer vollständigen Rechtsordnung möglich zu machen, so beschränkt diese in ihrem inhaltlichen Radius auch sei. Dieser Auffassung ist wohl auch das Universale Haus der Gerechtigkeit, wenn es das Schriftrecht als „kernel of a vast range of law that will arise in centuries to come“[272] sieht. Wenn dem aber so ist, ist es im Grunde nicht ganz treffend, die Rechtssetzung des Universalen Hauses der Gerechtigkeit lediglich als ergänzend oder komplementär zu bezeichnen. Viel eher wäre von einer grundgesetzartigen ermächtigenden Gesetzgebung Bahá'u'lláhs, die dann das eigentliche Bahá'í-Recht hervorbringen soll, zu sprechen.[273]

---

269 Dazu siehe auch IV 2 j bb.

270 Die Stiftung eines Rechtsanwendungs- und -ergänzungsorgans ist daher als zwingender Bestandteil des Schriftrechts zu sehen.

271 Es ließe sich daher sagen, daß Adressat des Schriftrechts weniger der einzelne Bahá'í ist, als vielmehr eine Rechtssetzungskörperschaft, die aus ihr maßgebende Vorgaben und Richtlinien für seine eigene Gesetzgebung beziehen soll.

272 Das Universale Haus der Gerechtigkeit, in: *The Kitáb-i-Aqdas*, Introduction, S. 4.

273 Wenn hier gleichwohl an den Begriffen „ergänzendes“ oder „komplementäres Bahá'í-Recht“ festgehalten wird, dann weil sich in ihren Adjektiven die Funktion des Rechts anzeigt.

5. Das Bahá'í-Recht im inhaltlichen Überblick

Welchen Inhalt hat nun das Recht, dessen Quellen und Struktur nunmehr geklärt sind, und dessen Theologie später aufgearbeitet werden soll? Hier nur ein kursorischer Überblick über die Normen des Bahá'í-Rechts:[274]

Das bisher existente Bahá'í-Recht umfaßt ein

a) Familien- und Eherecht

Für dieses grundlegend ist der Fundamentalgrundsatz der Gleichberechtigung der Geschlechter,[275] der jedoch für beide Seiten Ausnahmen kennt[276]. Ein *Recht der Eheschließung* sieht zwingend die Einehe vor,[277] die Ehe selbst ist keine Pflicht,[278] genießt jedoch als Fundament der Keimzelle der Gesellschaft (=der Familie) und als gottgewollte Institution einen hohen Rang,[279] und wird insoweit mit Nachdruck empfohlen[280]. Rechtliche Grundlage der Ehe ist der Konsens der Ehewilligen.[281] Dem Eheschluß darf kein Ehehindernis entgegenstehen,[282] die Religionsverschiedenheit ist ausdrücklich kein solches Ehehindernis[283]. Neben weiteren Regelungen zur Begründung der Ehe[284] enthält das Bahá'í-Eherecht auch ein *Ehescheidungsrecht*: Die Scheidung ist zulässig, mit Blick auf die besondere Bedeutung der Ehe und ihren metaphysischen Charakter jedoch ultima ratio.[285] Scheidungsgrund ist „Entfremdung oder Widerwille"[286] zwischen den Eheleuten. Die Scheidung ist erst nach Ablauf eines Trennungsjahres mög-

---

[274] Für eine Zusammenfassung sei auf die „Inhaltsübersicht und systematische Darstellung der Gesetze und Gebote des Kitáb-i-Aqdas" (in: *Kitáb-i-Aqdas*, S. 155-182) verwiesen; siehe ebenfalls den hervorragenden Beitrag von Udo Schaefer, *Das Recht der Religionsgemeinschaft der Bahá'í*. Der nachfolgende Überblick verdankt ihm wesentliche Einsichten.

[275] siehe nur 'Abdu'l-Bahá, *Ansprachen in Paris* 50:1-15; *The Promulgation of Universal Peace*, S. 167.

[276] Für diese siehe Bahá'u'lláh, *Kitáb-i-Aqdas* 25, 52, 66, Erl. 44, 76; *Botschaften aus 'Akká* 3:24, 6:37.

[277] Bahá'u'lláh, *Kitáb-i-Aqdas* 63 iVm 'Abdu'l-Bahá, zit. in: *ebd.*, Erl. 89; zum Ganzen siehe *ebd.*

[278] Bahá'u'lláh, *Kitáb-i-Aqdas*, Fragen und Antworten 46, Erl. 91.

[279] siehe *Preserving Marriages*, eine Schriftzusammenstellung zum Thema „Ehe".

[280] Bahá'u'lláh, *Kitáb-i-Aqdas* 63; siehe zudem *Preserving Marriages*.

[281] Bahá'u'lláh, *Kitáb-i-Aqdas* 65.

[282] Bahá'u'lláh bezeichnet nur ein solches Ehehindernis (Ehelichung der Stiefmutter) in *Kitáb-i-Aqdas* 107, Erl. 133 und überantwortet die Normierung sonstiger Eheverbote dem Universalen Haus der Gerechtigkeit (*ebd.*, Fragen und Anworten 50).

[283] Bahá'u'lláh, *Kitáb-i-Aqdas* 139, Fragen und Antworten 84; vgl. auch *ebd.*, Erl. 158.

[284] siehe *Kitáb-i-Aqdas*, Systematische Übersicht IV C 1.

[285] Bahá'u'lláh, *Kitáb-i-Aqdas* 70.

[286] Bahá'u'lláh, *Kitáb-i-Aqdas* 68.

lich;[287] der Vollzug des Trennungsjahres ist durch eine Reihe von Vorschriften normiert[288].

b) Erbrecht

Es gilt der Grundsatz der unbeschränkten Testierfreiheit,[289] jedoch ist „jedem... geboten, ein Testament zu verfassen“[290]. Für den Intestatfall greift eine gesetzliche Erbfolge, die in einem Quotelungsrecht detailliert vorsieht, welche Erbsache unter welchen Voraussetzungen an wen geht.[291] Der Nachlaß wird nach den Quoten auf sieben Erbkategorien verteilt: auf die Kinder, den Ehegatten, Vater, Mutter, Brüder, Schwestern und Lehrer[292].

c) Strafrecht

Dieses zählt seinem Zuschnitt nach ganz offensichtlich zu jenen Rechtsvorschriften des Kitáb-i-Aqdas, die nach Shoghi Effendi

> „im Vorgriff auf eine Gesellschaft formuliert [wurden], die dereinst aus den chaotischen Verhältnissen, die heute herrschen, erstehen wird.“[293]

Der Kitáb-i-Aqdas enthält strafrechtliche Verbotstatbestände für sechzehn Delikte, im Einzelnen für Mord und Totschlag[294], Diebstahl[295], Brandstiftung[296], Sklavenhandel[297], Körperverletzung[298], unehelichen Beischlaf[299], üble Nachrede und Verleumdung[300], Hausfriedensbruch[301], das Führen von Waffen[302], Tierquä-

---

[287] Bahá'u'lláh, *Kitáb-i-Aqdas*, Fragen und Antworten 11.

[288] siehe *Kitáb-i-Aqdas*, Systematische Übersicht IV c 2 b ff.

[289] Bahá'u'lláh, *Kitáb-i-Aqdas* 109, Erl. 136.

[290] Bahá'u'lláh, *Kitáb-i-Aqdas* 109. Die Pflicht des Bahá'í, testamentarisch über seinen Nachlaß zu verfügen, ist mit so großem Nachdruck betont (siehe nur 'Abdu'l-Bahá, zit. in: Nader Saedi, *Logos and Civilization*, S. 385), daß der Anwendungsbereich der gesetzlichen Erbfolge offensichtlich sehr beschränkt sein soll.

[291] siehe Bahá'u'lláh, *Kitáb-i-Aqdas* 20-29; siehe auch *ebd.*, Systematische Übersicht IV C 3.

[292] Bahá'u'lláh, *Kitáb-i-Aqdas* 20.

[293] zit. nach: *Kitáb-i-Aqdas*, Einf. 15. So für die Strafe für das Diebstahlsdelikt (Bahá'u'lláh, *Kitáb-i-Aqdas* 45) auch das Universale Haus der Gerechtigkeit, in: *Kitáb-i-Aqdas*, Erl. 70; vgl. ferner Das Universale Haus der Gerechtigkeit, in: *Kitáb-i-Aqdas*, Einf. 12.

[294] Bahá'u'lláh, *Kitáb-i-Aqdas* 19.

[295] Bahá'u'lláh, *Kitáb-i-Aqdas* 45.

[296] Bahá'u'lláh, *Kitáb-i-Aqdas* 62.

[297] Bahá'u'lláh, *Kitáb-i-Aqdas* 72.

[298] Bahá'u'lláh, *Kitáb-i-Aqdas* 148.

[299] Bahá'u'lláh, *Kitáb-i-Aqdas* 19.

[300] Bahá'u'lláh, *Kitáb-i-Aqdas* 19.

[301] Bahá'u'lláh, *Kitáb-i-Aqdas* 145.

[302] Bahá'u'lláh, *Kitáb-i-Aqdas* 159. Dieses Verbot ist unter der Einschränkung erteilt: „außer wenn dies nötig ist“ (*ebd.*); diese Einschränkung gilt zweifelsohne für die Bewaffnung von

lerei[303], Bettelei[304], den Genuß berauschender Getränke[305] sowie aller sonstiger Rauschdrogen[306] und das Glücksspiel[307]. Davon strafbewehrt sind Mord und Totschlag[308], Diebstahl[309], unehelicher Beischlaf[310] und Brandstiftung[311]. Streit, Aufruhr und jede Form der Gewalttätigkeit sind den Bahá'í verboten[312]. Die Apostasie ist kein Straftatbestand[313]. Sonstige strafrechtliche Regelungen, etwa Tatbestandsmerkmale, Strafzumessungsregeln oder strafprozessuale Vorschriften finden sich nicht.

d) Gemeindeverfassungsrecht[314]

Diese Rechtsmaterie, die das Herzstück des Bahá'í-Rechts darstellt, versteht sich in doppeltem Sinne als notwendiges Recht[315]: Aus Sicht der Bahá'í bedurfte ihr Glaube des Rechts als eines unverzichtbaren Organisations-, Steuerungs- und Ordnungsinstruments zwingend.[316] Zudem mußte das Gemeindeordnungsrecht gerade die ihm gegebenen Formen und Inhalte haben: So wie die Gemeinde durch ihr Ordnungsrecht organisiert ist, *und nur so*, mußte sie nach dem göttlichen Willen organisiert sein.

Militär und Polizei, die Jagd, sowie für die einschlägigen Sportarten (so auch Udo Schaefer, *Das Recht der Religionsgemeinschaft der Bahá'í*, S. 30, Anm. 118).

[303] Bahá'u'lláh, *Kitáb-i-Aqdas* 183.

[304] Bahá'u'lláh, *Kitáb-i-Aqdas* 145.

[305] Bahá'u'lláh, *Kitáb-i-Aqdas* 119.

[306] Bahá'u'lláh, *Kitáb-i-Aqdas* 155, 190.

[307] Bahá'u'lláh, *Kitáb-i-Aqdas* 155.

[308] Bahá'u'lláh, *Kitáb-i-Aqdas* 62.

[309] Bahá'u'lláh, *Kitáb-i-Aqdas* 45.

[310] Bahá'u'lláh, *Kitáb-i-Aqdas* 49.

[311] Bahá'u'lláh, *Kitáb-i-Aqdas* 62.

[312] Bahá'u'lláh, *Kitáb-i-Aqdas* 73.

[313] Udo Schaefer, *Das Recht der Religionsgemeinschaft der Bahá'í*, S. 31.

[314] Oder auch „Gemeindeordnungsrecht"; zum Ganzen siehe Udo Schaefer, *Die Grundlagen der „Verwaltungsordnung" der Bahá'í*; siehe ferner Udo Schaefer (Hrsg.), *Die Verfassung der Bahá'í-Gemeinde*, wo die Statuten der Bahá'í-Gemeindeordnung vereint sind (bei den Satzungen des örtlichen und Nationalen Geistigen Rates (zu diesen Institutionen siehe anschließend im Text) handelt es sich nota bene um ius humanum, das freilich allenorts den Gehalt des Offenbarungsrechts aufgenommen hat). Für eine vergleichende Abgrenzung der Bahá'í-Gemeindeordnung von den Ordnungen anderer Religionen und von unterschiedlichen Staatstypen siehe Shoghi Effendi, *The World Order of Bahá'u'lláh*, S. 152 ff.; *God passes by*, S. 326 ff.; vgl. auch *The World Order of Bahá'u'lláh*, S. 18 ff. In *The World Order of Bahá'u'lláh*, S. 143-157, erläutert Shoghi Effendi Charakter und Funktion der Bahá'í-Gemeindeordnung in extenso.

[315] ähnlich Udo Schafer, *Die Grundlagen der „Verwaltungsordnung" der Bahá'i*, S. 59 f.; vgl. auch im Anschluß daran Friedrich Müller, *Gutachten im Verfahren der Verfassungsbeschwerde des „Geistigen Rates der Baha'i in Tübingen mit Sitz in Tübingen"*, S. 12.

[316] vgl. Shoghi Effendi, *The World Order of Bahá'u'lláh*, S. 19.

Ein Klerus ist der Bahá'í-Gemeindeordnung[317] fremd. Alle Autorität liegt bei demokratisch gewählten Körperschaften, die in einer dreifach hierarchischen Stufung organisiert sind: Den örtlichen Geistigen Räten, die in jeder Stadt mit mindestens neun wahlberechtigten Bahá'í gegründet werden, ist der Nationale Geistige Rat, dem die Administration der nationalen Gemeinde obliegt, übergeordnet.[318] Über beiden steht das Universale Haus der Gerechtigkeit als oberstes Leitungsgremium der Bahá'í-Weltgemeinde mit umfassenden Weisungs- und Kontrollrechten gegenüber allen Institutionen der Gemeindeordnung.[319] Das Universale Haus der Gerechtigkeit ist in erster Linie als Rechtssetzungsorgan konzipiert, den Kern des bisher existenten Gemeindeordnungsrechts bildet insoweit Rechtserzeugungsrecht. In Ausübung dieser seiner Kardinalkompetenz hat das Universale Haus der Gerechtigkeit jüngst ein neues Gemeindeorgan geschaffen, den sog. Regionalen Bahá'í-Rat, der in der Institutionenpyramide zwischen den örtlichen und nationalen Körperschaften angesiedelt ist.[320] Auch den nachgeordneten Häusern der Gerechtigkeit stehen legislatorische Kompetenzen zu,[321] zu deren Wahrnehmung es bislang jedoch noch nicht gekommen ist.[322]

---

317 Shoghi Effendi gebraucht den Begriff der „administrative order" (siehe nur *The World Order of Bahá'u'lláh*, S. 98, 143-157, 161, 162, 168, 195, 199), der in den deutschen Übersetzungen zumeist verengend mit „administrative Ordnung" (siehe nur *Das Kommen göttlicher Gerechtigkeit*, S. 58; *Die Weltordnung Bahá'u'lláhs*, S. 219) oder gar sachlich unzutreffend mit „Verwaltungs- und Gesellschaftsordnung" (*Die Weltordnung Bahá'u'lláhs*, S. 203) übersetzt ist. Hier wird im Anschluß an Udo Schaefer (siehe nur *Grundlagen der Gemeindeordnung der Bahá'í*) der treffendere Begriff der „Gemeindeordnung" gebraucht.

318 Der Begriff „Geistiger Rat" ist eine vorläufige Bezeichnung Shoghi Effendis für die Institutionen des (örtlichen und nationalen) Hauses der Gerechtigkeit (siehe nur *Bahá'í Administration*, S. 20, 37, 39; *The World Order of Bahá'u'lláh*, S. 6); er soll ihren embryonalen Charakter zum Ausdruck bringen. Zu beiden Institutionen siehe die Schriftzusammenstellung *Geistige Räte – Häuser der Gerechtigkeit.*

319 siehe *Die Verfassung des Universalen Hauses der Gerechtigkeit* VII. Das lokale und das internationale Haus der Gerechtigkeit wurden von Bahá'u'lláh im *Kitáb-i-Aqdas* gestiftet (Verse 30, 42, Fragen und Antworten 49, 50; vgl. auch *Botschaften aus 'Akká* 7:19, 30, 8:52, 61, 78), das Nationale Haus der Gerechtigkeit von 'Abdu'l-Bahá in seinem Testament (*Testament* 1:15). Bahá'u'lláh hat in seinem Schrifttum begrifflich nicht zwischen dem örtlichen und dem internationalen Haus der Gerechtigkeit differenziert, letzteres jedoch durch Funktionszuweisungen eindeutig ausgewiesen (vgl. Udo Schaefer, *Desinformation als Methode*, S. 119 f.; *Das Recht der Religionsgemeinschaft der Bahá'í*, S. 40 f., Anm. 243; Ulrich Gollmer, *Desinformation als Methode*, S. 554 ff.). Die Bezeichnung „Universales" oder „Internationales Haus der Gerechtigkeit" hat dann 'Abdu'l-Bahá eingeführt (*Testament* 1:17, 25, 3:13; *Briefe und Botschaften* 33:6, 38:4, 187:2; *The Promulgation of Universal Peace*, S. 455; vgl. auch Shoghi Effendi, *Bahá'í Administration*, S. 39, 84, 116, 143; *The World Order of Bahá'u'lláh*, S. 7, 150, 153).

320 Das Universale Haus der Gerechtigkeit, Brief vom 30. Mai 1997, zit. in: *Regional Bahá'í Councils*, S. 2 ff.; vgl. auch *ebd.*, S. 6 ff. und 17 ff. Der Regionale Bahá'í-Rat soll als zusätzliche Verwaltungs- und Koordinierungsinstanz das föderale Prinzip innerhalb der Bahá'í-Weltgemeindeordnung weiter stärken.

321 'Abdu'l-Bahá zit. in: *Lights of Guidance*, S. 314, Nr. 1061; Shoghi Effendi, *Bahá'í Administration*, S. 141; Brief vom 31. März 1949, zit. in: *The Light of Divine Guidance*, S. 82; *Die Verfassung des Universalen Hauses der Gerechtigkeit*, Präambel. Dies ergibt sich

Aktiv wie passiv wahlberechtigt sind alle volljährigen Gemeindemitglieder.[323] Die sog. gewählten Körperschaften[324] der drei Hierarchieebenen bestehen derzeit je aus neun Personen,[325] die im Falle der örtlichen und nationalen Häuser der Gerechtigkeit jährlich, im Falle des Universalen Hauses der Gerechtigkeit alle fünf Jahre in allgemeiner, freier, gleicher und geheimer Wahl[326] gewählt werden. Wahlkampf, Wahlabsprachen und Kandidaturen sind untersagt, egoistische Motive, Konkurrenzdenken und persönlicher Ehrgeiz für unzulässig erklärt.[327] Für die gewählten Körperschaften aller Hierarchieebenen gilt das Prinzip der Selbstverwaltung; sie werden in ihrer Autonomie also nur durch die Eingriffskompetenzen der jeweils übergeordneten Instanzen beschränkt. Die Amtsführung erfolgt in unbedingter Bindung an die Bahá'í-Schrift, auf allen Ebenen gelten das Majoritätsprinzip[328] und der Beratungsgrundsatz[329]. Shoghi Effendi hat eine Vielzahl von Bestimmungen zu den Kompetenzen, den Aufgaben und der intendierten Funktionsweise der Gemeindeorgane hinterlassen und auch Grundsätze für eine ordnungsgemäße Amtsführung niedergelegt.[330]

Die Gemeindeverfassung ist keinesfalls abgeschlossen, sie ist nicht nur entwicklungsoffen, sondern auf Entwicklung angelegt.[331] Ihr Zweck besteht darin, die Selbstverwaltung der Bahá'í-Weltgemeinde und ihre Einheit und Integration zu gewährleisten, letztlich geht es jedoch um übergeordnete Ziele auf der Linie des

---

Die Verfassung des Universalen Hauses der Gerechtigkeit, Präambel. Dies ergibt sich schon aus der Bezeichnung des Universalen Hauses der Gerechtigkeit durch Shoghi Effendi als „highest" oder „supreme legislative body" der Gemeindeordnung: Als sonstige Gesetzgebungskörperschaften kommen nur die nachgeordneten Häuser der Gerechtigkeit in Betracht; vgl. aber Shoghi Effendi, *God passes by*, S. 326.

322 Will man nicht ihre Satzungen als Rechtssetzung verstehen.

323 Shoghi Effendi, *Bahá'í Administration*, S. 37, 39. Die Volljährigkeit beginnt nach der vorläufigen Festsetzung Shoghi Effendis mit dem Alter von 21 Jahren (siehe *ebd.*).

324 Diese werden ergänzt durch die sog. ernannten Körperschaften: Das Hilfsamt, das Kontinentale Berateramt und an der Spitze der ebenfalls dreistufigen Hierachie das sog. Internationale Lehrzentrum. Diese Institutionen üben keine verpflichtende Autorität aus, ihre Aufgabe besteht in der Lehrverkündung, der Beratung der gewählten Körperschaften sowie der Integration der Gemeinde nach innen.

325 Bei dieser Zahl handelt es sich um die von Bahá'u'lláh festgelegte Mindestzahl (*Kitáb-i-Aqdas* 30), die nach oben hin keiner Beschränkung unterliegt (*ebd.*).

326 'Abdu'l-Bahá nimmt bezüglich des Wahlmodusses des Universalen Hauses der Gerechtigkeit ausdrücklich auf die „in westlichen Staaten wie England übliche Wahlmethode" (*Testament* 2:8) Bezug; vgl. hierzu auch Shoghi Effendi, *God passes by*, S. 326.

327 siehe zum Ganzen Ulrich Gollmer, *Desinformation als Methode*, S. 363 ff.

328 'Abdu'l-Bahá, *Briefe und Botschaften* 45:1.

329 Dazu siehe, mit Schriftfundstellen, Urich Gollmer, *Desinformation als Methode*, S. 366.

330 siehe hierzu die Schriftsammlungen *Lights of Guidance*, Abschnitt I (S. 1-86), sowie *Geistige Räte – Häuser der Gerechtigkeit*.

331 Shoghi Effendi antizipiert denn auch eine ausgreifende „Evolution" (*The Advent of Divine Justice*, S. 14; *God passes by*, S. 364) der Bahá'í-Gemeindeordnung.

Gesamtziels des Bahá'ítums.[332] Die Bahá'í-Gemeinde ist überall auf der Welt gleich organisiert, zumeist in Form des privatrechtlichen Vereins[333] oder Entsprechendem; die zugehörigen Satzungen der örtlichen und nationalen Gemeinden folgen einem Satzungsentwurf Shoghi Effendis. Divergenzen bestehen nur dort, wo das staatliche Recht andere Rechtsstrukturen oder -regelungen fordert. Hier treten nach der ausdrücklichen Weisung Shoghi Effendis die Normen des Gemeindeverfassungsrechts wie überhaupt alle Bahá'í-Rechtsnormen hinter das staatliche Gesetz zurück.[334] Zur Ausbildung von Bahá'í-Gerichten ist es bislang nicht gekommen, Shoghi Effendi hatte ihre Schaffung jedoch zu seinen Lebzeiten für arabische Länder vorangetrieben und auch antizipiert[335].

e) Sonstige Rechtsvorschriften

Schließlich enthält das Bahá'í-Recht vereinzelt noch weitere rechtliche Regelungen.[336] Darüber hinaus lassen sich auch sonstige Normen, je nach zugrunde gelegtem Rechtsbegriff, als Rechtsnormen verstehen. Als Beispiele mögen hier die steuerähnlichen Sonderabgaben *huqúqu'lláh*[337] und *zakát*[338] genügen.

---

332 Dazu siehe ausführlich unten IV 4 c.

333 So auch in Deutschland. Weil die Satzungen der Bahá'í punktuell mit dem deutschen Vereinsrecht unvereinbar sind (insbes. mit dem Grundsatz der Vereinsautonomie), strengten die deutschen Bahá'í Ende der 80er Jahre eine Verfassungsbeschwerde an, mit dem bekannten Ergebnis, dass die Gemeindeverfassungsnormen als ius divinum wegen Art. 4 I GG dem einfachrechtlichen Vereinsrecht vorgehen (siehe BVerfGE 83, 341).

334 *The World Order of Bahá'u'lláh*, S. 65 f.; Brief vom 1. August 1935, zit. in: *Lights of Guidance*, S. 341, Nr. 1145.

335 siehe unten IV 5.

336 So beispielsweise das Verbot eines Klerus für das Bahá'ítum (Bahá'u'lláh, Lawh-i-Ittihad (im deutschen und englischen unveröffentlicht); zu diesem Sendbrief siehe Adib Taherzadeh, *Die Offenbarung Bahá'u'lláhs*, Bd. 4, S. 214 ff.; zum Klerusverbot siehe zudem *Kitáb-i-Aqdas*, Erl. 61, 135, 175, Systematische Übersicht IV D 1 y VI), sowie dem zugeordnet das Verbot von Kanzeln (*ebd.* 154, Erl. 168) und der Beichte (*ebd.* 34; *Botschaften aus Akká* 3:14), eine für das Prozessrecht relevante Regelung zur Beurteilung eines Zeugen (*Kitáb-i-Aqdas*, Fragen und Antworten 79) oder die besagte mutatis mutandis-Bestimmung Shoghi Effendis (*ebd.*, Einf. 17); für weitere Regelungen siehe *Kitáb-i-Aqdas*, Systematische Übersicht IV D.

337 arab. „Recht Gottes". Dabei handelt es sich um eine von Bahá'u'lláh vorgesehene (*Kitáb-i-Aqdas* 97) Geldabgabepflicht für Bahá'í, deren Aufkommen primär für das Allgemeinwohl und soziale Zwecke zu verwenden ist. *Huqúqu'lláh* wird als geistige Pflicht verstanden, die als solche verbindlich ist, jedoch nicht erzwungen wird – ihre Einhaltung ist dem Gewissen des Einzelnen überantwortet. In einer Vielzahl von Normen ist im Einzelnen geregelt, daß 19 % aller Einkünfte nach Abzug der Betriebs- und Lebenshaltungskosten abzugeben sind, wobei *huqúqu'lláh* erst ab einem gewissen Mindesteinkommen zu zahlen ist und bestimmte Vermögensteile von der Abgabepflicht ausgenommen sind (zum Ganzen siehe die Schriftzusammenstellung *Huqúqu'lláh*). Nach dem hier vertretenen Rechtsbegriff ist *huqúqu'lláh*, obwohl es keinen Zwang kennt, als Recht einzuordnen.

6. Einführungsbedürftigkeit, Geltung und Geltungsdauer des Bahá'í-Rechts

Die Normen des Bahá'í-Rechts sind, mit wenigen Ausnahmen,[339] nicht mit ihrer Verkündigung ipso iure in Kraft getreten,[340] auch diejenigen nicht, die in ihrer Konkretheit und Normierungsdichte unmittelbar anwendungsfähig sind. Sie bedürfen, ebenso wie die Normen des Ritus, der Einführung, d.h. der ausdrücklichen Inkraftsetzung. Bahá'u'lláh selbst hat die sukzessive, prozeßhafte Ingeltungssetzung seiner Rechtsnormen bestimmt.[341] Zwei Geltungskreise sind hier zu unterscheiden: Eine Geltung des Bahá'í-Rechts innerhalb der Bahá'í-Gemeinde als innergemeindliches Recht, und seine Geltung für die Bahá'í als staatliches Recht. Einige der Bahá'í-Rechtsnormen sind ihrer Natur nach zu beiderlei Geltung fähig (wie das Eherecht), andere, wie das Strafrecht oder die Normen der gesetzlichen Erbfolge, nur zu letzterer. Der Grundsatz der Einführungsbedürftigkeit der Bahá'í-Rechtsnormen bezieht sich auf beide Geltungskreise. Soweit das Bahá'í-Recht innergemeindlich in Kraft steht,[342] wird es von den Häusern der Gerechtigkeit aller Ebenen angewendet. Dies gilt insbesondere für das Gemeindeordnungsrecht mit seinen vielen vorläufigen Regelungen von Shoghi Effendi, beispielsweise aber auch für das Eherecht. Soweit ersichtlich, gilt das Bahá'í-Recht als staatliches Recht nirgendwo auf der Welt, in vereinzelten Staaten hat es allerdings im Hinblick auf einzelne seiner Normen die Sanktion des Staates, indem beispielsweise die Bahá'í-Eheschließung staatliche Anerkennung findet.[343]

---

338 Bahá'u'lláh, *Kitáb-i-Aqdas* 146, Fragen und Antworten 107. Bei dieser Abgabe handelt es sich um eine Art Almosensteuer, die bereits dem Qu'ran bekannt war. Bahá'u'lláh hat dazu keinerlei Einzelheiten festgelegt, so daß die Aufgabe ihrer Normierung dem Universalen Haus der Gerechtigkeit obliegt. Auch *zakát* ließe sich nach den zuvor entwickelten Rechtsbegriffskriterien als Recht qualifizieren, sollten seine Normen, wie zu erwarten ist, sozialer Natur und zudem in besonderem Maße regelhaft sein.

339 Hier zu nennen sind einige Verbotsnormen des Bahá'í-Rechts, wie das erwähnte Verbot eines Klerus sowie das Verbot des Genusses alkoholischer Getränke und aller Rauschdrogen. Diese sind ihrer Natur entsprechend mit ihrem Erlaß in Geltung getreten (vgl. Udo Schaefer, *Das Recht der Religionsgemeinschaft der Bahá'í*, S. 27).

340 Udo Schaefer, *Das Recht der Religionsgemeinschaft der Bahá'í*, S. 27.

341 *Kitáb-i-Aqdas*, Einf. 12 ff., Erl. 126. Zu den Gründen dafür siehe Udo Schaefer, *Das Recht der Religionsgemeinschaft der Bahá'í*, S. 27.

342 Für eine Auflistung der im Einzelnen für die Bahá'í *nicht* geltenden Rechtsvorschriften siehe Das Universale Haus der Gerechtigkeit, *Brief vom 9. Juni 1974 an den Nationalen Geistigen Rat der Bahá'í in Island*. Der dort aufgeführte Negativkatalog ist auf dem Hintergrund der „Inhaltsübersicht und systematischen Darstellung der Gesetze und Gebote des Kitáb-i-Aqdas" (in: *Kitáb-i-Aqdas*, S. 155-182) zu sehen. Das Schreiben des Universalen Hauses der Gerechtigkeit wird zudem durch seinen bereits erwähnten Brief vom Riḍván 1991, in dem die Sonderabgabe *huqúqu'lláh* für das Folgejahr in Kraft gesetzt wurde (zit. in: *The Bahá'í World*, Band 20, S. 117), ergänzt.

343 In dieser Art der Sanktionierung von Bahá'í-Recht durch den Staat liegt eine Zwischenform zwischen der Geltung als nicht-staatliches, privates Recht und der Geltung als staatli-

Die vom Bahá'í-Recht beanspruchte Geltungsdauer ist identisch mit derjenigen, die die gesamte Bahá'í-Botschaft für sich in Anspruch nimmt: Ensprechend der Aussage Bahá'u'lláhs, seine Religion werde nach dem Willen Gottes nicht vor Ablauf eines Jahrtausends erneuert,[344] soll das Schriftrecht für mindestens diesen Zeitraum in Geltung stehen. Das ergänzende Bahá'í-Recht gilt innerhalb dieser Zeitspanne, solange und soweit es nicht vom Universalen Haus der Gerechtigkeit aufgehoben wird.

ches Recht. Hier sind je nach Staatswesen sehr unterschiedliche Wirksamkeits- und Anerkennungsmodelle mit fließenden Übergängen gegeben, so daß sich nicht schärfer differenzieren läßt.

[344] *Kitáb-i-Aqdas* 37; vgl. auch 'Abdu'l-Bahá, *Briefe und Botschaften* 33.

IV. Zur Theologie des Bahá'í-Rechts

1. Vier theologische Dimensionen des Bahá'í-Rechts – einleitende Anmerkungen

Alles Recht lebt von seiner Geschichte – während sich aber das säkulare staatliche Recht mit seinen Beratungen, Lesungen, Abstimmungen, der Ausfertigung und Verkündung empirisch verifizierbaren Voraussetzungen verdankt, kennt das Offenbarungsrecht allenfalls den faktischen Akt der schriftlichen Niederlegung[345] und lebt im übrigen seinem Selbstverständnis nach von gehaltvollen transpositiven Prämissen. Das heißt nicht, daß es kein Herkommen hat, daß es gleichsam aus dem Nichts kommt – seine Geschichte vollzieht sich nur jenseits des Empirischen, so jedenfalls sein Anspruch. Über die Aussagen der zugehörigen Heiligen Schrift kann das Herkommen des Rechts rekonstruiert werden, und zwar ganz unabhängig davon, ob man dieses für wahr oder falsch, plausibel oder unplausibel hält. Denn wie auch immer die Haltung des Betrachters sei, ein tieferes Verständnis des Offenbarungsrechts läßt sich nur über einen Zugriff auf seinen theologischen Unterbau erwerben. Woher kommt das Recht der Religion seinem Selbstverständnis nach, welchen Anspruch erhebt es, welche Zwecke hat es im Blick, wohin will es gehen, und welchen Weg will es dabei beschreiten? Aus den metaphysischen Voraussetzungen des Rechts beziehen die Antworten auf diese Fragen ihren Gehalt; über sie sollen Genese, Funktion, Zielsetzung und Wesensart des Bahá'í-Rechts erschlossen werden.

Daß die folgende Theologie des Bahá'í-Rechts[346] dabei nicht versuchen will, dem Recht nach persönlichen Erwägungen von außen eine theologische Recht-

---

[345] Dieser wurde im 12. Jahrhundert zum Ansatzpunkt für eine Abgrenzung der Normen göttlicher Gesetzgebung (etwa den im 2. Buch Mose, Kap. 10 formulierten zehn Geboten) vom überpositiven Naturrecht: Der Begriff *„ius positivum"* war geboren. Der moderne Rechtspositivismus freilich kann in der bloßen schriftlichen Fixierung von Normen keine Positivität im Sinne des philosophischen Positivismus, den er zur Grundlage und Voraussetzung hat, sehen (vgl. Hans Kelsen, *Was ist juristischer Positivismus?*, S. 465).

[346] Unter „Theologie des Bahá'í-Rechts" oder „Bahá'í-Rechtstheologie" wird hier jenes Feld der Bahá'í-Theologie verstanden, das sich mit den Wertungen der Bahá'í-Schrift zu ihrem als göttlich verstandenen Recht befaßt. Damit ist zugleich bestimmt, was hier unter Rechtstheologie nicht verstanden sein will: Weder eine Theologie des weltlich-staatlichen Rechts, noch eine solche des einfachen, sich als ius humanum sehenden Bahá'í-Rechts (also demjenigen der nachgeordneten Häuser der Gerechtigkeit). Diese beiden Spielarten der Rechtstheologie sind der christlichen Theologie selbstverständlich (katholische Theologie des weltlichen Rechts: Ernst-Wolfgang Böckenförde, *Zur Theologie des modernen säkularen Rechts*; evangelische Theologie des weltlichen Rechts: Erik Wolf, *Recht des Nächsten*; Karl Barth, *Rechtfertigung und Recht*; Jacques Ellul, *Die theologische Begründung des Rechts*; eine Theologie des sich weitestgehend als ius humanum verstehenden katholischen Kirchenrechts etwa bei: Peter Krämer, *Theologische Grundlegung des kirchlichen Rechts*; Péter Erdő, *Theologie des kanonischen Rechts*; Eugenio Corecco, *Theologie des Kirchenrechts*; eine Theologie des evangelischen Kirchenrechts etwa bei: Johannes Heckel, *Lex charitatis*; Erik Wolf, *Ordnung*

fertigung zu verleihen, versteht sich vor dem Hintergrund des eingangs dargestellten Zuschnitts und Zugriffs dieser Arbeit von selbst. Es geht allein darum, den von der Bahá'í-Schrift kommunizierten theologischen Zusammenhang, dem das Bahá'í-Recht seinem Selbstverständnis nach Existenz, konkrete Gestalt und spezifische Funktion verdankt, und der ihm darum immer schon zugrunde liegt, aufzuzeigen. Mithin wird im Folgenden eine Rechtstheologie der Bahá'í-Schrift entworfen.

In dem Bemühen um eine möglichst erschöpfende Darstellung werden im Folgenden einzelne der theologischen Dimensionen des Bahá'í-Rechts sukzessive abgeschichtet. Dabei bedient sich der Gedankengang der Überlegung, dass jeder dem Bahá'í-Recht implizite, selbständige Anspruch eine eigene theologische Dimension verkörpert. Während noch weitere Anspruchsdimensionen des Bahá'í-Rechts denkbar sind[347], und noch weitere aufgrund des naturgemäß unscharfen Charakters der eschatologischen Aussagen des Bahá'ítums nicht abgesehen werden können, handelt es sich bei den Genannten in ihrer Summe um den zentralen theologischen Anspruchsgehalt des Bahá'í-Rechts.[348]

Wichtig ist schließlich der Hinweis, dass die hier zur Rechtstheologie konstruierten Aussagen der Bahá'í-Schrift vielfach die vollumfängliche Geltung des ergänzenden Bahá'í-Rechts, also ein vervollständigtes Bahá'í-Rechtssystem zur Voraussetzung haben. Der Leser sollte daher bei seiner nachfolgenden Lektüre nicht den höchst rudimentären Status des heutigen Bahá'í-Rechts vor Augen haben – gerade wenn es um dessen antizipierte Entfaltung und Wirkweise in einer eschatologischen Zukunft geht – sondern eine vollständige, in sich geschlossene Rechtsordnung, so sehr diese auch a priori in ihrer inhaltlichen Reichweite begrenzt sei. Wie dargestellt, bilden Schriftrecht und ergänzendes Recht eine geschlossene Einheit; ihre Theologie ist, soweit im folgenden nicht eine gesonder-

---

der Kirche; Hans Dombois, *Das Recht der Gnade*, Bände 1-3; Christoph Link, *Rechtstheologische Grundlagen des evangelischen Kirchenrechts*), und würden im Hinblick auf das Bahá'ítum ebenfalls eigene Untersuchungen lohnen. Ergiebig dürfte insbesondere eine Theologie des staatlichen Rechts sein, da die Bahá'í-Schrift weltliche Herrschaft, Staat und Recht in einer Vielzahl von Aussagen als per se positiv und notwendig schildert und sich die umfassende Aufarbeitung der hinter diesen Wertungen stehenden theologischen Zusammenhänge als aufschlußreich erweisen dürfte.

347 Beispielsweise wäre an eine Theologie des Bahá'í-Strafrechts zu denken, welche sich angesichts der vielfältigen Überlegungen der Bahá'í-Schrift zu Zweck und Funktion staatlicher Strafe (siehe die Hinweise in Anmerkung 471) als fruchtbar erweisen dürfte.

348 Mit der Bahá'í-Rechtstheologie gerät die stark ausgeprägte gesellschaftliche Dimension des Bahá'ítums in den Blick. Insoweit, als die Funktionen und Zwecke des Bahá'í-Rechts mitunter von politischer Relevanz sind, wird mit der Rechtstheologie auch ein Ausschnitt der politischen Theologie des Bahá'ítums (zu dieser siehe Tajan Tober, *Ein föderaler Weltrechtsstaat am Ausgang der Zeit?*, S. 12 ff.) behandelt. Dies gilt insbesondere für die dritte und vierte hier dargestellte rechtstheologische Dimension (siehe IV 4 und 5).

te Darstellung Gegenteiliges anzeigt, identisch. Sie bilden gemeinsam als das Bahá'í-Recht den Gegenstand der nachfolgenden Rechtstheologie.[349]

2. Das Bahá'í-Recht als ius divinum: göttliche Rechtleitung für Mensch und Gesellschaft

a) „Herrscher von Erde und Himmel"[350]: Zum Gottesbild der Bahá'í-Theologie

Archimedischer Punkt der Theologie des Bahá'í-Rechts ist Gott: Aus ihm beansprucht es, hervorzugehen, seinen Willen soll es transportieren, und auf ihn will es in seiner Funktion letztlich bezogen sein. Den Bahá'í ist Gott der „Schöpfer von Himmel und Erde"[351], „Herr über alle Dinge und niemandem untertan"[352], „die eine Macht, die unbestrittene Herrschaft über die Welt des Seins ausübt"[353]. Zentral für dieses Gottesbild ist zunächst die Lehre von der ewigen Einheit Gottes[354], nach der es nur einen einzigen Gott gibt: Gott ist gefährtenlos[355]. Sein Wesen vermittelt sich dabei über den Gedanken der Personalität[356] – es ist mithin ein Gott,

> „Who is conscious of His creation, Who has a Mind, a Will, a Purpose, and not, as many scientists and materialists believe, an unconscious and determined force operating in the universe. Such conception of the Divine Being, as the Supreme and ever present Reality in the world, is not anthropomorphic, for it transcends all human limitations and forms, and does by no means attempt to define the essence of Divinity which is ob-

---

[349] Angemerkt sei noch, daß die den jeweiligen rechtstheologischen Ansprüchen zugehörigen Abschnitte eingermaßen autonom verfaßt sind – vereinzelte Wiederholungen und Überschneidungen wurden also um einer in sich geschlossenen Darstellung willen in Kauf genommen.

[350] Bahá'u'lláh, *Botschaften aus 'Akká* 2:23, 15:1; vgl. auch *ebd.* 1:5.

[351] Bahá'u'lláh, *Botschaften aus 'Akká* 2:3; *Gebete und Meditationen* 13:1, 61:3; zit. in: *Gebete* 104:1.

[352] Bahá'u'lláh, *Gebete und Meditationen* 4:1.

[353] Bahá'u'lláh, *Ährenlese* 84:1; vgl. auch 'Abdu'l-Bahá, *The Promulgation of Universal Peace*, S. 286.

[354] So heißt es in einem Gebet Bahá'u'lláhs: „O Gott, mein Gott! Ich bezeuge Deine Einheit und Deine Einzigkeit, daß Du Gott bist und daß es keinen Gott gibt außer Dir... in alle Ewigkeit wirst Du der bleiben, der Du seit Anbeginn warst und immer bist" (*Brief an den Sohn des Wolfes*, S. 51). Gott ist „seit aller Ewigkeit her einzig und allein..., immerwährend, unveränderlich und selbstbestehend" (*Ährenlese* 94:1); vgl. auch Báb, *Eine Auswahl aus Seinen Schriften* 6:3:1, 7:28:4.

[355] „Keiner Seinesgleichen, kein Gefährte war Ihm je zugesellt oder kann Ihm jemals zugesellt werden (Bahá'u'lláh, *Ährenlese* 78:2). „Er hat keinen Gefährten in Seinem Urteil und keinen Helfer in Seiner Souveränität" (*Botschaften aus 'Akká* 8:19); vgl. auch *ebd.* 8:3, 20, 14:10, 14; zit. in: *Gebete* 11:4.

[356] vgl. Shoghi Effendi, Brief vom 21. April 1939, zit. in: *Lights of Guidance*, S. 477, Nr. 1574; *God passes by*, S. 139.

> viously beyond any human comprehension. To say that God is a personal Reality does not mean that He has a physical form, or does in any way resemble a human being. To entertain such belief would be sheer blasphemy"[357].

Bereits aus diesen Zeilen wird ersichtlich, daß die Schrift der Bahá'í nicht vermittelt, was Gott konkret ist – nur, was er *nicht* ist, und welche Attribute er im Einzelnen aufweist, wird darin beschrieben.[358] So sind konstitutiv für den Gottesbegriff Allmacht[359] und Allwissenheit[360]. Gott verfügt über absolute Souveränität, die auch die arbiträre Definitionsmacht über gut und böse, Recht und Unrecht umfaßt. In einer endlosen Liste von Namen, Epitheta und Titeln[361] wird er als Inbegriff der Vollkommenheit[362] beschrieben. Indessen verschließt sich Gott in seinem Wesenskern dem menschlichen Begreifen:[363] Wenn er auch durch seine Offenbarungen (und sie ausschließlich) erkennbar ist,[364] bleibt seine Trans-

---

[357] Shoghi Effendi, Brief vom 21. April 1939, zit. in: *Lights of Guidance*, S. 477, Nr. 1574; vgl. hierzu auch 'Abdu'l-Bahá, *Brief an Forel*, S. 30.

[358] Die Gottestheologie der Bahá'í ist in weiten Teilen eine theologia negativa (dazu siehe Jack McLean, *Prolegomena to a Bahá'í Theology*, S. 53 ff.).

[359] „Wenn es Sein Wunsch wäre, könnte Er ein bloßes Atom in eine Sonne und einen einzigen Tropfen in ein Meer verwandeln. Tausend Türen tut Er auf, wo der Mensch außerstande ist, sich auch nur eine vorzustellen" (Bahá'u'lláh, *Botschaften aus 'Akká* 11:44); vgl. auch *ebd.* 17:22; *Brief an den Sohn des Wolfes*, S. 26; *Gebete und Meditationen* 13:2, 24:3; 'Abdu'l-Bahá, *Brief an Forel*, S. 23.

[360] „Nichts ist vor Gott verborgen oder könnte es jemals sein" (Bahá'u'lláh, *Ährenlese* 5:6); vgl. auch *ebd.* 66:10, 93:6; *Botschaften aus 'Akká* 9:38; *Brief an den Sohn des Wolfes*, S. 26, 55; zit. in: *Gebete und Meditationen* 9:3, 24:1, 39:4, 40:4, 45:5, 46:5, 88:3, 90:3, 126:4; Báb, *Eine Auswahl aus Seinen Schriften* 7:10:3.

[361] Der „Allbarmherzige", „Allgütige", „Allwissende", „Allweise", „Allherrliche", „Machtvolle", „Allgewaltige", „Immervergebende", „Größte", „Mitleidvolle", „Großmütigste", „Gewaltigste", „Erhabenste", „All-Liebende", „Höchste" (siehe hierzu Bahá'u'lláh, *Gebete und Meditationen* sowie Bahá'u'lláh, Báb und 'Abdu'l-Bahá, zit. in: *Gebete*), „die allüberragende Wahrheit" (Bahá'u'lláh, *Botschaften aus 'Akká* 6:49) der „Urquell aller Macht und Weisheit" (*Ährenlese* 136:2), „Herr allen Seins, Besitzer alles Sichtbaren und Unsichtbaren" (Großes Pflichtgebet, in: *Gebete* 3:22).

[362] vgl. 'Abdu'l-Bahá, *Beantwortete Fragen* 2:8.

[363] „Das Tor zur Erkenntnis des Altehrwürdigen Seins [=Gott] ist immer vor den Menschen verschlossen gewesen und wird es für immer bleiben. Kein menschliches Begreifen wird jemals zu Seinem heiligen Hofe Zutritt gewinnen" (Bahá'u'lláh, *Ährenlese* 21:1); „Was der Mensch in seinem Geist heraufbeschwören kann, ist nur das ausgeschmückte Phantasiebild seiner menschlichen Beschaffenheit; es umfaßt nicht Gottes Wirklichkeit... Das heißt, der Mensch begreift seine eigenen Einbildungen, aber die Wirklichkeit des Göttlichen kann niemals begriffen werden.... Das Göttliche, das sich der Mensch vorstellt, besteht nur in seiner Vorstellung, nicht in Wirklichkeit" ('Abdu'l-Bahá, *Briefe und Botschaften* 21:4); vgl. auch Bahá'u'lláh, *Ährenlese* 26:3; *Botschaften aus 'Akká* 8:3, 26, 31; Báb, *Eine Auswahl aus Seinen Schriften* 7:28:4.

[364] Bahá'u'lláh, *Ährenlese* 20:1, 21:1; *Botschaften aus 'Akká* 5:11, 10:19; zit. in: *Gebete* 39:3. Bahá'u'lláh zufolge hat Gott „verfügt, daß die Erkenntnis dieser geheiligten Wesen [=Gottesoffenbarer] mit der Erkenntnis Seines eigenen Selbstes gleichbedeutend sei" (*Ähren-*

zendenz letztlich absolut[365]. Darum ist Gott nach dem Bahá'ítum Deus absconditus[366]; andererseits ist er durch seine Selbstoffenbarung in den historischen Hochreligionen, über die allein er in die Geschicke der Menschen eingreift, und die ihn zum Urheber und Architekten der Menschheitsgeschichte machen, aber auch Deus revelatus[367].

Gott ist ein Gott der Gerechtigkeit[368] und der Liebe[369]. Ein Akt der Liebe ist auch die Erschaffung des Universums[370] – der Liebe zum Menschen[371], der der Zweck der gesamten Schöpfung ist:

> „Nachdem Er die Welt und alles, was darin lebt und webt, erschaffen hatte, wünschte Er durch das unmittelbare Wirken Seines unumschränkten, höchsten Willens, dem Menschen die einzigartige Auszeichnung und Fähigkeit zu verleihen, ihn zu erkennen und zu lieben – eine Fähigkeit, die notwendigerweise als der gesamten Schöpfung zugrunde liegender schöpferischer Antrieb und Hauptzweck anzusehen ist."[372]

---

lese 21:1). Daher bezieht sich aus Bahá'í-Sicht alles, was der Mensch von „den Namen, Eigenschaften und Vollkommenheiten Gottes weiß, entdeckt und begreift... auf diese heiligen Manifestationen" ('Abdu'l-Bahá, *Beantwortete Fragen* 37:4). Darin, Gott und seine Wahrheit dem menschlichen Erkennen zugänglich zu machen, liegt aus Bahá'í-Sicht eine der Funktionen von Offenbarung.

365 siehe nur 'Abdu'l-Bahá, *Beantwortete Fragen* 37:2, 3. Weil dem so ist, gilt nach 'Abdu'l-Bahá in Bezug auf Gott: „Jede Aussage und Erklärung [ist] mangelhaft, jedes Lob und jede Beschreibung sind unwürdig, jeder Begriff inhaltslos und jedes Nachdenken müßig" (*Beantwortete Fragen* 37:4). Bei den Beschreibungen Gottes handelt es sich in letzter Konsequenz um Projektionen, um „Einbildungen" (*ebd.* 37:2). Warum die Bahá'í-Schrift Gott gleichwohl in seinen Eigenschaften beschreibt, erläutert 'Abdu'l-Bahá: „Wir bejahen diese Namen und Eigenschaften, nicht um die Vollkommenheiten Gottes zu beweisen, sondern um zu verneinen, daß Er Unvollkommenheiten haben könnte" (*ebd.* 37:5). Dies Ausdruck der theologia negativa der Bahá'í-Schrift.

366 Udo Schaefer, *Heilsgeschichte und Paradigmenwechsel*, S. 141.

367 Udo Schaefer, *Beyond the Clash of Religions*, S. 124; vgl. hierzu Bahá'u'lláh, zit. in: *Gebete* 36:1.

368 Bahá'u'lláh, *Botschaften aus 'Akká* 9:2; *Ährenlese* 66:12, 153:4, 165:1.

369 Bahá'u'lláh, *Botschaften aus 'Akká* 17:53.

370 Die creatio des Universums durch Gott ist in der Bahá'í-Schrift wiederholt konstatiert: siehe Báb, zit. in: *Gebete* 39:1; Bahá'u'lláh, *Ährenlese* 26:2; *Gebete und Meditationen* 88:1; vgl. auch *Botschaften aus 'Akká* 17:131. Mit Blick auf sie ist Gott den Bahá'í „ursachlose Ursache allen Seins" (Udo Schaefer, *Der Bahá'í in der modernen Welt*, S. 161).

371 „Du wünschest Dich den Menschen bekannt zu machen, darum hast Du durch ein Wort Deines Mundes die Schöpfung werden lassen und das Weltall geformt" (*Gebete und Meditationen* 4:1); „Verhüllt in meinem unvordenklichen Sein und in der Urewigkeit Meines Wesens, wußte ich um Meine Liebe zu dir. Darum erschuf Ich dich, prägte dir Mein Ebenbild ein und offenbarte dir Meine Schönheit" (Bahá'u'lláh, *Die Verborgenen Worte*, arab. 3); vgl. auch *Brief an den Sohn des Wolfes*, S. 56.

372 Bahá'u'lláh, *Ährenlese* 27:2; vgl. auch *Botschaften aus 'Akká* 17:131; *Ährenlese* 73; 'Abdu'l-Bahá, *Briefe und Botschaften* 88:1; *Beantwortete Fragen* 50:3, 52:3.

Wie aber hat Gott den Menschen erschaffen? Was ist der Mensch nach der Bahá'í-Lehre?

b) Freiheit, bedingte Vernunft und duale Spannung: Zum Bahá'í-Menschenbild

Die Bahá'í-Lehre sieht den Menschen[373] zunächst als das erhabenste Wesen der Schöpfung, als ihre ontologische Spitze[374]. Begründet liegt diese Sonderstellung des Menschen als „das edelste und vollkommenste Geschöpf"[375] in seiner Gottesebenbildlichkeit:

> „Auf die innerste Wirklichkeit jedes erschaffenen Dinges hat Er [=Gott] das Licht eines Seiner Namen ergossen; jedes hat Er zum Empfänger der Herrlichkeit einer Seiner Eigenschaften gemacht. Die Wirklichkeit des Menschen jedoch hat er zum Brennpunkt für das Strahlen aller Seiner Namen und Eigenschaften und zum Spiegel Seines eigenen Selbstes erkoren."[376]

Die Auszeichnung als gottesebenbildlich kommt dem Menschen aufgrund seiner vernunftbegabten Seele[377] zu[378], die das Wesen des Menschen ausmacht[379] und im Zusammenspiel mit seiner körperlichen Hülle seine irdische Existenz verkörpert. Der Mensch ist also eine Verbindung aus Leib und Seele.[380] Durch letz-

---

[373] Zum Menschenbild des Bahá'ítums siehe Udo Schaefer, *Was ist der Mensch?*; Julio Savi, *The Eternal Quest for God*, S. 84 ff.

[374] Udo Schaefer, *Was ist der Mensch?*, S. 25. Für die Bahá'í ist der Mensch die „Krone der Schöpfung" ('Abdu'l-Bahá, *Ansprachen in Paris* 31:5), der „höchste Talisman" (Bahá'u'lláh, *Ährenlese* 122:1).

[375] Bahá'u'lláh, *Kitáb-i-Íqán*, S. 198; vgl. auch *Die Verborgenen Worte*, arab. 13.

[376] Bahá'u'lláh, *Ährenlese* 27:2; vgl. auch *Die Verborgenen Worte*, arab. 3; 'Abdu'l-Bahá, *Briefe und Botschaften* 159:2. Die Ebenbildlichkeit mit Gott erklärt, warum das Wesen des Menschen nach Bahá'u'lláh letztlich unergründbar ist (*Ährenlese* 82:1).

[377] Zu dieser siehe 'Abdu'l-Bahá, *Beantwortete Fragen* 38:1, 3, 6, 39:1, 55:5, 58:3, 66:1 ff. Die Seele des Menschen (oder auch sein „Geist"; zur Begrifflichkeit siehe Tajan Tober, *Ewiges Leben?*, S. 94, Anm. 20) ist nach Bahá'í-Lehre unsterblich ('Abdu'l-Bahá, *Ansprachen in Paris* 20:11, 29:15; *Beantwortete Fragen* Kap. 60, 61), sie „hat einen Anfang, aber kein Ende" (*Beantwortete Fragen* 38:4). Sie entsteht mit der Empfängnis (Shoghi Effendi, Brief vom 1. April 1946, zit. in: *Lights of Guidance*, S. 536, Nr. 1820).

[378] „Wisse, daß jede Seele nach Gottes Wesen erschaffen... ist." ('Abdu'l-Bahá, *Briefe und Botschaften* 159:2); vgl. auch *Ansprachen in Paris* 28:7.

[379] vgl. 'Abdu'l-Bahá, *Ansprachen in Paris* 28:7.

[380] Bahá'u'lláh, *Ährenlese* 80:4; Báb, *Eine Auswahl aus Seinen Schriften* 3:23:1; 'Abdu'l-Bahá, *Briefe und Botschaften* 161:1; *Ansprachen in Paris* 28:7, 17, 34:6; siehe zudem die in ... *und zu ihm kehren wir zurück* versammelten Schrifttexte; zum Ganzen siehe zudem Tajan Tober, *Ewiges Leben?*, S. 92 ff.

tere ist er ein eminent transzendentes Wesen und unterscheidet sich zugleich kategorial vom Tier[381].

Diese doppelte Verfasstheit des Menschen ist der Urgrund für seine duale Natur: Nach 'Abdu'l-Bahá besitzt der Mensch eine „zweifache Natur"[382], eine niedere, tierische, und eine erhabene, göttliche[383] – beide finden ihr Gegenstück in den zwei Konstituenten menschlicher Existenz, dem Leib und der Seele. Der Mensch wird rein und unbefleckt geboren[384], doch seiner animalischen Natur eignet die Tendenz, die Herrschaft zu übernehmen[385], so daß er grundsätzlich eher „dem Bösen zugeneigt"[386] ist.[387] Die Freiheit des Menschen, die zu seiner anthropologischen Grundausstattung gehört,[388] erlaubt ihm nun, seinen Impuls zum Schlechten zu besiegen und seine erhabene Natur zu leben oder aber dem Niederen in ihm nachzugehen: Der Mensch hat „die Wahl zwischen Recht und Unrecht"[389], „die Kraft zum Guten wie zum Bösen"[390]. Weil er die in ihm wirkende duale Spannung in die eine oder andere Richtung auflösen kann, ist er potentiell gottähnlich[391], „über die Engel erhöht"[392], er kann aber auch „roher,

---

381 vgl. hierzu 'Abdu'l-Bahá, *Beantwortete Fragen*, Kap. 48, 55:5; Bahá'u'lláh, *Ährenlese* 101, 109:2. Der Mensch war nach Bahá'í-Lehre immer schon Mensch ('Abdu'l-Bahá, *Beantwortete Fragen*, Kap. 46, 47, 49, 50, 51). Diese Position sowie überhaupt der Schöpfungsglaube schließen eine wissenschaftliche Evolutionslehre freilich nicht aus (dazu siehe in extenso Keven Brown/Eberhard von Kitzing, *Evolution and Bahá'í Belief*).

382 *Beantwortete Fragen* 29:2.

383 'Abdu'l-Bahá, *Ansprachen in Paris*, Kap. 18, 31:6; *Beantwortete Fragen* 36:4.

384 Nach Bahá'í-Lehre geht die bei Geburt vollkommene Reinheit des Menschen im Zuge seines Heranwachsens durch die dabei begangenen Untaten und Sünden verloren ('Abdu'l-Bahá, *Briefe und Botschaften* 145:4, 159:2; *The Promulgation of Universal Peace*, S. 53).

385 vgl. 'Abdu'l-Bahá, *Ansprachen in Paris* 18:3, 31:6.

386 Bahá'u'lláh, *Gebete und Meditationen* 124:2.

387 Das Niedere, Böse im Menschen wird durch den Begriff des „Selbstes" (Bahá'u'lláh, *Die Verborgenen Worte*, pers. 32; *Gebete und Meditationen* 87:1, 180:4; 'Abdu'l-Bahá, zit. in: *Gebete* 43:2, 45:1; *The Promulgation of Universal Peace*, S. 458) bezeichnet, der die „Ichhaftigkeit, das dunkle, triebhafte Erbe, das jedem von uns eigen ist" (Shoghi Effendi, Brief vom 10. Dezember 1947, zit. nach Udo Schaefer, *Was ist der Mensch?*, S. 35; zum Ganzen siehe *ebd.*, S. 34 ff.) meint. Bahá'u'lláh ermahnt den Menschen mit größtem Nachdruck, seine Triebe, Leidenschaften und Begierden zu zügeln und einzudämmen: „Folgt nicht den Forderungen des Selbstes, denn es verlangt gebieterisch nach Bosheit und Laster" (*Kitáb-i-Aqdas* 64; vgl. auch *ebd.* 2; *Die Verborgenen Worte*, pers. 19; *Ährenlese* 136:1).

388 vgl. 'Abdu'l-Bahá, *Beantwortete Fragen*, Kap. 70; *Ansprachen in Paris* 9:19, 11:6; *Brief an Forel*, S. 17 f.; zum Ganzen siehe Udo Schaefer, *Die Freiheit und ihre Schranken*. Wie betont sei, negiert die Freiheitslehre der Bahá'í-Schrift keinesfalls, daß die Freiheit des Menschen durch eine Reihe von Determinanten bedingt ist: so in erster Linie durch die genetische Programmierung, das soziale Milieu und die Erziehung.

389 'Abdu'l-Bahá, *Ansprachen in Paris* 29:16.

390 'Abdu'l-Bahá, *Ansprachen in Paris* 18:3.

391 Nach 'Abdu'l-Bahá hat Gott den Menschen nicht nur nach seinem eigenen Bild geschaffen, sondern ihn auch „with potential power to attain that likeness" (*The Promulgation of Universal Peace*, S. 302) ausgestattet. Im Menschen sind daher „alle Namen und Attribute

ungerechter, gemeiner, grausamer, boshafter [sein] als die niedrigen Tiere“[393].[394] Auf die Frage, ob der Mensch gut oder böse ist, gibt die Bahá'í Lehre daher eine differenzierende Anwort: Der Mensch ist in seiner grenzenlosen moralischen Perfektibilität und seinem unerschöpflichen Potential zum Bösen wesensmäßig ambivalent.

Der Mensch ist indessen nicht nur in den Kampf um die Vorherrschaft des Guten in ihm selbst geworfen – er weiß dabei nicht mit letzter Gewißheit, was gut und böse, Recht und Unrecht ist: Zwar verfügt er über Vernunft, und diese ist als „erste und vornehmste der Gaben, die der Allmächtige den Menschen verliehen hat“[395] und als das „größte Zeichen Gottes“[396] apostrophiert – der Vernunft ist in den Bahá'í-Schriften ein überragender Rang als maßgebendes Medium der Erkenntnis zugewiesen,[397] was sich insbesondere darin zeigt, dass sogar die Religion dem Prüfstand der nicht von Interessen geleiteten, vom Glauben erleuchteten Vernunft unterworfen werden soll.[398] Aber die Vernunft ist nach der Epistomologie der Bahá'í-Schrift fehlbar[399] – sie ist begrenzt[400] und vor allem bedingt:

Gottes potentiell... offenbart“ (Bahá'u'lláh, *Kitáb-i-Íqán*, S. 107); vgl. auch 'Abdu'l-Bahá, *The Promulgation of Universal Peace*, S. 317.

[392] Bahá'u'lláh, *Gebete und Meditationen* 160:1.

[393] 'Abdu'l-Bahá, *Ansprachen in Paris* 31:6.

[394] „Wie erhaben ist die Stufe, die der Mensch erreichen kann, wenn er sich nur entschließt, seine hohe Bestimmung zu erfüllen! In welche Tiefen der Erniedrigung kann er absinken, Tiefen, die die niedrigsten Geschöpfe nie erreicht haben!“ (Bahá'u'lláh, *Ährenlese* 101). 'Abdu'l-Bahá führt hierzu aus: „Bei keiner anderen Gattung in der Welt des Daseins besteht eine solche Gegensätzlichkeit wie bei der Spezies des Menschen“ (*Beantwortete Fragen* 64:2).

[395] Bahá'u'lláh, *Ährenlese* 95:1.

[396] 'Abdu'l-Bahá, *Das Geheimnis göttlicher Kultur*, S. 13; vgl. auch Bahá'u'lláh, *Ährenlese* 38:1.

[397] „God has endowed man with reason that he may perceive what is true“ ('Abdu'l-Bahá, *The Promulgation of Universal Peace*, S. 63; vgl. auch *ebd.*, S. 287). Anders als das Tier kann der Mensch kraft seiner Vernunft „zwischen richtig und falsch, Gerechtigkeit und Ungerechtigkeit unterscheiden“ (*The Promulgation of Universal Peace*, S. 352). 'Abdu'l-Bahá spricht von der Vernunft als der „divine faculty in man“ (*The Promulgation of Universal Peace*, S. 287) und bezeichnet sie als „an effulgence of Divinity itself“ (*The Promulgation of Universal Peace*, S. 351); vgl. ferner Bahá'u'lláh, *Kitáb-i-Aqdas* 119.

[398] „Ich sage euch, wäget alles, was euch als Religion geboten wird, sorgfältig auf der Waage der Vernunft... Wenn es die Probe besteht, so nehmt es an, denn es ist die Wahrheit. Stimmt es hingegen nicht damit überein, so weist es zurück, denn es ist dann Unwissenheit“ ('Abdu'l-Bahá, *Ansprachen in Paris* 44:17; vgl. ferner *The Promulgation of Universal Peace*, S. 63, 107, 128, 170, 176, 181, 231). Nach 'Abdu'l-Bahá gilt: „Religion must be reasonable“ (*The Promulgation of Universal Peace*, S. 63), weshalb eine vernunftwidrige Religion „Aberglaube“ (*Ansprachen in Paris* 44:4; *The Promulgation of Universal Peace*, S 63, 64) ist. Wenn Bahá'u'lláh mahnt „Naht euch nicht Dingen, die eure Vernunft verdammt“ (*Ährenlese* 128:8), dann bezieht sich dies sicher auch auf eine sich als vernunftwidrig präsentierende Religion.

[399] 'Abdu'l-Bahá konstatiert, sie sei „fehlerhaft“ (*The Promulgation of Universal Peace*, S. 254), „unreliable and not to be depended upon“ (*The Promulgation of Universal Peace*, S. 21): „Human reason... is by its very nature finite and faulty in conclusions.... human reason is

Eine Immanenz der Werte im Sinne eines apriorischen Wertwissens ist ihr nicht gegeben,[401] weshalb sie nicht wertautark ist. Im Hinblick auf Werte und Moral

---

faulty (*The Promulgation of Universal Peace*, 22). Die Vernunft gleicht einer inkorrekten Waage (*Beantwortete Fragen* 83:4). Zur Untermauerung dieser Position führt 'Abdu'l-Bahá ein empirisches Argument an: Er verweist auf das Phänomen der Divergenz von Meinungen und Wertungen auf allen Gebieten: „The human world is an ocean of varying opinions. If reason is the perfect standard and criterion of knowledge, why are opinions at variance and why do philosophers disagree so completely with each other? This is a clear proof that human reason is not to be relied upon as an infallible criterion... nothing is fixed, nothing final... In the future much that is announced and accepted as true now will be rejected and disproved. And so it will continue ad infinitum." (*The Promulgation of Universal Peace*, S. 21; ebenso *ebd.*, S. 254; *Beantwortete Fragen* 83:3).

400 „Whatever comes within the sphere of human comprehension must be limited and finite" ('Abdu'l-Bahá, *The Promulgation of Universal Peace*, S. 114; vgl. auch *ebd.*, S. 22); „Zu welchen Höhen der Verstand der erhabensten Menschen auch emporschwingen mag, wie groß die Tiefen auch seien, in die das gelöste, verstehende Herz einzudringen vermag – Verstand und Herz können niemals das Erzeugnis ihrer eigenen Vorstellungen, das Ergebnis ihrer eigenen Gedanken übersteigen" (Bahá'u'lláh, *Ährenlese* 148:1).

401 Daß die Vernunft des Menschen nicht über eingestiftete Werte verfügt, ergibt sich bereits aus dem Zweck der Offenbarung: dem Menschen zu sagen, was gut und böse ist, sowie aus der Fallibilität der Vernunft und auch aus dem Fehlen sonstiger sicherer Maßstäbe im Menschen (zu letzterem siehe anschließend Anmerkung 402). Ausdrücklich folgt dies jedoch aus einer der bedeutendsten, bislang aber unbearbeiteten Schriftpassagen zur Bahá'í-Epistemologie ('Abdu'l-Bahá, *Beantwortete Fragen* 76:2 ff.). In ihr behandelt 'Abdu'l-Bahá die Frage, woraus sich die Wertigkeiten Gut und Böse für den Menschen ergeben:

„Now the question of the good or evil of things is determined by reason or by law. Some believe that it is determined by law; such are the Jews, who, believing all the commandments of the Pentateuch to be absolutely obligatory, regard them as matters of law, not of reason. Thus they say that one of the commandments of the Pentateuch is that it is unlawful to partake of meat and butter together because it is taref, and taref in Hebrew means unclean, as kosher means clean. This, they say, is a question of law and not of reason.

But the theologians think that the good and evil of things depend upon both reason and law. *The chief foundation of the prohibition of murder, theft, treachery, falsehood, hypocrisy and cruelty, is reason.* Every intelligent man comprehends that murder, theft, treachery, falsehood, hypocrisy and cruelty are evil and reprehensible; for if you prick a man with a thorn, he will cry out, complain and groan; so it is evident that he will understand that murder according to reason is evil and reprehensible. If he commits a murder, he will be responsible, whether the renown of the Prophet has reached him [personally (=erläuternder Hinweis des Verfassers)] or not; for it is reason that formulates the reprehensible character of the action. When a man commits this bad action, he will surely be responsible.

But in a place where the commands of a Prophet are not known, and where the people do not act in conformity with the divine instructions, such as the command of Christ to return good for evil, but act according to the desires of nature – that is, if they torment those who torment them – from the point of view of religion they are excused because the divine command has not been delivered to them. Though they do not deserve mercy and beneficence, nevertheless, God treats them with mercy and forgives them."

Die nicht einfache Textstelle ist nach Ansicht des Verfassers so zu verstehen, daß 'Abdu'l-Bahá, nachdem er wie so oft in seinen Expositionen zunächst fremde Positionen referiert hat, um sie anschließend zu bearbeiten, die Bahá'í-Position plaziert, hier beginnend mit dem kur-

ist die Vernunft auf Erleuchtung und Führung angewiesen, dann erst ist sie operabel.[402] Über andere Instrumente einer irrtumsfreien Sittlichkeitserkenntis ver-

siv hervorgehobenen Satz. Der gesamte anschließende Absatz gilt einer zivilisierten Gesellschaft, einer Gesellschaft, in der die Gebote der Religion insgesamt wirksam sind. Hier ist die Vernunft durch Religion erleuchtet, hier sind ihre Verbotsnormen derart präsent, dass selbst die Vernunft desjenigen, der (ausnahmsweise) dem direkten Einfluß der Religion entzogen war, und den ihre Nomen deshalb nicht persönlich erreicht haben, unweigerlich von dieser normativiert ist. Und zwar in einem hinreichenden Maße, so daß sie ihm vorgibt, daß Mord, Diebstahl, Heuchelei etc. schlecht und böse sind. Mithin beginnt dort, wo die Gebote Gottes allgemein herrschen, die sichere Erkenntnisfähigkeit der Einzelvernunft in fundamentalen Wertfragen. Zu diesem Gedankengang könnte man als Beispiel Deutschland anführen, wo sich aufgrund des allgemeinen Zivilisationsniveaus auch niemand darauf berufen kann, daß ihm das Unrecht eines Kapitalverbrechens per se nicht durch seine Vernunft erkennbar war. Der zweite Absatz gilt demgegenüber einer von Religion nicht geprägten, unzivilisierten Gesellschaft: Hier ist die Vernunft nicht durch die Wertmaßstäbe der Religion mit moralischem Urteilsvermögen versehen worden und *kann* daher keine Wertvorgaben machen. Für die Ausgangsfrage der Wertimmanenz der Vernunft gilt nach alledem: Ist die Vernunft in ihrer moralischen Urteilskraft gänzlich von äußeren Faktoren abhängig, so kann sie aus Bahá'í-Sicht nicht über eingestiftetes Wertwissen verfügen.
Eine fehlende Wertimmanenz im Menschen ergibt sich für die Bahá'í-Lehre schließlich auch daraus, daß die Tugenden nach 'Abdu'l-Bahá „do not appear from the reality of man except through the power of God and the divine teachings, for they need supernatural power for their manifestation. It may be that in the world of nature a trace of these perfections may appear, but they are unstable and ephemeral; they are like the rays of the sun upon the wall" (*Some Anwered Questions* 15:8). Auf dieser Linie auch 'Abdu'l-Bahá, *Das Geheimnis göttlicher Kultur*, S. 88 f., sowie Bahá'u'lláh, *Brief an den Sohn des Wolfes*, S. 39.

[402] Eine Gesamtschau der einschlägigen Schriftaussagen ergibt, daß, wie schon zuvor deutlich wurde, die bloße, unbelehrte Vernunft aus Bahá'í-Sicht einer unbestückten Waage gleicht. Durch die seit Schöpfungsbeginn auf den Menschen niedergehende Gottesoffenbarung (dazu siehe IV 3 b) wurde sie mit Maßstäben, mit Werten und Normen versehen: Die Waage wurde geeicht. Dadurch erst wurde die Vernunft befähigt, ihre Funktion zu erfüllen. Aus sich heraus, insbesondere ohne die Instruktion durch Gott, weiß sie nicht um das Wahre, Schöne und Gute, weshalb der Mensch des göttlichen Gesetzes zwingend bedarf (so im Ergebnis auch Udo Schaefer, *Die Freiheit und ihre Schranken*, S. 69 ff.). So führt 'Abdu'l-Bahá aus, daß Gott den Menschen mit einem Intellekt ausgestattet hat "so that through the attribute of reason, *when fortified by the Holy Spirit*, he may penetrate and discover ideal realities and become informed of the mysteries of the world of significances" (*The Promulgation of Universal Peace*, S. 303); "The human spirit, *unless assisted by the spirit of faith* [= dieser "entstammt dem Odem des Heiligen Geistes" (*Beantwortete Fragen* 36:5)], does not become acquainted with the divine secrets and the heavenly realities" (*Some Answered Questions* 55:5). Die Vernunft bedarf also der Erleuchtung durch den Heiligen Geist. Dessen Kraft ist nach 'Abdu'l-Bahá sogar so groß, daß sie den Menschen zu irrtumsfreier Erkenntnis führen kann: "The bounty of the Holy Spirit gives the true method of comprehension which is infallible and indubitable. This is through the help of the Holy Spirit which comes to man, and this is the *condition* in which certainty can alone be attained" (*Some Answered Questions* 83:6). Wie der Text selbst sagt, handelt es sich aber um eine *bedingte* unfehlbare Erkenntnis; dies zudem infolge eines Geschehens, dessen Vorliegen in keiner Weise verifizierbar ist. Es sind diese Überlegungen, die zu dem Urteil führen, dass in der Bahá'í-Schrift eine bedingte Vernunft postuliert wird.

fügt der Mensch ebenfalls nicht.[403] So sehr er im Ergebnis also kraft seiner Vernunft in der Lage ist, „in allen Dingen die Wahrheit herauszufinden", und diese „ihn zu dem [führt], was recht ist"[404], ist er doch essentiell ein fallibles Wesen.[405]

Die daraus resultierende Rechtleitungsbedürftigkeit des Individuums greift auch für seine soziale Existenz Raum: Die Schrift schildert die menschliche Gesellschaft als in hohem Maße leitungs- und erziehungsbedürftig[406], sie bedarf „körperlicher, menschlicher und geistiger Erziehung"[407]. Deutlicher noch ist eine Allegorie, der sich Bahá'u'lláh wiederholt bedient: Danach gleicht die Menschheit dem Patienten, der eines Arztes bedarf, der seine Krankheit erkennt und ihm das Heilmittel, „ein Gegengift"[408], verschreibt.[409] In diesen und anderen Zeugnissen wird das Bild einer Gesellschaft gezeichnet, die eine defiziente Disposition aufweist, weil sie in fundamentalen Wertfragen nicht autark und darum auf Führung und Wegweisung angewiesen ist.

An diesem Punkt treten nun Religion und Offenbarung auf den Plan:

c) Charakterveredelung und gesellschaftliche Rechtleitung: Zur zweifachen Funktion von Religion

Religion ist in der Bahá'í-Sicht zunächst nicht etwa hilfreiches Beiwerk für den Menschen im Sinne einer Einrichtung, deren Indienstnahme dem an Nutzenerwägungen orientierten Ermessen des Einzelnen unterliegen würde. Es handelt

---

[403] Nach 'Abdu'l-Bahá gibt es neben dem Gebrauch der Vernunft noch drei weitere Wege zur Erkenntnis, d. h. zum Erwerb von Wissen (*Beantwortete Fragen*, Kap. 83; *The Promulgation of Universal Peace*, S. 20 ff., 254 ff.): Der Gebrauch der fünf Sinne, die Tradition der Heiligen Schriften der Religionen und die Inspiration. Für alle vier Erkenntniswege gilt jedoch: „all available human criteria are erroneous and defective" (*The Promulgation of Universal Peace*, S. 22), „all human standards of judgement are faulty, finite" (*The Promulgation of Universal Peace*, S. 22), „deshalb gibt es in den Händen der Menschen keinen Maßstab, auf den wir uns verlassen können" (*Beantwortete Fragen* 83:5).

[404] Bahá'u'lláh, *Ährenlese* 95:1.

[405] Im Ergebnis lautet daher das Urteil Bahá'u'lláhs: „Zu allen Zeiten und in jeder Lebenslage brauchen die Menschen jemanden, der sie ermahnt, führt, lehrt und erzieht." (*Botschaften aus Akká* 11:2); „Die Menschen sind unwissend und derer bedürftig, welche die Wahrheit erläutern" (*Botschaften aus Akka* 11:23). Diese Zitate weisen auf die notwendige Funktion von Religion aus Bahá'í-Sicht (dazu siehe anschließend c).

[406] siehe 'Abdu'l-Bahá, *Beantwortete Fragen*, Kap. 3.

[407] 'Abdu'l-Bahá, *Beantwortete Fragen* 3:9; vgl. auch *ebd.* 3:15 und *The Promulgation of Universal Peace*, S. 330.

[408] Bahá'u'lláh, *Botschaften aus 'Akká* 17:75.

[409] Bahá'u'lláh, *Ährenlese* 16:3, 34:6, 106:1, 120:1; vgl. auch 'Abdu'l-Bahá, *Beantwortete Fragen* 20:5, 40:6; Shoghi Effendi, *The World Order of Bahá'u'lláh*, S. 37; nach Bahá'í-Lehre ist der allein geeignete Arzt der Gottesoffenbarer, seine „göttlichen Gesetze sind das Heilmittel" (*Beantwortete Fragen* 40:6).

sich vielmehr um eine *notwendige* Institution: Schöpfungsplan und Weltentwurf Gottes sehen vor, dass der Mensch Religion lebt.[410] Auch und gerade weil er nicht wertautark ist, ist er zwingend auf Religion angewiesen.

Die Funktion von Religion läßt sich freilich sehr unterschiedlich fassen: In größtmöglicher Abstraktion besteht sie in der Erlösung von Individuum und Gesellschaft.[411] Erlösung meint hier zu allererst die Hinführung des Menschen auf seine gottgegebene, spezifische Bestimmung: Gott hat etwas mit dem Einzelnen und der Gesellschaft vor[412], und Religion ist das Instrument zur Verwirklichung dieses Vorhabens.[413]

Ins Konkrete gewendet entspricht dies einer Doppelfunktion von Religion, wie sie in der folgenden Textstelle Bahá'u'lláhs zum Ausdruck kommt:

> „Wenn Gott seine Propheten zu den Menschen sendet, ist seine Absicht eine zweifache. Die erste ist, die Menschenkinder aus dem Dunkel der Unwissenheit zu befreien und sie zum Lichte wahren Verstehens zu führen, die zweite, den Frieden und die Ruhe der Menschheit zu sichern und alle Mittel bereitzustellen, durch die beides erreicht werden kann."[414]

---

410 Notwendig ist Religion aus Sicht der Bahá'í, weil sie den von Gott vorgesehenen, komplementären Gegenpart zum Menschen bildet, indem sie seine wesenseigenen Defizite auffängt und behebt – so wie Gott den Menschen in bestimmter Form erschaffen hat, hat er auch Religion in einer Weise gestiftet, daß sie genau dieser Form adäquat ist. Ersichtlich wird die nach Bahá'í-Lehre existentielle Bedeutung von Religion daran, daß Bahá'u'lláh eine fundamentale untrennbare Zwillingspflicht eines jeden Menschen sieht, die ihm qua seines Menschseins zukommt und die in der Erkenntnis Gottes sowie der Befolgung seiner Gebote liegt (*Kitáb-i-Aqdas* 1; *Botschaften aus 'Akká* 10:4; vgl. das kleine tägliche Pflichtgebet, in: *Gebete* 1:1).

411 siehe nur Shoghi Effendi, *God passes by*, S. 139; *Citadel of Faith*, S. 140. Für das Bahá'ítum speziell: Bahá'u'lláh, *Kitáb-i-Aqdas* 163; *Kitáb-i-'Ahd* 14; Bahá'u'lláh, zit. in: *God passes by*, S. 211; 'Abdu'l-Bahá, *Briefe und Botschaften* 185:6; Shoghi Effendi, *Messages to the Bahá'í World*, S. 28; *Citadel of Faith*, S. 4, 34, 149; *Messages to Canada*, S. 49. Je nach erwünschtem Abstraktionsgrad und Erkenntnisinteresse läßt sich die Funktion von Religion auch darin sehen, auf das Leben nach dem Tod vorzubereiten (Bahá'u'lláh, *Ährenlese* 81), Nähe zu Gott zu vermitteln ('Abdu'l-Bahá, *The Promulgation of Universal Peace*, S. 147 ff.), ewiges Leben zu verleihen (Bahá'u'lláh, *Botschaften aus 'Akká* 8:63; 'Abdu'l-Bahá, *The Promulgation of Universal Peace*, S. 361), Liebe auszugiessen (*Briefe und Botschaften* 12:1), den Menschen zu erziehen (Bahá'u'lláh, *Botschaften aus 'Akká* 7:13, 11:3; *Ährenlese* 93:14; 'Abdu'l-Bahá, *Beantwortete Fragen*, Kap. 3), ihn glücklich zu machen (*Ansprachen in Paris*, Kap. 34; *Beantwortete Fragen*, Kap. 15; *Briefe und Botschaften* 23:2, 29:7) etc.

412 vgl. nur Shoghi Effendi, *Dawn of a new Day*, S. 171; *The World Order of Bahá'u'lláh*, S. 171; *The Promised Day is come*, S. 116.

413 Erlösung kann selbstverständlich auch mit der christlichen Theologie den existentiellen Vorgang der Befreiung der gnadebedürftigen Seele von ihren Sünden durch Erlangung des Heils meinen.

414 Bahá'u'lláh, *Ährenlese* 34:5; ähnlich: „Die Göttlichen Boten wurden herabgesandt und Ihre Bücher wurden geoffenbart, damit die Erkenntnis Gottes vertieft und Einheit und Brüder-

Zwei Dimensionen weist Religion folglich auf: Zunächst hat sie den Einzelnen im Blick, seinen Charakter will sie im Wege der moralischen Vervollkommnung veredeln.[415] Dies geschieht zum einen durch Normunterweisung: Von Religion erhält der Mensch jenen normativen Code, dessen er aufgrund seines mangelnden apriorischen Wertwissens und der Fehlbarkeit seiner Vernunfterkenntnis bedarf. Darüber hinaus sieht Religion auch den dazugehörigen Lebensrahmen vor, innerhalb dessen die von ihr gelehrten Gebote und Werte optimal implementiert werden können: Ein religiöses Dasein nämlich, das mit seinen Konstitutiva wie Gebet, regelmäßiger Lektüre der Heiligen Schrift, Fasten, Leben in der Gemeinschaft der Gläubigen etc. moralische Stabilität und geistige Versorgung gewährleisten soll. Normunterweisung und Glaubensführung, gemeinsam im Bild des „Geraden Pfades" erfaßt, sollen dem Einzelnen den Weg zur Realisierung seines Potentials zur Gottesebenbildlichkeit weisen,[416] auf dass er erlöst werde[417].

Funktioneller Bezugspunkt von Religion ist darüber hinaus aber auch die Gesellschaft. In leitmotivisch wiederkehrenden Aussagen ist die horizontale, gesellschaftliche Dimension von Religion in der Bahá'í-Schrift beschrieben:

> „Religion ist wahrlich das vortrefflichste Mittel zur Errichtung der Ordnung in der Welt und für die Ruhe ihrer Völker."[418] „Das Ziel der Religi-

---

lichkeit unter den Menschen gefördert werden" (Bahá'u'lláh, *Brief an den Sohn des Wolfes*, S. 27); „Der Offenbarung jedes himmlischen Buches, ja jedes von Gott offenbarten Verses liegt die Absicht zugrunde, alle Menschen mit Rechtschaffenheit und Verstand zu begaben, damit Friede und Ruhe fest unter ihnen begründet seien" (*Ährenlese* 101); „Ist nicht das Ziel jeder Offenbarung, eine Wandlung und Änderung in der ganzen Wesensart der Menschheit zu bewirken, eine Wandlung, die sich äußerlich wie innerlich erweisen und das innere Leben wie die äußeren Verhältnisse gestalten soll?" (Bahá'u'lláh, *Kitáb-i-Íqán*, S. 270); siehe auch *Botschaften aus 'Akká* 8:63.

415 „Die Absicht des einen, wahren Gottes bei seiner Selbstoffenbarung ist, die ganze Menschheit zu Wahrhaftigkeit und Aufrichtigkeit, zu Frömmigkeit und Vertrauenswürdigkeit, zu Entsagung und Ergebenheit in den Willen Gottes, zu Nachsicht und Güte, zu Ehrlichkeit und Weisheit aufzurufen. Sein Ziel ist es, jeden Menschen in den Mantel eines geheiligten Charakters zu kleiden und ihn mit der Zier heiliger, edler Taten zu schmücken" (Bahá'u'lláh, *Ährenlese* 137:4); „Wenn der eine, wahre Gott... sich den Menschen offenbart, verfolgt Er das Ziel, die Edelsteine ans Licht zu bringen, die in den Gesteinsadern ihres wahren inneren Selbstes verborgen liegen" (*ebd.* 132:1); vgl. auch 'Abdu'l-Bahá, *Das Geheimnis göttlicher Kultur*, S. 89.

416 Nach 'Abdu'l-Bahá tritt durch die göttliche Erziehung der Religion „das Göttliche im Menschen in Erscheinung, und die Worte ‚Lasset Uns Menschen schaffen nach Unserem Bild und Gleichnis', werden in ihm offenbar" (*Beantwortete Fragen* 3:8).

417 Bahá'u'lláh, *Kitáb-i-Aqdas* 163; *Botschaften aus Akká* 15:14; zit. in: Shoghi Effendi, *God passes by*, S. 211. Nach Bahá'u'lláh hat alle Offenbarung den Zweck, „alle Menschen zu erziehen, damit sie zur Todesstunde in größter Reinheit und Heiligkeit, in völliger Loslösung zum Throne des Höchsten aufsteigen" (*Ährenlese* 81).

418 Bahá'u'lláh, *Brief an den Sohn des Wolfes*, S. 40; identisch *Botschaften aus Akká* 6:19, und ähnlich *ebd.* 6:26.

> on, wie sie vom Himmel des heiligen Willens Gottes offenbart ist, besteht darin, Einheit und Eintracht unter den Völkern der Welt zu stiften."[419] „Wem Gott Einsicht gegeben, der wird leicht erkennen, dass Gottes Gesetz das beste Mittel ist, die Ordnung in der Welt zu erhalten und die Sicherheit ihrer Völker zu bewahren."[420]

In Aussagen wie diesen wird Religion eine eminente gesellschaftliche Ordnungsstiftungs- und Stabilisierungsfunktion zugewiesen.

d) Die Gesellschaft als eigenständiger Adressat religiöser Weisung

Wichtig ist nun, daß sich diese Funktion von Religion nicht in der Gewährleistung einer intakten individuellen Sittlichkeit mit heilsamer Auswirkung auf das menschliche Sozialverhalten erschöpft, also in der Schaffung des unverzichtbaren Wertefundaments jeder rechten gesellschaftlichen Ordnung.[421] Wenn Religion nach der Bahá'í-Lehre eine sozialgesellschaftliche Ordnungsmacht ist, dann gerade auch, weil die Gesellschaft selbst, ihre Ordnung und ihre Nöte Gegenstand der religiösen Botschaft und ihres Heilswirkens sind: Nicht nur den Einzelnen, sondern auch die Gesellschaft als solche will Religion zu ihrer Bestimmung leiten.[422] Auch im Hinblick auf sein gesellschaftliches Dasein bedarf der Mensch eines unfehlbaren normativen Programms, das ihm den Weg zu seiner Idealexistenz weist. So ist nach 'Abdu'l-Bahá eine der ureigenen Aufgaben des Religionsstifters:

> „He must teach men... to form a social order in order to establish cooperation and mutual aid in living so that material affairs may be organized and regulated for any circumstances that may occur."[423]

---

[419] Bahá'u'lláh, *Botschaften aus 'Akká* 8:63.

[420] Bahá'u'lláh, *Kitáb-i-Aqdas* 2; siehe auch *Botschaften aus 'Akká* 5:12, 6:33, 8:53, 64.

[421] Diesen Gesichtspunkt hatte 'Abdu'l-Bahá wohl in der folgenden Textstelle im Blick: „Eine weitere Lehre Bahá'u'lláhs besagt, daß die Religion ein mächtiges Bollwerk ist. Wenn das Gebäude der Religion erzittert und schwankt, folgen Aufruhr und Chaos, und die Ordnung der Dinge wird völlig umgestürzt; denn in der Menschenwelt gibt es zwei Wächter, die den Menschen vor dem Unrechttun bewahren: Der eine ist das Gesetz, das den Verbrecher bestraft; aber das Gesetz verhindert nur das offenkundige Verbrechen, nicht jedoch die geheime Sünde. Hingegen verhütet der ideale Wächter, die Religion Gottes, sowohl das offenkundige wie das geheime Verbrechen. Er erzieht den Menschen, entwickelt Sittlichkeit, nötigt zur Tugend und ist die allumfassende Macht, die für das Glück der Menschenwelt die Gewähr bietet" (*Briefe und Botschaften* 227:21); vgl. auch Bahá'u'lláh, *Botschaften aus 'Akká* 6:19, 8:53.

[422] Daß die Gesellschaft als solche eine Bestimmung hat, ist vielfach in der Bahá'í-Schrift betont: siehe nur Bahá'u'lláh, *Ährenlese* 16:1, 161:5; Shoghi Effendi, *The World Order of Bahá'u'lláh*, S. 164; *The Promised Day is come* S. 17, 118, 122; *God passes by*, S. XII; *Bahá'í Administration*, S. 66, 146; *Letters from the Guardian to Australia and New Zealand*, S. 43.

[423] *Some Answered Questions* 3:9.

Nach 'Abdu'l-Bahá ist der Religionsstifter mit göttlichem Wissen versehen, damit „er in der Lage sei, die Menschen im Gemeinwesen erfolgreich zu unterweisen“[424], denn „Religion ist dazu bestimmt, die belebende Kraft im Staatswesen zu sein.“[425] Der Topos „Gesellschaft“ als eigenständige Bezugsgröße von Religion ist bei den Hochreligionen freilich unterschiedlich stark ausgeprägt; nach Shoghi Effendi nimmt er im Laufe der Geschichte beständig zu.[426] Wie signifikant die Funktion der Ordnungsstiftung und gesellschaftlichen Wegweisung im Rahmen der jeweiligen Religion auch sei, sie wird in erster Linie durch ihre Sozialnormen, insbesondere ihr Offenbarungsrecht vollzogen.[427] Die Gesellschaft ist Gegenstand göttlichen Wollens, und das Religionsrecht ist kraft seiner Normativität und insbesondere seiner Sozialität dasjenige Medium, das diesen Willen transportiert: Es ist in Gestalt seines Offenbarungsrechts, daß Gott der Gesellschaft seine Rechtleitung zuteil werden läßt – so die Lehre der Bahá'í.

Es ist nun der Glaube der Bahá'í, daß dieser allgemeine Zusammenhang auch für ihre Religion gilt, daß mithin ihr Religionsstifter Bahá'u'lláh in seinem Offenbarungsrecht eben jenen göttlichen Willen zur gesellschaftlichen Rechtleitung transportiert und unter anderem damit eine der Funktionen von Religion vollzieht.

e) „Sprachrohr Gottes für dieses Zeitalter“[428]: Bahá'u'lláh als sog. Manifestation Gottes

In Bahá'u'lláh sehen die Bahá'í – wie in jedem Religionsstifter – eine sog. Manifestation Gottes. Darunter ist eine Heilsgestalt zu verstehen, die mit dem Anspruch auftritt, in ihr vollziehe sich die Selbstoffenbarung Gottes.[429] Nach der

---

[424] *The Promulgation of Universal Peace*, S. 467.

[425] *The Promulgation of Universal Peace*, S. 117.

[426] *The Promised Day is come*, S. 119 ff. Daß die Bahá'í-Lehre dies so sieht, ergibt sich auch aus dem Theorem der fortschreitenden Gottesoffenbarung: Ihmzufolge wandelt sich die sozial- und gesellschaftsrelevante Komponente der Offenbarung mit den Erfordernissen der Zeit; diese hat aber eine stets zunehmende Vergesellschaftung des Menschen erlebt.

[427] vgl. hierzu auch 'Abdu'l-Bahá, *Beantwortete Fragen* 11:12 f.

[428] Shoghi Effendi, *The World Order of Bahá'u'lláh*, S. 47.

[429] Bahá'u'lláh, *Ährenlese* 137:4; *Botschaften aus 'Akká* 8:49. Die Manifestationstheologie der Bahá'í-Schrift (dazu siehe Juan Cole, *The Concept of Manifestation in the Bahá'í Writings*; Udo Schaefer, *Heilsgeschichte und Paradigmenwechsel*, S. 143 ff.) steht im Zusammenhang mit ihrer sog. Drei-Welten-Lehre: Danach besteht eine hierarchische Stufung zwischen der untersten Welt der Schöpfung (*'álamu'l-khalq*), der Welt der Offenbarung oder des „göttlichen Befehls“ (*‚alamu'l-amr*), und der ewig unerreichbaren Welt Gottes (*'alamu'l-haqq*). Die Manifestation Gottes gehört der Zwischenwelt des göttlichen Befehls zu. Sie weist eine Doppelnatur auf: Durch den menschlichen Körper als ihr Trägerobjekt eignet ihr eine physische, menschliche Seite. Wesensbestimmend ist dagegen ihre geistige Natur: Hier ist die

Bahá'í-Prophetologie, die eher eine Epiphanologie ist, verdankt sich das Offenbarungsgeschehnis dem Erscheinen des Heiligen Geistes in der religiösen Stiftergestalt,[430] hier derjenigen Bahá'u'lláhs. Als „Mittler zwischen Gott und Seinen Geschöpfen"[431] transportiert der Heilige Geist im Wege der Epiphanie die Vollkommenheiten[432], die Gnade[433] und die Liebe[434] Gottes. Sein Ausfluss ist die göttliche Lehre[435], seine Essenz belebende, den Menschen befähigende Kraft[436]. Durch das Erscheinen des Heiligen Geistes kommt es zur Manifestation (nicht Inkarnation![437]) Gottes in der Offenbarungsgestalt, mit der Folge, dass sich die Begegnung mit ihr als Begegnung mit Gott darstellt:[438] Denn trotz ontischer Wesensdisparität besteht eine absolute Willensidentität zwischen der Manifestation und Gott,[439] die darum als „Vertreter und Sprachrohr"[440] sowie „Träger der Wahrheit Gottes"[441] bezeichnet wird.

Manifestation „aus Gottes eigener Substanz geboren" (Bahá'u'lláh, *Ährenlese* 27:4), und durch sie gehört sie einer eigenen ontologischen Stufe an, die ihre Einordnung als Wesen sui generis (Udo Schaefer, *Heilsgeschichte und Paradigmenwechsel*, S. 145) begründet. Die ontische Disparität zum Menschen zeigt sich darin an, dass der Manifestation Gottes Sündlosigkeit (Bahá'u'lláh, *Kitáb-i-Aqdas* 47; *Botschaften aus 'Akká* 8:17; 'Abdu'l-Bahá, *Beantwortete Fragen* 45:6), Unfehlbarkeit (siehe anschließend im Text), angeborenes Wissen (*Beantwortete Fragen* 40:5, 7) und Präexistenz ('Abdu'l-Bahá, *Beantwortete Fragen* 28:4, 38:6 f.) eignet.

[430] 'Abdu'l-Bahá, *Beantwortete Fragen* 31:2, 5, 36:6.

[431] 'Abdu'l-Bahá, *Beantwortete Fragen* 36:6; vgl. auch *Ansprachen in Paris* 17:6 ff., 12.

[432] 'Abdu'l-Bahá, *Beantwortete Fragen* 31:2.

[433] 'Abdu'l-Bahá, *Beantwortete Fragen* 25:2, 27:7; vgl. auch *ebd.* 38:5 sowie Bahá'u'lláh, *Botschaften aus 'Akká* 3:30, 9:10 und *Kitáb-i-Íqán*, S. 106.

[434] Bahá'u'lláh, zit. in: *Gebete* 24:1.

[435] 'Abdu'l-Bahá, *Ansprachen in Paris* 17:11.

[436] 'Abdu'l-Bahá, *Ansprachen in Paris* 17:9, 13, 40:35, Kap. 51; Bahá'u'lláh, *Ährenlese* 74:1; *Botschaften aus 'Akká* 7:6.

[437] In der Lehre, dass Gott sich *manifestiert*, liegt eine Ablehnung des Inkarnations- sowie auch des Trinitätsgedankens: Nach der Bahá'í-Theophanologie gilt im Hinblick auf das Konzept der Inkarnation, dass Gott „niemals sein Wesen Fleisch werden läßt und den Menschen enthüllt. Er ist und war immer unermeßlich erhaben über alles, was sich beschreiben oder wahrnehmen läßt" (Bahá'u'lláh, *Ährenlese* 20; vgl. auch *Kitáb-i-Íqán*, S. 104, sowie Shoghi Effendi, *The World Order of Bahá'u'lláh*, S. 112 f., 114). Die theologische Lehre der Dreifaltigkeit wird abgelehnt, weil die göttliche Essenz nach 'Abdu'l-Bahá unteilbar ist (*Beantwortete Fragen* 27:2 f.) und weil "the descent of the lordly reality into conditions and degrees would be equivalent to imperfection and contrary to perfection, and is, therefore, absolutely impossible" ('Abdu'l-Bahá, *Some Answered Questions* 27:3).

[438] „Wer sie [=die Manifestationen Gottes] erkennt, hat Gott erkannt. Wer auf ihren Ruf hört, hat auf die Stimme Gottes gehört, und wer die Wahrheit ihrer Offenbarung bezeugt, hat die Wahrheit Gottes selbst bezeugt. Wer sich von ihnen abwendet, hat sich von Gott abgewandt, wer nicht an sie glaubt, hat nicht an Gott geglaubt" (Bahá'u'lláh, *Ährenlese* 21:1).

[439] „Der Glaube an die göttliche Einheit besteht im wesentlichen darin, Ihn, die Manifestation Gottes, und Ihn, das unsichtbare, unzugängliche, unerkennbare Wesen, als einen und denselben zu betrachten. Das bedeutet, daß alles, was dem erstgenannten angehört, all Sein Tun und Handeln, Sein Gebot oder Verbot in jeder Hinsicht, unter allen Umständen und ohne Vorbehalt dem Willen Gottes gleich ist" (Bahá'u'lláh, *Ährenlese* 84:4); vgl. auch *Ährenlese* 24:1.

Geschieht also Theophanie in Bahá'u'lláh, so ist es aus Bahá'í-Sicht nur folgerichtig, wenn er über sich sagt:

> „Wahrlich, Er, der Geist der Wahrheit, ist gekommen, euch in alle Wahrheit zu leiten. Er spricht nicht, wie es Ihm Sein eigenes Ich eingibt, sondern wie es Ihm der Allwissende, der Allweise, gebietet."[442] „Dies ist nicht von Mir, sondern von Einem, der allmächtig und allwissend ist. Und Er gebot Mir, Meine Stimme zwischen Erde und Himmel zu erheben."[443]

Für die Bahá'í spricht Bahá'u'lláh kraft seines ihm von Gott verliehenen Amtes „mit der Zunge des göttlichen Befehls"[444], seine Stimme ist die Stimme Gottes,[445] und sein Wort das Wort Gottes[446]. Dabei eignet ihm wie allen Manifestationen Gottes die sog. „Größte Unfehlbarkeit"[447]:

> „Was immer von ihnen ausgeht, [ist] die reine Wahrheit und stimmt mit den Tatsachen überein... Was immer sie sagen, ist Gottes Wort, und was sie tun, ist richtig vollbracht... Was immer die universale Manifestation sagt und tut, ist reine Weisheit und in Übereinstimmung mit der Wirklichkeit."[448]

Bahá'u'lláh sieht sich daher „vom Lichte unfehlbarer Führung geleitet"[449], die Bahá'í sehen ihn als „ein Licht, dem keine Finsternis folgt, eine Wahrheit, die

---

[440] Bahá'u'lláh, *Ährenlese* 28:2; vgl. auch die von Shoghi Effendi auf Bahá'u'lláh bezogene Wendung „mouthpiece of God for this age" (*The World Order of Bahá'u'lláh*, S. 47).

[441] Bahá'u'lláh, *Botschaften aus 'Akká* 2:13; vgl. auch *Botschaften aus 'Akká* 5:21.; vgl. auch die Bezeichnung der Manifestationen Gottes als „Kanäle der alldurchdringenden Gnade Gottes" (Bahá'u'lláh, *Ährenlese* 27:4; vgl. auch Shoghi Effendi, *The World Order of Bahá'u'lláh*, S. 118), „Kanäle Seiner unablässigen Äußerung" (*The World Order of Bahá'u'lláh*, S. 58), „Spiegel Seines Lichtes" (*ebd.*) und „Offenbarer Seiner Absicht" (*ebd.*).

[442] *Botschaften aus 'Akká* 2:12. Bahá'u'lláh bezieht hier ganz offensichtlich die Ankündigung in Joh. 16:13 auf sich.

[443] *Brief an den Sohn des Wolfes*, S. 48.; vgl. auch Bahá'u'lláh, zit. in: Shoghi Effendi, *The World Order of Bahá'u'lláh*, S. 60; *Brief an den Sohn des Wolfes*, S. 25, 26, 32, 46, 52; *Ährenlese* 76:4, 153:8.

[444] Bahá'u'lláh, *Kitáb-i-Aqdas*, Fragen und Antworten 82; die Gottesoffenbarer werden auch als „Empfänger des göttlichen Befehls" (*Kitáb-i-Íqán*, S. 105) bezeichnet.

[445] Bahá'u'lláh, *Ährenlese* 21:1, 27:4.

[446] 'Abdu'l-Bahá schreibt über die Manifestationen Gottes: „Ihr Wort ist Gottes Wort, ihr Gebot ist Gottes Gebot und ihr Verbot ist Gottes Verbot" (*Beantwortete Fragen* 44:3; vgl. auch *ebd.* 45:6).

[447] Bahá'u'lláh, *Kitáb-i-Aqdas* 47, 162; *Botschaften aus 'Akká* 8:12 ff., 17 ff., 33, 49; vgl. auch *Kitáb-i-Aqdas* 99, 148, 183. Wie bereits erwähnt, unterscheidet 'Abdu'l-Bahá zwischen der wesenhaft angeborenen, Größten Unfehlbarkeit der Gottesoffenbarer und der verliehenen Unfehlbarkeit des Universalen Hauses der Gerechtigkeit (*Beantwortete Fragen*, Kap. 45); letztere ruht nach Bahá'í-Lehre auch auf dem Amt 'Abdu'l-Bahás sowie demjenigen Shoghi Effendis (vgl. hierzu Udo Schaefer, *Desinformation als Methode*, S. 133 ff., sowie *Infallible Institutions?*, S. 21, 27 ff.).

[448] 'Abdu'l-Bahá, *Beantwortete Fragen* 45:6 f.

[449] *Kitáb-i-Íqán*, S. 102.

kein Irrtum ereilt."[450] In seiner Funktion als Gottesoffenbarer hat Bahá'u'lláh die „Standarte Gottes unter allen Nationen"[451] gehißt und als „Statthalter Gottes auf Erden"[452] das „Größte Gesetz"[453] offenbart.

f) Weltimmanenz und Gesellschaftsbezogenheit: Zur horizontalen Dimension des Bahá'ítums

Wenn Bahá'u'lláh mit seinem Amt die Funktion von Religion ausübt, dann auch in der zuvor geschilderten Duplizität: Während er einen Hauptzweck seiner Religion darin sieht, „den Geist der Liebe und Verbundenheit unter den Menschen zu pflegen"[454] und sich zu dem Auftrag bekennt, „die Welt des Seins zu veredeln und die Menschen an Geist und Seele emporzuheben"[455], weist seine Religion neben dieser heilsindividualistischen Dimension auch eine dezidiert sozialgesellschaftliche Stoßrichtung auf, aufgrund der sie wie das Judentum und der Islam den weltzugewandten Erlösungsreligionen zuzurechnen ist[456]. Die Schrift der Bahá'í thematisiert gesellschaftliche Topoi in einem der Religionsgeschichte unbekannten Ausmaß und, wichtiger noch, das Bahá'ítum sieht sein Ziel expliziter und dezidierter als wohl jede andere Religion vor ihm in gesellschaftlichen Strukturveränderungen: Nicht nur „die Welt neu zu beleben"[457], sondern „die ganze Welt neu zu bauen"[458] lautet der von Bahá'u'lláh für seine Religion erhobene Anspruch.

Ersichtlich wird dies am Fernziel des Bahá'ítums, der Einheit der Menschheit, das als ein gesellschaftlich-politisches Ziel nach Bahá'u'lláh „jedes andere Ziel überragt"[459]. Nach der Bahá'í-Lehre ist die Menschheit eine Einheit[460] und

---

[450] Bahá'u'lláh, *Botschaften aus 'Akká* 8:17. Auf dieser Linie schreibt Bahá'u'lláh über sich: „Ihn, der die Wahrheit ist" (*Brief an den Sohn des Wolfes*, S. 43); „Wahrlich, er ist erschienen..., die Wahrheit zu verkünden" (*Botschaften aus 'Akká* 5:21).

[451] Shoghi Effendi, *The World Order of Bahá'u'lláh*, S. 204.

[452] Shoghi Effendi, *The Promised Day is come*, S. 6.

[453] Bahá'u'lláh, *Kitáb-i-Aqdas* 81. Der Begriff „Größtes Gesetz" meint hier die gesamte Bahá'í-Offenbarung.

[454] *Botschaften aus 'Akká* 11:15; vgl. auch *ebd.* 11:38.

[455] *Botschaften aus 'Akká* 7:13; Bahá'u'lláh sieht in seiner Offenbarung „den Schlüssel, der die Herzen der Menschen öffnet, die Politur, welche die Seelen aller Lebewesen reinigt" (*Ährenlese* 100:11); vgl. auch *Brief an den Sohn des Wolfes*, S. 19.

[456] Udo Schaefer, *Das Bahá'ítum*, S. 16.

[457] Bahá'u'lláh, *Botschaften aus 'Akká* 17:51; vgl. auch Suriy-i-Haykal 177, in: *The Summons of the Lord of Hosts*, S. 92.

[458] Bahá'u'lláh, *Ährenlese* 45.

[459] *Ährenlese* 132:3. Daß der Gedanke der Einheit der Menschheit zuallererst Veränderungen in der Sphäre des Kollektivs im Blick hat, also ein politisches Ziel darstellt, hat Shoghi Effendi mit Nachdruck festgehalten: „Its message is applicable not only to the individual, but concerns itself primarily with the nature of those essential relationships that must bind all the

Bahá'u'lláh von Gott mandatiert, sie zur praktischen Umsetzung dieser Erkenntnis und damit zu ihrer Bestimmung zu führen.[461] Die Bestimmung der Menschheit liegt in der Annahme einer Struktur, die ein friedvolles und geordnetes Miteinander aller Erdenbürger unter der Herrschaft von Recht und Gerechtigkeit gewährleisten soll. Diese Struktur wird in einer am Horizont der Zeit zu gründenden, neuen Ordnung der Welt gesehen, die die Vereinigung der Menschheit in einem föderalen Weltgemeinwesen aller Staaten und Nationen der Erde auf den Weg bringen und zugleich verkörpern soll. Bahá'u'lláh will die Gesellschaft mit Hilfe der von ihm entworfenen „Neuen Weltordnung"[462] an das Ende ihrer Evolution tragen.[463] Nach dem Glauben der Bahá'í ist er erschienen, jenen zu diesem Zweck erforderlichen „Neubau der menschlichen Gesellschaft"[464] anzustoßen wie anzuleiten, sein Normenkorpus versteht sich als „Modell für eine künftige Gesellschaft" und als „das maßgebende Instrument für eine Vereinigung der Welt"[465]: Nach Shoghi Effendi hat Bahá'u'lláh

> "not only reaffirm[ed] that self-same exalted standard of individual conduct inculcated by the Prophets gone before Him, but...[embodied] in His appeal, to all governments and peoples, the essentials of that social code, that Divine Economy, which must guide humanity's concerted efforts in establishing that all-embracing federation which is to signalize the advent of the Kingdom of God on this earth."[466]

---

states and nations as members of one human family" (*The World Order of Bahá'u'lláh*, S. 43; vgl. auch *ebd.*, S. 61).

[460] „Es rühme sich nicht, wer sein Vaterland liebt, sondern wer die ganze Welt liebt. Die Erde ist nur ein Land, und alle Menschen sind seine Bürger" (Bahá'u'lláh, *Botschaften aus 'Akká* 11:13; vgl. auch 6:27, 8:58); „Ihr seid die Früchte eines Baumes, die Blätter eines Zweiges" (Bahá'u'lláh, *Botschaften aus 'Akká* 11:6; vgl. auch *ebd.* 8:58, *Ährenlese* 132:3). In einem Gebet Bahá'u'lláhs heißt es: „O Du gütiger Herr! Du hast die ganze Menschheit aus dem gleichen Stamm erschaffen. Du hast bestimmt, daß alle der gleichen Familie angehören... vereinige alle Völker, auf daß sie einander ansehen wie eine Familie und die ganze Erde wie eine Heimat" (zit. in: *Gebete* 196:1, 3).

[461] Daß Bahá'u'lláhs Aufgabe darin liegen soll, die Gesellschaft auf ihre Bestimmung zu führen, hält Shoghi Effendi wiederholt fest: siehe nur *The World Order of Bahá'u'lláh*, S. 163 f.; *The Promised Day is come*, S. 120 ff., 124; *Letters from the Guardian to Australia and New Zealand*, S. 43.

[462] zu diesem Begriff sowie zum Ganzen siehe IV 4.

[463] Shoghi Effendi, *The World Order of Bahá'u'lláh*, S. 43, 163 f.

[464] *The World Order of Bahá'u'lláh*, S. 186. Nach der Bahá'í-Schrift muß die Gesellschaft „neu gebaut und neu belebt" (*ebd.*, S. 194) werden – eine Aufgabe, die aus Bahá'í-Sicht nur die Bahá'í mit Hilfe der „gesellschaftsbildenden Kraft ihres Glaubens" (*ebd.*, S. 195) bewerkstelligen können. Sie folgen dabei nach 'Abdu'l-Bahá dem „göttlichen Arzt" Bahá'u'lláh, der „Rezepte zur Befreiung des Gemeinwesens von Krankheit" (*The Promulgation of Universal Peace*, S. 249) offenbart hat. Dessen „Lehren sind das Heilmittel für das Gemeinwesen, die... wahre Heilung für die Funktionsstörungen, die die Welt erleidet" (*ebd.*, S. 204).

[465] Shoghi Effendi, *The World Order of Bahá'u'lláh*, S. 19.

[466] *The World Order of Bahá'u'lláh*, S. 61.

Faßt man Gesellschaft als eine gegenüber der Summe der sie konstituierenden Individuen eigenständige Größe, so soll nach der Bahá'í-Lehre in der Gründung der neuen Ordnung und der darin liegenden Formierung einer „Weltgesellschaft“[467] durch das Bahá'ítum die Erlösung eben dieser Größe liegen: Es ist dies der Gedanke einer „Erlösung des gesamten Planeten durch seine Vereinigung“[468].

In den soeben dargestellten Zusammenhängen sowie auch in weiteren Gesichtspunkten[469] dokumentiert sich für das Bahá'ítum die zuvor dargestellte gesellschaftliche Ordnungsstiftungs-, Stabilisierungs-, und Wegweisungsfunktion von Religion. Daß diese in erster Linie durch das Bahá'í-Offenbarungsrecht und dessen Mechanismen der Rechtsfortschreibung vollzogen werden soll, liegt auf der Hand: Wenn Gott sich über Bahá'u'lláh an die Gesellschaft wendet und diese leiten, ordnen und normieren will, dann ist zuallererst das Bahá'í-Recht die Form, in die er seinen dahingehenden Willen gefasst hat.[470] Die Bahá'í-Religion sieht sich dezidiert als sozialgesellschaftliche Ordnungsmacht, und ihr Recht ist das Medium, in dem sich dieser Anspruch konkretisiert.

---

[467] *The World Order of Bahá'u'lláh*, S. 168, 203. Häufiger spricht Shoghi Effendi von einer „Weltzivilisation“ (für Schriftbelege siehe Anmerkung 669), die das Bahá'ítum hervorbringen soll.

[468] Shoghi Effendi, *The Promised Day is come*, S. 116; vgl. auch Bahá'u'lláh, *Kitáb-i-'Ahd* 14; 'Abdu'l-Bahá, *The Secret of Divine Civilization*, S. 73; Shoghi Effendi, *Dawn of a new day*, S. 87 f.; *The World Order of Bahá'u'lláh*, S. 47.

[469] So wendet sich Bahá'u'lláh nicht selten direkt an die Gesellschaft, vielfach repräsentiert durch ihre Stellvertreter: „In der Fülle Unserer Gunst und Gnade haben Wir eigens für die Herrscher und Amtsträger der Welt offenbart, was Schutz und Sicherheit, Ruhe und Frieden bewirkt“ (*Botschaften aus 'Akká* 8:52); „Er wandte sich an die Könige und Herrscher der Welt... und ließ sie wissen, was zu Wohlfahrt, Einheit, Eintracht und Erneuerung der Welt führt und was die Ruhe der Nationen sichert“ (*Brief an den Sohn des Wolfes*, S. 52); „Hielten sich die Menschen genau an das, was die Feder des Höchsten [=Bahá'u'lláh] im Roten Buche offenbart hat, so könnten sie alle Regelungen entbehren, die heute in der Welt wuchern. Gewisse Ermahnungen sind wiederholt aus der Feder des Höchsten geströmt, damit die Offenbarungen der Staatsgewalt und die Dämmerorte der Macht [=Könige und Herrscher der Welt] eines Tages befähigt werden, sie zu vollziehen“ (*Botschaften aus 'Akká* 7:24); vgl. auch *Botschaften aus 'Akká* 11:12.
Darüber hinaus finden sich in der Bahá'í-Schrift „Grundsätze zur Ordnung des gesellschaftlichen Lebens“ (*Botschaften aus 'Akká* 7:18 ff.), Gedanken zu einer gerechten Sozialordnung (siehe nur *Ansprachen in Paris*, Kap. 46), sowie zahlreiche sonstige politische oder zumindest gesellschaftsrelevante Weisungen und Wertungen (dazu siehe, mit zahlreichen Beispielen, Tajan Tober, *Ein föderaler Weltrechtsstaat am Ausgang der Zeit?*, S. 23 ff.). Als ein Spezifikum der Bahá'í-Religion läßt sich schließlich festhalten, dass sie in ihrer Selbstdeutung Vorkehrungen getroffen hat, die ihre ständige Adaption an den unablässigen gesellschaftlichen Wandel gestatten sollen (so Shoghi Effendi, *The World Order of Bahá'u'lláh*, S. 19 f., 22 f.).

[470] Bahá'u'lláh hat dies für sein Strafrecht exemplarisch verdeutlicht: „Bei der Formulierung der Grundsätze und Gesetze ist ein Abschnitt den Strafen gewidmet, die ein wirksames Mittel für die Sicherheit und den Schutz der Menschen darstellen“ (*Botschaften aus 'Akká* 7:31).

g) Das Bahá'í-Recht im Kontext der Bahá'í-Lehre vom unbedingten Wert einer rechtsgestifteten Gesellschaftsordnung

Dieses Bahá'í-Recht ist im Zusammenhang mit theoretischen Positionen der Bahá'í-Schrift zu sehen, denen zufolge alles Recht eine unverzichtbare Funktion darin erfüllt, die als notwendig gesehene Ordnung der Gesellschaft zu gewährleisten:

Zunächst ist der Gedanke der Notwendigkeit und des Wertes von Ordnung in den allgemeinen Lebensverhältnissen des Menschen ein zentrales Motiv der Bahá'í-Schrift:[471] Der Mensch muß sich, will er seinen Daseinszweck erfüllen und seiner hohen Bestimmung gerecht werden, von der durch Naturgesetze, Triebsteuerung und Instinktausübung bestimmten, normfrei-faktischen Ordnung der Natur emanzipieren und sich eine eigene, seiner würdige, ideelle Ordnung geben.[472] Dadurch erst schwingt er sich de facto von der Ebene des Tieres in das kategorial differente Reich des Menschen auf.[473] Das Ordnungspostulat geht sogar so weit, daß es Ordnung im menschlichen Sozialverband per se, also unabhängig von der Erfüllung materialer Kriterien, für wertvoll erklärt: Eine stabile gesellschaftlich-staatliche Ordnung ist nach der Bahá'í-Schrift, eben weil sie Ordnung stiftet, einem ordnungfreien Zustand stets vorzuziehen und darum Wert an sich,[474] so sehr sie auch im Einzelfall und jedenfalls insgesamt[475] der Verbes-

---

[471] Dieser sog. Ordnungsgedanke findet sich in: Bahá'u'lláh, *Botschaften aus 'Akká* 4:11, 6:19, 26, 7:18, 11:6; 'Abdu'l-Bahá, *Das Geheimnis göttlicher Kultur*, S. 41, 95; *Briefe und Botschaften* 227:21; *Beantwortete Fragen* 77:2, 78:5, 7; *Ansprachen in Paris*, Kap. 46; siehe zudem die nachfolgenden Fundstellen im Haupttext. Ausdruck des Ordnungsgedankens sind im übrigen auch die Legitimation der staatlichen Strafgewalt durch die Bahá'í-Schrift (vgl. Bahá'u'lláh, *Ährenlese* 116:3; 'Abdu'l-Bahá, *Beantwortete Fragen* 77:2, 3, 6, 10; *Ansprachen in Paris* 47:5; vgl. auch Bahá'u'lláh, *Botschaften aus 'Akká* 6:34), sowie deren Strafzwecklehre (vgl. 'Abdu'l-Bahá, *Beantwortete Fragen*, Kap. 77; *Briefe und Botschaften* 152, *Ansprachen in Paris* 47:3; siehe hierzu auch Udo Schaefer, *Crime and Punishment* sowie *Einige Anmerkungen zu den strafrechtlichen Bestimmungen im Kitábu'l-Aqdas*).

[472] 'Abdu'l-Bahá, *The Promulgation of Universal Peace*, S. 308 ff., 316 f., 329 f., 351 ff., 451 f.; siehe auch *ebd.*, S. 40 f., 177 f., 262 f., 295 f., 400, 465 ff.; *Beantwortete Fragen* 29:2 f., 5 ff.

[473] 'Abdu'l-Bahá, *The Promulgation of Universal Peace*, S. 41, 241 f., 262 f., 316 f., 353; *Ansprachen in Paris* 2:1 ff. Hintergrund dieser Aussage ist die Einteilung der physischen Welt durch 'Abdu'l-Bahá in vier Ebenen oder Reiche: Das Mineral-, Pflanzen, Tier- und das Menschenreich (dazu siehe *Beantwortete Fragen*, Kap. 3, 15, 40:6, 57:4, 59:6, 62:1 ff.; *Brief an Forel*, S. 16, 20; *Briefe und Botschaften* 21:2 ff.).

[474] Für Schriftbelege siehe nachfolgend im Text. Dieser Gedanke hat gesicherte soziale Verhältnisse und gesellschaftliche Stabilität, vermittelt durch Rechtssicherheit, im Blick: „In order to establish a better social order and economic condition, there must be allegiance to the laws and principles of government" ('Abdu'l-Bahá, *The Promulgation of Universal Peace*, S. 238). Es ist dies der in der Rechtsphilosophie entwickelte, klassische Rechtssicherheitsgedanke etwa bei Thomas Hobbes (dazu siehe Hans Welzel, *Naturrecht und materiale Gerechtigkeit*, S. 116 ff.), Gustav Radbruch (*Rechtsphilosophie*, S. 73 ff., 96 ff.; *Der Zweck des Rechts*, S. 96 ff.), oder Hans Welzel (*Recht und Sittlichkeit*, S. 47 ff.), den Goethe wie folgt pointiert

serung bedarf. Zahllos daher die Ermahnungen der Bahá'í-Schrift, die staatliche Autorität zu respektieren und ihre Ordnung wieder herzustellen respektive intakt zu lassen, zahllos die Warnungen vor Aufruhr, sozialer Unruhe und die Verurteilungen von Unruhestiftern[476]:

> „Was der Menschheit an diesem Tage Not tut, ist Gehorsam gegen die, welche die Gewalt in Händen haben... Die wesentlichen Mittel für den unmittelbaren Schutz, die Ruhe und Sicherheit des Menschengeschlechts sind den Führern der menschlichen Gesellschaft anvertraut und liegen in ihrer Gewalt."[477] „Des weiteren ist jedermann gehalten, seiner Regierung Gehorsam, Unterordnung und Loyalität zu erweisen. Heutzutage befindet sich kein Staat der Welt in einem Zustand des Friedens und der inneren Ruhe; denn im Volk sind Sicherheit und Vertrauen verschwunden. Regierte und Regierende sind gleichermaßen in Gefahr."[478] „Dieser Diener bittet und drängt jede gewissenhafte, wagemutige Seele, sich bis zum äußersten anzustrengen und sich aufzumachen, in allen Bereichen die Lebensverhältnisse wieder in Ordnung zu bringen."[479]

Bahá'u'lláh spricht vom „widerlichen Gestank der Gesetzlosigkeit", der vertrieben werden müsse,[480] und weist dem Prinzip „Lohn und Strafe"[481], dessen Anwendung im Sinne einer iustitia distributiva gesicherte gesellschaftliche Verhältnisse gewährleisten soll, einen Fundamentalrang zu. Nach 'Abdu'l-Bahá gilt zusammenfassend:

---

hat: „Es ist besser, es geschehe dir Unrecht, als die Welt sei ohne Gesetz. Darum füge sich jeder dem Gesetze" (Goethe, *Maximen und Reflexionen* 832).
Hier liegt im übrigen der tiefere und eigentliche Grund für die Pflicht des Bahá'í zu umfassendem Gehorsam und uneingeschränkter Loyalität gegenüber dem Staat (siehe nur Bahá'u'lláh, *Kitáb-i-'Ahd* 5, 7; *Brief an den Sohn des Wolfes*, S. 86; 'Abdu'l-Bahá, *Briefe und Botschaften* 225:30; Shoghi Effendi, *The World Order of Bahá'u'lláh*, S. 64), die nur durch eine enge salvatorische Klausel beschränkt ist (siehe Shoghi Effendi, *Directives from the Guardian*, Nr. 153, S. 57; Brief vom 11. Februar 1934, zit. in: *Lights of Guidance*, S. 446, Nr. 1455).

[475] Eine pronocierte Wendung Bahá'u'lláhs lautet: „Ach, die Winde der Verzweiflung wehen aus jeder Richtung, und der Hader, der das Menschengeschlecht spaltet und peinigt, nimmt täglich zu. Die Zeichen drohender Erschütterungen und des Chaos sind jetzt deutlich zu sehen, zumal die bestehende Ordnung erbärmlich mangelhaft erscheint" (*Botschaften aus 'Akká* 11:27).

[476] Siehe Bahá'u'lláh, *Kitáb-i-Aqdas* 64; *Botschaften aus 'Akká* 4:11, 13:13; *Ährenlese* 113:11; *Brief an den Sohn des Wolfes*, S. 36, 37; 'Abdu'l-Bahá, *Das Geheimnis göttlicher Kultur*, S. 91; vgl. auch Bahá'u'lláh, *Botschaften aus 'Akká* 11:25.

[477] Bahá'u'lláh, *Ährenlese* 102:1.

[478] 'Abdu'l-Bahá, *Briefe und Botschaften* 225:28.

[479] Bahá'u'lláh, *Botschaften aus 'Akká* 11:28.

[480] *Botschaften aus 'Akká* 11:17.

[481] Bahá'u'lláh, *Botschaften aus 'Akká* 3:25, 6:25, 8:55, 61, 11:6; siehe auch 'Abdu'l-Bahá, *Ansprachen in Paris*, Kap. 49. Bahá'u'lláh bezeichnet dieses Prinzip als „Streitmacht", durch die das „Königszelt der Ordnung über der ganzen Welt errichtet" werde (*Botschaften aus 'Akká* 11:6; vgl. auch 'Abdu'l-Bahá, *Ansprachen in Paris* 49:3).

> „In der Menschenwelt muß stets das Gesetz der Ordnung walten. So hat es der Himmel, als er den Menschen erschuf, verordnet.“[482]

Nun kann sich das Bahá'ítum mit der Minimalforderung, die staatliche Ordnung um ihrer Rechtssicherheitsgewährleistung willen zu respektieren, nicht begnügen, und postuliert dezidiert eigene gesellschaftliche, insbesondere ordnungsrelevante Ideale, wie sie plakativ in der Formel „Einheit der Menschheit“ zusammengefasst sind.[483] Entscheidend ist dabei, daß die bedeutende Aufgabe, eine den Idealen der Bahá'í entsprechende Ordnung in der Welt zu schaffen, dem Recht obliegen soll:

> „Eine weitere Lehre Bahá'u'lláhs handelt von Recht und Gerechtigkeit. Ehe nicht Recht und Gerechtigkeit in dieser Welt verwirklicht sind, wird alles in Unordnung sein und unvollkommen bleiben. Die Menschenwelt ist dann eine Welt der Unterdrückung und der Grausamkeit, ein Reich der Aggression und des Irrtums.“[484]

Daß das Recht als das eigentliche Instrument gesehen wird, eine gerechte und würdige Ordnung unter den Menschen zu stiften, wird auch an folgender Aussage Bahá'u'lláhs ersichtlich:

> „Wir hegen die Hoffnung, daß das Licht der Gerechtigkeit über die Welt scheine und sie von aller Tyrannei heilige. Wenn die Herrscher und Könige der Erde... sich erheben und beschließen, sich dem zu weihen, was das höchste Wohl der ganzen Menschheit fördert, dann wird die Herr-

---

[482] *Ansprachen in Paris* 46:5.

[483] Im übrigen forderte 'Abdu'l-Bahá mit Blick auf gesellschaftliche Ideale Folgendes: „Erst wenn Zucht, Ordnung und gute Regierung eine Stufe erreichen, auf der es einem Bürger auch mit äußerster Anstrengung nicht gelänge, um Haaresbreite vom Pfade der Rechtschaffenheit abzuweichen – erst dann können die gewünschten Reformen als abgeschlossen betrachtet werden“ (*Das Geheimnis göttlicher Kultur*, S. 24). Diese Aussage legt nahe, dass sich die Bahá'í-Lehre rechtes menschliches Verhalten ganz entscheidend auch dadurch verspricht, dass eine gerechte Ordnung nicht nur dessen Möglichkeitsvoraussetzung liefert, sondern dieses auch objektiv erzwingt, jedenfalls grobes Unrecht von Menschen gegeneinander unterbindet oder zumindest sanktioniert. Die Ordnung als das Produkt Vieler ist stets klüger und besser als der Einzelne; sie kann zudem Gerechtigkeit auch da einfordern, wo die Motivierungsmechanismen des Einzelnen zu rechtem Sozialverhalten versagen. Auch die sonstigen Wertungen der Bahá'í-Schrift zur künftigen Rolle staatlicher Ordnung machen deutlich, daß die Erlösung der Gesellschaft wie auch des Einzelnen aus Bahá'í-Sicht nicht allein im Individuum ihren Ausgangspunkt haben sollen, sondern in einer Struktur, die sich heilsam auf das Individuum und seine soziale Existenz auswirken soll. Der neue Mensch ist also „neu“ gerade auch durch die neue Ordnung, und nicht etwa allein aus sich selbst heraus. Der Gedanke einer Welt, in der eines Tages umfassende Gerechtigkeit und völliger Friede herrschen, allein weil der Einzelne – unabhängig von gesellschaftlichen Bedingungen – geläutert ist; einer Welt also, die keiner Ordnungsstrukturen und keines Rechtszwanges mehr bedarf, weil der Einzelne von sich aus stets das Rechte tut, dieser Gedanke ist mit dem Bahá'í-Denken inkompatibel. Daß die staatliche Ordnung gerechte Verhältnisse und rechtes Sozialverhalten erzwingen soll, ist freilich kein neuer Gedanke. Es steht daher anzunehmen, daß das Konzept des Rechtsstaates der Forderung 'Abdu'l-Bahás entspräche.

[484] 'Abdu'l-Bahá, *Briefe und Botschaften* 227:25.

> schaft der Gerechtigkeit sicherlich unter den Menschenkindern errichtet, und ihre Lichtstrahlen werden die ganze Erde erleuchten."[485]

Der arabische Urtext gebraucht hier das mit „Gerechtigkeit" übersetzte Wort *'adl*, das wie schon erwähnt eine besondere Form der Gerechtigkeit meint, die institutionelle, objektive Gerechtigkeit[486]. *'Adl* hat seinen Platz im Recht und seiner Ordnungsmacht. Insoweit wird hier von Bahá'u'lláh mit seiner Forderung nach einer weltweiten „Herrschaft der Gerechtigkeit" – gerade vor dem Hintergrund der sonstigen einschlägigen Schriftaussagen[487] – die Etablierung weltweiter rechts- und verfassungsstaatlicher Strukturen postuliert.[488]

Die gleiche Autorität, der das Bahá'í-Recht seine Existenz verdankt, weist also dem Recht per se als Stifter geordneter und gerechter Gesellschaftsverhältnisse eine eminente Bedeutung zu. Hier schließt sich der Kreis mit den vorherigen Gedankengängen, wonach Religion „Mittel der Ordnung"[489] ist: Wenn das Bahá'ítum gestiftet wurde, um dezidierter und konkreter als jemals zuvor in der Religionsgeschichte eine bestimmte Ordnung zu stiften, und diese Aufgabe durch sein Offenbarungsrecht mitsamt dessen Rechtsfortschreibungssystem zu erfüllen beabsichtigt, so fügt sich dies kohärent in den Befund jener These von der unverzichtbaren Fuktion allen Rechts.

h) Maßstab der Gerechtigkeit: Zur materialen Dimension des Bahá'í-Rechts

Steht das Bahá'í-Recht unmittelbar im Zusammenhang mit einer Theorie der *gerechten* Gesellschaftsordnung, so stellt sich die Frage, wie es mit seinen materialen Eigenschaften bestellt ist. Das Bahá'í-Recht versteht sich wie alles, was der Feder einer Manifestation Gottes entstammt, als Wort Gottes, und teilt seinem Selbstverständnis nach daher auch die Charakteristika des Göttlichen: Es erhebt wie die gesamte Bahá'í-Schrift den Anspruch, Wahrheit und Gerechtigkeit zu verkörpern:

---

[485] *Botschaften aus 'Akká* 11:6; siehe zudem *ebd.* 3:25, 6:25, 8:55, 61.

[486] Als Gegensatz zur sog. subjektiven Gerechtigkeit, die einen Tugendwert des Individuums verkörpert (vgl. hierzu Arthur Kaufmann, *Rechtsphilosophie*, S. 153). Die objektive Gerechtigkeit ist das höchste Prinzip zur Rechtfertigung von Staat und staatlicher Ordnung.

[487] Etwa zur Notwendigkeit der weltweiten Einführung allgemeiner Menschenrechte (dazu siehe Anmerkung 720) oder der von Bahá'u'lláh immer wieder gegeißelten staatlichen Willkürherrschaft, Tyrannei und Unterdrückung (*Kitáb-i-Aqdas* 73, 148; *Botschaften aus 'Akká* 6:24, 26, 7:6, 24, 11:7, 8, 11, 23, 52, 14:11; *Die Verborgenen Worte* pers. 64; vgl. auch 'Abdu'l-Bahá, *Briefe und Botschaften* 129:11).

[488] vgl. Udo Schaefer, *Das Recht der Religionsgemeinschaft der Bahá'í*, S. 24.

[489] Bahá'u'lláh, *Kitáb-i-'Ahd* 12.

„Das Wesen all dessen, was Wir für Dich offenbarten, ist die Gerechtigkeit.“[490] „Aus Meinem Munde geht nichts hervor als das Wesen der Wahrheit, die der Herr, euer Gott, offenbart.“[491] „Wahrlich, der Tag der Ernte ist gekommen, und alle Dinge wurden voneinander geschieden. Er [=Gott] hat das, was er wollte, in den Gefäßen der Gerechtigkeit verwahrt und ins Feuer geworfen, was diesem verfallen ist.“[492] „Wir haben in allen Lebenslagen den Menschen anbefohlen, was rechtens ist, und ihnen verboten, was falsch ist.“[493] „Wer gerecht denkt und urteilt, wird, wenn er über unsere Verkündigung nachsinnt, mit seinem inneren wie mit seinem äußeren Auge die Sonne der Gerechtigkeit wahrnehmen, wie sie mit ihrem Strahlenglanz daraus hervorleuchtet.“[494] „Du hast Mich auch über die Gebote Gottes befragt. Wisse fürwahr: Alles, was im Buche vorgeschrieben ist, ist die Wahrheit; es gibt keinen Zweifel daran...“[495] „Durch Ihn [=Bahá'u'lláh] wird Wahrheit vom Irrtum geschieden und die Weisheit eines jeden Gebotes geprüft.“[496]

Der Gedanke der absoluten Gerechtigkeit[497] des Gotteswortes ist auch ausdrücklich für den Normenkorpus des Bahá'ítums, dessen Herzstück das Bahá'í-Recht bildet, bekräftigt:

„Die Gesetze Gottes sind keine Auflagen des Willens noch der Macht oder des Beliebens, sondern Ergebnisse der Wahrheit, der Vernunft und der Gerechtigkeit.“[498] „Wisse wahrlich, daß das Wesen der Gerechtigkeit und ihr Urquell in den Gesetzen verkörpert sind, die Er, die Manifestation des göttlichen Selbstes unter den Menschen, verordnet hat... Er ist wahrlich für die ganze Schöpfung das Mensch gewordene höchste und unfehlbare Richtmaß der Gerechtigkeit. Wäre Sein Gesetz so, daß es die Herzen aller im Himmel und auf Erden mit Schrecken erfüllte, so wäre es

---

490 Bahá'u'lláh, *Botschaften aus 'Akká* 10:23; vgl. ein Gebet Bahá'u'lláhs, in dem es in Bezug auf Gott heißt: „Alles, was Du tust, ist reine Gerechtigkeit“ (*Gebete und Meditationen* 160:2).

491 Bahá'u'lláh, *Ährenlese* 153:8.

492 Bahá'u'lláh, Suriy-i-Haykal 126, in: *The Summons of the Lord of Hosts*, S. 65.

493 Bahá'u'lláh, *Brief an den Sohn des Wolfes*, S. 47.

494 Bahá'u'lláh, *Botschaften aus 'Akká* 7:30; vgl. auch *Ährenlese* 46:2.

495 Bahá'u'lláh, *Botschaften aus 'Akká* 12:23.

496 Bahá'u'lláh, *Lawh-i-Ahmad* 2, in: *Gebete* 237:2. Nach Bahá'u'lláh kann anhand seiner Gesetze „die Wahrheit von Falschheit unterschieden und gesondert werden“ (*Ährenlese* 133:2). Bahá'u'lláh beschreibt sich als ihn, „den Gott zum Schwerte Seiner Offenbarung zwischen Himmel und Erde bestimmt, Wahrheit vom Irrtum zu trennen“ (*Botschaften aus 'Akká* 12:16). Über Muhammad schreibt Bahá'u'lláh (vor dem Hintergrund seines Einheitsparadigmas): Er „kam mit einem Buch, welches zwischen Wahrheit und Falschheit mit solcher Gerechtigkeit schied, daß sich das Dunkel der Erde in Licht verwandelte“ (*Botschaften aus 'Akká* 14:2).

497 Wenn die Normen der Bahá'í-Schrift hier als *absolut* gerecht bezeichnet werden, dann, weil sie beanspruchen, objektiv für jedermann zu gelten. Wir haben es hier mit Werten zu tun, die ihrem Selbstverständnis zufolge in ihrer Geltung vom moralischen Subjekt unabhängig sind (andernfalls wäre nur eine relative Gerechtigkeit gegeben); zur Unterscheidung zwischen absoluter und relativer Gerechtigkeit siehe Hans Kelsen, *Reine Rechtslehre*, S. 69, 401 f., 434 f., 441.

498 'Abdu'l-Bahá, *Ansprachen in Paris* 47:1.

> dennoch nur offenbare Gerechtigkeit."[499] „Das Gesetz Gottes, von dem der Windhauch der Gerechtigkeit über alle im Himmel und auf Erden weht."[500]

Für das Bahá'í-Recht gilt zudem, was für die Bahá'í-Schrift insgesamt gilt: Es beansprucht, letzter und höchster Maßstab für den Menschen zu sein:

> „Höret auf die Verse Gottes... Sie sind gewißlich die unfehlbare Waage, aufgestellt von Gott, dem Herrn dieser und der künftigen Welt."[501] „Wäget das Buch Gottes[502] nicht mit solchen Gewichten und Wissenschaften, wie sie bei euch im Schwange sind, denn das Buch selbst ist die untrügliche Waage, die unter den Menschen aufgestellt ist. Auf dieser vollkommenen Waage muß alles gewogen werden, was die Völker und Geschlechter der Erde besitzen."[503] „Dies ist die unfehlbare Waage, die Gott in Händen hält. Auf ihr werden alle in den Himmeln und auf Erden gewogen, und ihr Schicksal wird danach bestimmt."[504]

i) Kontingent und arbiträr: Das Bahá'í-Recht als Produkt souveräner göttlicher Dezision

Das Bahá'í-Recht bildet aus Sicht der Bahá'í-Theologie nun entscheidender Weise nicht deshalb einen letztgültigen Maßstab, weil es von absoluter Gerechtigkeit ist, sondern einzig und allein, weil es dem göttlichen Willen entstammt. Nicht sein Inhalt, sondern allein seine Provenienz macht es zum criterium veritatis und untrüglichen Richtmaß für den Menschen. Denn Gott ist, so der Glaube der Bahá'í, von grenzenloser Souveränität, seine Allmacht kennt keine Schranken:

---

[499] Bahá'u'lláh, *Ährenlese* 88:1.

[500] Bahá'u'lláh, *Botschaften aus 'Akká* 14:2.

[501] Bahá'u'lláh, *Kitáb-i-Aqdas* 148.

[502] Diese Aussage Bahá'u'lláhs bezieht sich auf den Kitáb-i-Aqdas, gilt aber *pars pro toto* für die gesamte Bahá'í-Offenbarung.

[503] Bahá'u'lláh, *Kitáb-i-Aqdas* 99.

[504] Bahá'u'lláh, *Kitáb-i-Aqdas* 183; vgl. auch *ebd.* 17. Der in der Schrift gesehene, göttliche Maßstab wird den stets menschlich-fehlbar bleibenden Maßstäben des Menschen entgegengestellt: „Dieser Tag... war und ist niemals der Tag, an dem menschengemachte Künste und Wissenschaften dem Menschen als wahrer Maßstab gelten können" (*Brief an den Sohn des Wolfes*, S. 32 f.). Denn nach 'Abdu'l-Bahá gilt: „All human standards of judgement are faulty, finite" (*The Promulgation of Universal Peace*, S. 22). Bahá'u'lláhs Mahnung an die Menschen lautet daher: „Haltet euch fest an Seinen [=Gottes] Satzungen und Befehlen und zählt nicht zu denen, die, eitlen Einbildungen und wertlosen Vorstellungen folgend, sich an ihre selbstgezimmerten Maßstäbe halten und das von Gott verfügte Richtmaß verwerfen" (*Kitáb-i-Aqdas* 17).
Zum Bild der durch Gott, die „absolute Wahrheit" (Báb, *Eine Auswahl aus Seinen Schriften* 1:4:6) aufgestellten, in seiner jüngsten Offenbarung liegenden „Waage (göttlicher Gerechtigkeit)" siehe Bahá'u'lláh, *Botschaften aus 'Akká* 17:87; *Ährenlese* 118:5, 70:3, 17:1, 114:12, 129:5, 135:4; *Brief an den Sohn des Wolfes*, S. 115, 118.

> „Er tut was er will, und verordnet, was ihm gefällt."[505] „Er tut was ihm gefällt. Er wählt, und niemand darf seine Wahl in Frage stellen."[506] „Er hat in Wahrheit die Macht zu gebieten, was Er wünscht, und kraft Seiner souveränen Macht tut Er, was Er will."[507]

In einem Gebet des Báb heißt es über Gott:

> „Du verleihst, wem Du willst, unumschränkte Gewalt und nimmst sie, wem Du willst. Du erhöhst, wen Du willst, und demütigst, wen Du willst. Du machst siegreich, wen Du willst, und erniedrigst, wen Du willst. Du gewährst Wohlstand, wem Du willst, und bringst in Armut, wen Du willst. Du lässest, wen Du willst, obsiegen über wen Du willst."[508]

Dieser Gott befindet folglich in souveräner Wahl darüber, was Recht und Unrecht, Gut und Böse, Wahrheit und Irrtum ist. Nach diesem voluntaristischen Gottesbild bestimmt er allein, was des Menschen Richtmaß ist. Wenn das Bahá'í-Recht den Anspruch erhebt, Maßstab für den Menschen zu sein, dann entsprechend nur, weil es sich auf eine Stiftung durch Gott beruft. Es ist mithin ein formales Kriterium, nämlich das der (Rechts)Quelle, das seine Maßstabseigenschaft begründet. Die materialen Eigenschaften des Bahá'í-Rechts ihrerseits erwachsen nicht aus der Übereinstimmung mit einem übergeordneten inhaltlichen Maßstab, sondern sind ihm inhärent, weil es als Produkt göttlicher Dezision selbst den schlechthinnigen Maßstab verkörpert. Gut und Böse, gerecht und ungerecht, recht und unrecht sind nach alledem Wertigkeiten, die a priori durch Gottes souveränen Willen definiert werden.[509] In provozierender Sprachwahl hat Bahá'u'lláh die definitorische Allgewalt Gottes immer wieder bekräftigt:

> „Würde Er erklären, Wasser sei Wein, Himmel sei Erde oder Licht sei Feuer, so spräche Er die Wahrheit, und es gäbe keinen Zweifel daran; keiner hätte das Recht, Seine Vollmacht anzuzweifeln oder warum und wofür zu fragen."[510] „Würde Er verkünden, rechts sei links oder Süd sei Nord, so spräche Er die Wahrheit, und es gäbe keinen Zweifel daran."[511]

---

505 Bahá'u'lláh, *Botschaften aus 'Akká* 8:71; vgl. zudem *ebd.* 8:19, 12:12; *Ährenlese* 59:3; *Gebete und Meditationen* 99:2; vgl. ferner Brief an den Sohn des Wolfes, S. 19; *Botschaften aus 'Akká* 5:13, 6:56, 8:17; *Ährenlese* 113:11.

506 Bahá'u'lláh, *Kitáb-i-Aqdas* 7.

507 Bahá'u'lláh, *Kitáb-i-Aqdas* 20; vgl. auch *ebd.* 62, 131 157 sowie *Ährenlese* 103:6.

508 *Eine Auswahl aus Seinen Schriften* 7:42; siehe ferner Bahá'u'lláh, *Botschaften aus 'Akká* 9:39, 12:12, 13, 15.

509 Die These der sog. ideellen Naturrechtslehre, die in den naturrechtlichen Normen gesehenen absoluten Werte seien selbst Gott vorgeordnet und er unweigerlich an sie gebunden (so u.a. Platon, Thomas von Aquin, Gottfried Wilhelm Leibniz; zum Ganzen siehe Hans Welzel, *Naturrecht und materiale Gerechtigkeit*, passim), ist im Hinblick auf das dahinter stehende, sog. nominalistische Gottesbild mit dem der Bahá'í-Theologie unvereinbar.

510 Bahá'u'lláh, *Botschaften aus 'Akká* 8:17.

511 Bahá'u'lláh, *Botschaften aus 'Akká* 8:19; vgl. auch folgende Aussage Bahá'u'lláhs über Muhammad, in der sich das Einheitsparadigma der Bahá'í-Theologie zeigt: „Würde Er erklären, Rechtes sei falsch oder Leugnung sei Glaube, so spräche Er die Wahrheit, wie Gott es befiehlt" (*Botschaften aus 'Akká* 8:18).

> „Würde Er erlauben, was seit unvordenklichen Zeiten verboten war, und verbieten, was zu allen Zeiten als erlaubt galt, so hätte niemand das Recht, Seine Allgewalt in Frage zu stellen. Wer zögert, und sei es weniger als einen Augenblick, soll als Übertreter gelten.“[512]

Im Hinblick auf das Bahá'í-Recht und seinen als göttlich gesehenen Urheber gilt daher die von Thomas Hobbes auf die definitorische Allmacht der Staatsgewalt bezogene Formel: „auctoritas, non veritas facit legem“[513] entsprechend. Auf die Frage: Was ist Gerechtigkeit?[514], ist aus Bahá'í-Sicht zu antworten: Gerechtigkeit ist zuallererst das, was Gott mittels seiner Heiligen Schrift als solche ausweist. Demgemäß wäre auf die berühmte Frage Platons: „Ist das Gerechte darum gerecht, weil es Gott wohlgefällt, oder gefällt es Gott, weil es gerecht ist?“[515] zu antworten, daß das Gerechte allein deshalb gerecht ist, weil es Gott wohlgefällt.[516] Ähnliches gilt für die von den Naturrechtlertheologen des Mittelalters aufgeworfene Frage: Hat Gott das Recht gesetzt, weil es Recht ist, oder ist es Recht, weil Gott es gesetzt hat?[517] – hier ist im Hinblick auf das Bahá'í-Recht zu antworten, daß dieses seinem Selbstverständnis nach Recht allein ist, weil Gott es gesetzt hat.

Gegenüber den Normen des Bahá'í-Rechts sind nach der Bahá'í-Theologie in Anbetracht ihrer Ursprünglichkeit in der potentia Dei absoluta wie schon gegenüber der gesamten religiösen Botschaft ausschließlich Gehorsam, unbedingter Glaube und Unterwerfung, die aus Bahá'í-Sicht das Wesen von Religion ausmachen,[518] angemessen:

> „Wenn Meine Gesetze wie die Sonne am Himmel Meiner Rede erscheinen, müssen alle sie getreulich befolgen, selbst wenn Mein Gebot den Himmel einer jeden Religion spaltete. Er tut, was Ihm beliebt. Er wählt,

---

[512] Bahá'u'lláh, *Kitáb-i-Aqdas* 162; ein konkretes Beispiel für einen göttlichen Dezisionsakt findet sich in: *Botschaften aus 'Akká* 8:74.

[513] *Leviathan* cap. 26.

[514] vgl. Hans Kelsen, *Was ist Gerechtigkeit?*

[515] Eutyphron 10 A, in: *Drei große Dialoge.*

[516] An dieser Stelle stimmt das voluntaristische Gottesbild eines Paulus', Augustinus', Johannes Duns Scotus', Wilhelm von Ockams', Luthers' oder Calvins' (dazu siehe Hans Welzel, *Naturrecht und materiale Gerechtigkeit*, S. 50 f., 52 ff., 71 ff., 83 f., 104 f.) grundsätzlich mit dem der Bahá'í-Theologie überein. Für dieses gilt sinngemäß, was Hans Welzel zusammenfassend über die Position Johannes Duns Scotus' schrieb: „Über Gott steht... kein höheres Gesetz, sein Wille schafft erst jegliches Gesetz, darum ist sein Handeln so, wie er verfährt, stets notwendig richtig und geordnet.... Gott handelt so, wie er handelt, stets gerecht. Er ist an keine vorgängigen ideellen Ordnungen gebunden, sondern alle Gesetze sind kontingente Willenssetzungen Gottes“ (*Naturrecht und materiale Gerechtigkeit*, S. 72).

[517] Hans Welzel (*Naturrecht und materiale Gerechtigkeit*, S. 62) verweist hier auf Thomas von Aquin (*Summa theologica* II 2 qu. 57, 2 ad 3).

[518] Bahá'u'lláh, *Kitáb-i-Aqdas* 125; *Botschaften aus Akká* 10:2, 4, 5:11; *Kitáb-i-Iqan*, S. 278.

> und niemand darf Seine Wahl in Zweifel ziehen. Was Er, der Vielgelieb-
> te, bestimmt, ist wahrlich geliebt."[519]

j) Das Recht der Bahá'í als absolut gerechter Wille Gottes für die Gesellschaft: ius divinum

aa) Das Bahá'í-Recht als ius divinum

Ausgangspunkt der ersten, grundlegenden theologischen Dimension des Bahá'í-Rechts ist nach alledem die Erkenntnis, daß es nach dem Glauben der Bahá'í Produkt wie Zeugnis der Liebe ist: Aus Liebe hat Gott den Menschen erschaffen, und aus Liebe zu ihm offenbart er sich ihm und setzt dabei unter anderem Normen des Rechts. Er stiftet Religionen, die seinen Willen, seine Gnade und sein Heil transportieren, indem er sich in der Offenbarergestalt, dem Bindeglied zwischen der ewig unerreichbaren Welt Gottes und dem Menschen, manifestiert. Dies zu dem Zweck, sowohl das fallible, rechtleitungsbedürftige Individuum – aus Liebe – auf seine Bestimmung führen, als auch die Gesellschaft zu unterweisen, zu leiten und zu erlösen. Erlösung der Gesellschaft meint hier weniger einen transzendenten Vorgang als eine reale Besserung der menschlichen Lebensverhältnisse, sie meint Frieden, Freiheit und Wohlfahrt für alle Menschen: Gott will, daß es der Menschheit gut geht, ja bestmöglich soll es ihr gehen, und darum offenbart er sich und gibt ihr unter anderem sein Recht.

Bahá'u'lláh ist den Bahá'í als „Manifestation Gottes" der Träger des dahingehenden göttlichen Willens. Seine Mission besteht neben der moralischen Erziehung des Einzelnen ganz entscheidend darin, die Gesellschaft von Grund auf zu erneuern – ihr als notwendig gesehener Fortschritt und ihre schließliche Erlösung bilden einen Fokalpunkt seiner Botschaft. Auf einer Linie mit dieser in der Religionsgeschichte präzedenzlos weltimmanenten Ausrichtung des Bahá'ítums liegt da die Bedeutung, die dem Recht als Instrument zur Herstellung einer gerechten gesellschaftlichen Ordnung zugewiesen wird.

Gott offenbart sich also in Bahá'u'lláh, um gerade auch der Gesellschaft etwas zu geben: Sein Programm zu ihrer finalen Erlösung. Das Bahá'í-Recht steht im Zentrum dieses Programms, es bildet das Herzstück jenes normativen Codes, dessen die Gesellschaft aus Bahá'í-Sicht zu ihrer Orientierung unbedingt bedarf. Das Bahá'í-Recht ist also auf die Erlösung der Gesellschaft gerichtet.[520]

---

[519] Bahá'u'lláh, *Kitáb-i-Aqdas* 7; siehe zudem Bahá'u'lláh, *Kitáb-i-Aqdas* 17, 29, 62, 67, 71, 147, 148, Fragen und Antworten 10; *Botschaften aus 'Akká* 5:13, 10:2, 4, 10; *Ährenlese* 37:1.

[520] Die konkrete Rolle und Funktion des Bahá'í-Rechts in ihrer Herbeiführung verkörpert indessen eine eigene rechtstheologische Anspruchsdimension (dazu siehe IV 4). Entsprechend gilt: Wenn das Bahá'í-Recht in seiner ersten, grundlegenden theologischen Anspruchsebene Ausdruck der gesellschaftlichen Ordnungsstiftungsfunktion von Religion ist, so zeigt erst ein

Bahá'u'lláh richtet sich als „heiliger Gesetzgeber“[521] an die gesamte Menschheit und überbringt ihr Gottes in Recht gegossenen Willen – so der Glaube der Bahá'í. Mithin stammt das Bahá'í-Recht seinem Selbstverständnis nach von außerhalb der natürlichen Schöpfung, nach der Drei-Welten-Lehre kommt es aus der sog. „Welt des Befehls“[522] der Manifestation Gottes und verkörpert dabei, wie die gesamte Schrift, „nichts anderes als den Befehl Gottes“[523].

Das Bahá'í-Recht teilt in materialer Hinsicht die Eigenschaften der Bahá'í-Schrift, es wird als unfehlbares Normengefüge von absoluter Gerechtigkeit gesehen, das durch arbiträre göttliche Dezision entsteht: In schrankenloser Souveränität offenbart Gott sich dem Menschen, um ihm einen untrüglichen Maßstab zu geben, um ihm zu zeigen, was mit Blick auf die Gesellschaft seinem Schöpfungsplan entspricht. Manche Gebiete des Bahá'í-Rechts wie beispielsweise das Erb- oder Eherecht erschöpfen sich weitgehend in diesem funktionalen Anspruch, ihren Sachbereich in vollkommener Gerechtigkeit zu regeln, dem Menschen mithin anzuzeigen, was mit Blick auf die jeweilige Sachmaterie gerecht ist. Diese Rechtsgebiete, zu denen noch weitere, heute noch unerschlossene Rechtsfelder des ergänzenden Bahá'í-Rechts hinzutreten sollen, haben keine weitergehende Funktion als diejenige, untrügliches Richtmaß, oder nach dem Bild der Bahá'í-Schrift, unfehlbare Waage zu sein.[524]

Weil das Bahá'í-Recht sich auf den allmächtigen Gott und Schöpfer zurückführt, verlangt es im übrigen für die Zeit, die es in Geltung steht, strikten Gehorsam. Dieser soll nicht in Gestalt eines rigiden, legalistischen Gesetzesvollzugs erfolgen, sondern mit innerer Hingabe und in Liebe zu Gott.[525] Das Bahá'í-Recht

---

weiterer, konkreterer theologischer Anspruch an, wie sich diese realisieren soll, insbesondere, welche Ordnung ganz konkret das Bahá'í-Recht stiften soll.

521 'Abdu'l-Bahá, *Beantwortete Fragen* 40:6; vgl. auch *ebd.* 43:3; Shoghi Effendi, *God passes by*, S. 93; Das Universale Haus der Gerechtigkeit, *Die Verfassung des Universalen Hauses der Gerechtigkeit*, Treuhandschaftserklärung Abs. 4; Bahá'u'lláh, *Brief an den Sohn des Wolfes*, S. 29; vgl. ferner *Botschaften aus 'Akká* 6:34, 7:39, 9:7, 17:35; *Gebete und Meditationen* 163:3.

522 *'álamu'l-amr*, auch Welt der Offenbarung (siehe Anmerkung 429).

523 Bahá'u'lláh, *Botschaften aus 'Akká* 9:10.

524 So beispielsweise auch, falls das Bahá'í-Recht grundlegende Richtlinien für ein Zivil-, Arbeits- oder sonstiges Wirtschaftsrecht setzen würde. Andere Rechtsmaterien wie das Bahá'í-Strafrecht oder das Gemeindeordnungsrecht erfüllen dagegen auch andere Funktionen: Das Strafrecht soll beispielsweise nicht nur die gerechte Strafe und das gerechte Strafmaß anzeigen, sondern auch durch seine soziale Wirksamkeit vergelten und Verbrechen präventieren (zur Bahá'í-Strafzwecklehre siehe Udo Schaefer, *Crime and Punishment*). Das Gemeindeordnungsrecht hat nur bedingt Maßstabsfunktion, sein Zweck liegt zuallererst darin, die Bahá'í und schließlich die ganze Menschheit auf das Reich Gottes auf Erden zu führen (dazu siehe unten IV 4 c aa).

525 vgl. Bahá'u'lláh, *Kitáb-i-Aqdas* 4; *Die Verborgenen Worte* arab. 38; siehe auch 'Abdu'l-Bahá, *Beantwortete Fragen* Kap. 65, 84.

ist nach der Bahá'í-Schrift eben mehr als funktionale Rechtsregel; weil es auf die Erlösung des Menschen gerichtet ist, eignet ihm eine transzendente Zwecksetzung. In seiner Einordnung als Liebesgeschenk eines allbarmherzigen Gottes zeigt sich sein metaphysischer Charakter, den Bahá'u'lláh in einer prononcierten pars pro toto-Aussage über den Kitáb-i-Aqdas zum Ausdruck gebracht hat:

> „Wähnt nicht, Wir hätten euch nur ein Gesetzbuch offenbart. Nein, Wir haben den erlesenen Wein mit den Fingern der Macht und Kraft entsiegelt."[526]

An anderer Stelle in seinem Heiligsten Buch nennt Bahá'u'lláh sein Gesetz, dessen Kern sein Recht bildet,

> „den Lebensodem für alles Erschaffene"[527], „das Wasser des Lebens für die Gläubigen aller Religionen, die Lampe der Weisheit und der liebevollen Vorsehung für alle Bewohner der Erde und des Himmels"[528], „die Schlüssel Meiner Gnade für Meine Geschöpfe"[529] und den „süßen Duft Meines Gewandes."[530]

An anderer Stelle heißt es bei Bahá'u'lláh:

> „Die höchste Auszeichnung des Menschen, sein wahrer Fortschritt und sein endgültiger Sieg waren immer vom Gesetz Gottes abhängig und werden es weiter sein. Wer die Gebote Gottes befolgt, wird ewige Glückseligkeit erlangen."[531]

Quelle und Geltungsgrund[532] des Bahá'í-Rechts ist nach alledem Gott: Alles Bahá'í-Recht versteht sich als konkretisierter göttlicher Wille. Genauer gefaßt beansprucht alles Bahá'í-Recht, Gottes unfehlbarer Imperativ zu sein: Es ist *ius divinum*.[533]

---

526 *Kitáb-i-Aqdas* 5.
527 *Kitáb-i-Aqdas* 2.
528 *Kitáb-i-Aqdas* 29; siehe auch *ebd.* 3.
529 *Kitáb-i-Aqdas* 3.
530 *Kitáb-i-Aqdas* 4; siehe auch *ebd.* 96 sowie *Botschaften aus 'Akká* 12:23.
531 Bahá'u'lláh, *Ährenlese* 133:1.
532 Dazu, daß die Quelle einer Norm zugleich ihren spezifischen Geltungsgrund darstellt, siehe Hans Kelsen, *Die Idee des Naturrechtes*, S. 249.
533 So im Anschluß an Udo Schaefer, *Desinformation als Methode*, S. 139, 275; *Das Recht der Religionsgemeinschaft der Bahá'í*, S. 25, 45. Es bedarf keiner näheren Ausführungen, daß sich das ius divinum der Bahá'í wie alles ius divinum nicht als *ius inter deos*, sonder als *ius inter homines* versteht – es sieht sich ursprünglich in Gott, sein Geltungsbereich aber ist die Welt des Menschen. Der Begriff ius divinum ist dabei der römisch-katholischen Dogmatik entlehnt, die im Anschluß an Thomas von Aquin (*Summa theologica* II 2 q. 57 a. 3) zwischen *ius divinum positivum* und *ius divinum naturale* differenziert (zum Ganzen siehe Ernst Rösser, *Göttliches und menschliches, unveränderliches und veränderliches Kirchenrecht von der Entstehung der Kirche bis zur Mitte des neunzehnten Jahrhunderts*; Karl Rahner, *Über den Begriff des „ius divinum" im katholischen Verständnis*; Heribert Heinemann, *„Göttliches Recht?" Versuch einer Differenzierung*): Das ius divinum positivum meint das christliche Offenbarungsrecht, das aus dem Alten und Neuen Testament sowie aus der darauf aufbauenden kirchlichen Tradition abgeleitet wird. Seine Rechtsnormen gehen in ihrem Selbstver-

Die drei Säulen dieses Gedankengebäudes: Gott-Offenbarung-Mensch bilden das theologische Grundmuster des Bahá'í-Rechts, das, bei aller Unterschiedlichkeit im Konkreten, einem jeden Offenbarungsrecht zugrunde liegt: Jedes Offenbarungsrecht sieht sich als von Gott im Wege der Religionsstiftung auf den Menschen gebrachter Wille.[534] Im Übrigen gelten die bisherigen Ausführungen zur Bahá'í-Rechtstheologie nach dem Glauben der Bahá'í, jedenfalls in weiten Teilen, für jede Religion: Gottesbild, Offenbarungsbegriff, Menschenbild, die Überlegungen zur Funktion von Religion etc. sind für den Bahá'í Bausteine *einer* Wahrheit und werden daher, wie anschließend zu zeigen sein wird, als allgemeingültig verstanden.

bb) Ius divinum scripturae und ius divinum complementum: Die zwei Komponenten des ius divinum der Bahá'í

Gilt das bisher Dargestellte aber auch für das ergänzende Bahá'í-Recht? Auf direkte Stiftung durch Bahá'u'lláh kann es sich nicht berufen, als das Wort Gottes sieht es sich nicht, und es soll gar, ganz anders als jedes Offenbarungsrecht, von demokratisch gewählten Amtsträgern auf der Grundlage einer Rechtsverfassung und in einem empirisch überprüfbaren Vorgang gesetzt werden. Wie soll es da über die gleiche Theologie verfügen, wie das Bahá'í-Offenbarungsrecht?

---

ständnis auf den Willen Gottes bzw. Jesu zurück und werden als unabänderlich und absolut gültig verstanden. Beispiele für das ius divinum positivum sind die Unauflöslichkeit der Ehe, das Privilegium Paulinum und der Primat des Papstes (dazu siehe Hans Heimerl/Helmuth Pree, *Kirchenrecht*, S. 14). Einige der Rechtsnormen des ius divinum positivum sind im Codex Iuris Canonici kodifiziert, so etwa im Rahmen des Gewohnheits- (cc. 24, 24 §1), Ehe- (cc. 1059, 1075 §1, 1163 § 2, 1165 §2) und Vermögensrechts (c. 1290) (hierzu siehe Winfried Aymans/Klaus Mörsdorf, *Kanonisches Recht*, S. 33). Unter ius divinum naturale wird demgegenüber das durch die Vernunft erkennbare Naturrecht verstanden. Naturrechtliche Normen sieht die katholische Rechtslehre etwa im Tötungsverbot oder in den Rechtsinstituten der Ehe und der Familie. Ius divinum positivum und naturale bilden gemeinsam das ius divinum, dem das wandelbare *ius humanum* des weltlichen oder auch des kirchlichen Gesetzgebers (sog. *ius mere ecclesiasticum*) gegenübergestellt wird. Die Rezeption der Begriffe ius divinum und ius humanum durch eine Bahá'í-Rechtslehre sieht sich keinen grundsätzlichen Bedenken ausgesetzt, insbesondere ist der Begriff ius divinum nicht so christozentrisch, dass seine Rezeption von vornherein außer Frage stünde. Dieser Begriff soll hier ähnlich dem in der vorliegenden Arbeit ebenfalls gebrauchten Begriff des Offenbarungsrechts ein Recht meinen, das *sich selbst* als göttliches Recht versteht.
Bahá'u'lláh selbst bezeichnet die Summe der von ihm gesetzten Normen, in deren Zentrum das Offenbarungsrecht steht, als das „göttliche Gesetz" (siehe nur *Gebete und Meditationen* 24:1, 65:7; *Botschaften aus 'Akká* 8:63), das „Gesetz Gottes" (siehe nur Bahá'u'lláh, *Kitáb-i-Aqdas* 7, 29, Fragen und Antworten 10, 76), die „Gesetze Gottes" (siehe nur *Kitáb-i-Aqdas* 166; *Ährenlese* 133:1, 155:6, 161:1) oder als „das Größte Gesetz" (*Kitáb-i-Aqdas* 81).

[534] Weshalb sich stets von ius divinum sprechen läßt. Als Beispiele seien das Offenbarungsrecht der Gesetzesreligionen Judentum und Islam sowie das ius divinum positivum des christlichen Kirchenrechts benannt.

Dazu sei kurz ausgeholt: Das Recht des Universalen Hauses der Gerechtigkeit ist explizit kein Schriftrecht: Nach 'Abdu'l-Bahá werden dessen Gesetze „nicht Teil des göttlichen Textes“[535]. Infolge des dem Universalen Haus der Gerechtigkeit nach Bahá'í-Lehre zukommenden Charismas der Unfehlbarkeit scheidet aber auch, anders als bei dem Recht der nachgeordneten Häuser der Gerechtigkeit, die Klassifizierung als ius humanum aus: Alle Infallibilität, und so auch diejenige der obersten Bahá'í-Körperschaft, existiert nur durch Gott – nur weil sein Wille in den Rechtsnormen beschlossen ist, oder genauer: weil sie nach 'Abdu'l-Bahá „Gottes eigener Wille [sind]“[536], eignet ihnen überhaupt erst Unfehlbarkeit. Mithin ist es die Eigenschaft der Rechtsnormen als göttlich (so jedenfalls ihr Selbstverständnis), die ihre Unfehlbarkeit begründet. Es heißt denn auch explizit in der Bahá'í-Schrift:

> „Gott wird ihnen [= den Mitgliedern des Universalen Hauses der Gerechtigkeit] wahrlich eingeben, was er will.“[537] „Was immer sie [=der Hüter und das Universale Haus der Gerechtigkeit] entscheiden, ist von Gott.“[538]

Aufgrund seiner „Göttlichkeit“ ist das ergänzende Recht aus dem gleichen Stoff gemacht wie das Schriftrecht, so kategorial anders seine Genese auch sei. Aus Bahá'í-Sicht verhält es sich so, daß Gott selbst alles Bahá'í-Recht erzeugt, er bedient sich dabei nur unterschiedlicher Instanzen. Diese sind mitunter personal, und im vorliegenden Fall handelt es sich sogar um eine in ihrer Struktur, abstrakten Funktion und Bestellungsart typischerweise säkulare Institution. Weil das Universale Haus der Gerechtigkeit im Ergebnis für den Bahá'í jedenfalls im Hinblick auf sein Recht eine Quelle des göttlichen Willens ist, ist dieses ebenfalls als ius divinum zu qualifizieren.[539] Weil das ergänzende Recht nicht Teil der Bahá'í-Schrift wird, kann es zwar nicht deren ius divinum, also *ius divinum*

---

[535] *Testament* 2:9.

[536] *Testament* 2:8.

[537] Bahá'u'lláh, *Botschaften aus 'Akká* 6:29.

[538] 'Abdu'l-Bahá, *Testament* 1:17. Man darf sich das Universale Haus der Gerechtigkeit auf der Grundlage dieser Aussagen keinesfalls als eine Art Orakel vorstellen. Diese Institution entscheidet in einem rationalen, diskursiven Prozess, der umfassende Faktenkenntnis zur Voraussetzung hat und rein äußerlich nicht viel anders abläuft als der Entscheidungsprozess sonstiger professionell organisierter Kollektivautoritäten. Die Faktenabhängigkeit seiner Entscheidungen hat das Universale Haus der Gerechtigkeit im übrigen selbst mit Nachdruck betont: „Das Universale Haus der Gerechtigkeit benötigt für seine Entscheidungen alle dazu relevanten Fakten“ (Brief vom 13. August 1981, zit. nach Udo Schaefer, *Desinformation als Methode*, S. 137, Anm. 170); „Was die Entscheidungen und Weisungen des Universalen Hauses der Gerechtigkeit... anbelangt, so liegt es auf der Hand, daß der Inhalt einer Entscheidung oder Weisung von den Informationen beeinflußt ist, auf denen sie basiert (Brief vom 26. Mai 1993; zit. nach *ebd.*)

[539] So auch Udo Schaefer, *Desinformation als Methode*, S. 139, 276. *Das Recht der Religionsgemeinschaft der Bahá'í*, S. 45; vgl. auch *Die Grundlagen der „Verwaltungsordnung“ der Bahá'í*, S. 74 ff.

scripturae[540] sein. Im Hinblick auf seine eigene Kategorialität sowie seine spezifische Funktion läßt es sich aber als *ius divinum complementum*[541] bezeichnen. Ius divinum scripturae und ius divinum complementum bilden gemeinsam das ius divinum der Bahá'í.

Was bedeutet dies nun für die Ausgangsfrage? Wenn das ius divinum complementum dem Menschen seinem Selbstverständnis nach auch nicht durch Bahá'u'lláh im Wege der Offenbarung dargebracht wurde, so greift der zuvor dargestellte theologische Zusammenhang seinem Grundgedanken nach hier gleichwohl: Gott richtet sich hier nicht über eine Manifestation Gottes an die rechtleitungsbedürftige Gesellschaft, sondern über eine von Bahá'u'lláh in seinem Auftrag gestiftete Institution. Diese Institution setzt die Funktion der Religion, durch die sie gestiftet wurde, fort: Auch dem ius divinum des Hauses der Gerechtigkeit geht es, jedenfalls eines fernen Tages, darum, der Gesellschaft den Weg zu weisen, und sie mit Rechts- und Sozialnormen zu versorgen. Träger des göttlichen Willens ist hier ausnahmsweise keine Offenbarungsgestalt, sondern ein von Menschen besetzter Spruchkörper. Nach außen geschieht der Transport des göttlichen Willens mittelbar, sozusagen auf einem Umweg, in der Sache aber wird er direkt und unverkürzt kommuniziert. Weil das ius divinum complementum insoweit alle Eigenschaften des Göttlichen aufweist, teilt es die dargestellten materialen Eigenschaften des Schriftrechts restlos, insbesondere sieht es sich in gleichem Maße als unfehlbar und als absolut gerechter Maßstab für den Menschen.

3. Das ius divinum der Bahá'í als Gottesrecht des aktuellen heilsgeschichtlichen Äons

Die erörterte rechtstheologische Dimension des ius divinum der Bahá'í verdankt sich einem vertikalen Zugriff auf die Materie anhand des statischen Musters Gott-Offenbarung-Mensch. Sie bleibt jedoch abstrakt und legt das Spezifikum des Bahá'í-Rechts, seine Eigenart gegenüber dem ius divinum anderer Religionen, nicht frei. Hier bleibt seine Geschichtlichkeit, seine spezifische Verortung

---

540 Dieser Begriff ist sachlich identisch mit dem von Udo Schaefer vorgeschlagenen Begriff „ius divinum *positivum*" (*Das Recht der Religionsgemeinschaft der Bahá'í*, S. 26), jedoch präziser, liegt doch die „Positivität" des Bahá'í-Rechts in seiner Zugehörigkeit zur Schrift. Zudem ist auch das Recht des Universalen Hauses der Gerechtigkeit „positives" Recht, ohne ius divinum positivum im Sinne Udo Schaefers zu sein, weshalb dieser Begriff nicht eindeutig ist.

541 Im Anschluß an Udo Schaefer, *Das Recht der Religionsgemeinschaft der Bahá'í*, S. 45; ein früherer Bezeichnungsvorschlag lautete weniger treffend „mittelbar göttliches Recht" (Udo Schaefer, *Die Grundlagen der „Verwaltungsordnung" der Bahá'í*, S. 74 ff.). Die Bezeichnung ius divinum complementum versteht sich als synonym zu dem Begriff „ergänzendes Bahá'í-Recht".

innerhalb der Menschheits- und Religionsgeschichte sowie sein Erscheinen in einem konkreten historio-kulturellen Kontext unberücksichtigt: Daß sich das Bahá'í-Recht wie alles ius divinum als göttlicher Wille versteht, sagt noch nichts über sein Auftreten gerade im 19. Jahrhundert an diesem bestimmten Punkt der vieltausendjährigen Menschheits- und Religionsgeschichte aus, und läßt die Frage nach der Theologie seiner konkreten Gestalt und Funktion unbeantwortet. Wie sieht sich das ius divinum der Bahá'í im Verhältnis zum Offenbarungsrecht anderer Religionen, warum gab es aus Bahá'í-Sicht überhaupt verschiedenes Offenbarungsrecht zu verschiedenen Zeiten in der Geschichte des Menschen, und was bedeutet dies für sein Selbstverständnis und seine Eigenart?

Zur Annäherung an diese und andere Fragen wird die Theologie des Bahá'í-Rechts im Folgenden in einem horziontalen Zugriff, gewissermaßen auf der Achse der Zeit, erschlossen, indem es im Kontext der gesamten Religionsgeschichte gedeutet wird. Das dabei zu Tage tretende rechtstheologische Muster, das einem dynamischen Zusammenhang gilt, bildet das Fundament einer weiteren theologischen Dimension des Bahá'í-Rechts. Zu ihrer Erschließung ist auszuholen und tief in die Grundlagen der Bahá'í-Theologie einzudringen:

a) Der Bund Gottes: Rechtleitung und Heilsvermittlung im Rahmen eines metaphysischen Sinn- und Pflichtzusammenhangs

Die gesamte Bahá'í-Theologie hat in der Lehre vom Bund ihren Pol. Von den ihr bekannten Bundesarten ist für den vorliegenden Zusammenhang relevant allein die existentiale Grundkategorie des „Gottesbundes"[542] oder „Ewigen Bundes"[543].[544] Gegenstand dieses bereits dem Alten Testament[545] sowie dem

---

[542] siehe nur Bahá'u'lláh, *Kitáb-i-Aqdas* 2, 149; *Brief an den Sohn des Wolfes*, S. 129; 'Abdu'l-Bahá, *Briefe und Botschaften* 189:2; zum Ganzen siehe die Schriftzusammenstellung *Der Gottesbund*, S. 1 ff. sowie Hermann Grossmann, *Das Bündnis Gottes in der Offenbarungsreligion*, S. 11 ff.
In den deutschen Übersetzungen der Bahá'í-Texte ist der zugrundeliegende Begriff „covenant" meist unzureichend mit „Bündniss" übersetzt. Adäquater ist der hier gebrauchte Begriff „Bund".

[543] 'Abdu'l-Bahá, *Briefe und Botschaften* 2:12, 190:11; Shoghi Effendi verwendet auch den Begriff „general Covenant" (*The World Order of Bahá'u'lláh*, S. 137).

[544] Dieser allgemeine Bund ist nach der Bahá'í-Theologie von dem besonderen Bund zu unterscheiden, den die jeweilige Offenbarungsgestalt mit ihren Anhängern schließt, indem sie diesen für die Fülle der Zeit eine neue Manifestation verheißt und ihnen im Gegenzug das Versprechen abnimmt, diese mit ihrem Erscheinen anzuerkennen (sog. „Größerer Bund"; dazu siehe *Der Gottesbund*, S. 5 ff.). Der sog. „Kleinere Bund" besteht in dem Versprechen der Manifestation Gottes an ihre Gemeinde, sie durch eine gesicherte Nachfolge auch nach ihrem Tode zu führen, sowie in deren Zusicherung, den ausgewählten Nachfolgefiguren oder -institutionen zu folgen (dazu siehe *Der Gottesbund*, S. 11 ff.).

[545] 1. Mos. 6:18; 9:8-17; 15:18; 17:1-9; 18-21; 22:17-19; 2. Mos. 24:4-8; 28:1-2; 5. Mos. 5:1-3.

Qu'ran[546] bekannten Bundes ist das Verhältnis zwischen Mensch und Gott: Gott hat den Menschen nach dessen Erschaffung nicht sich selbst überlassen, sondern sich im Urbundesschluß ihm gegenüber verpflichtet, ihn unablässig und umfassend mit dem Heil zu versorgen und auf den rechten Weg, den „Geraden Pfad" zu leiten. Durch das aus dem Bund strömende Heil und die Rechtleitung erwächst die Teilhabe des Menschen am ewigen Leben. Im Gegenzug steht der Mensch in der Pflicht, Gott zu erkennen und seine Gebote zu erfüllen – dies die Zwillingspflicht des Menschen.[547] Über die im Rahmen des Bundes erfolgende Stiftung von Religionen und sie allein nimmt Gott kontinuierlich Einfluß auf die Geschicke des Menschen.

In den Bund mit Gott gestellt ist der Mensch kraft seiner Existenz.[548] Vollzogen respektive ins Werk gesetzt wird der Bund indessen erst durch den existentiellen Akt der Unterwerfung unter das religiöse Gebot.[549] Durch den Bund existiert der Mensch in einem metaphysischen Sinn- und Pflichtzusammenhang, in dessen Mittelpunkt seine daseinsimmanente Pflicht zum Bundesvollzug steht; sie stellt die zentrale Herausforderung und Prüfung seines Lebens dar. Der Bund ist nach der Bahá'í-Lehre der von Gott vorgesehene Rahmen und Motor, innerhalb dessen und durch den sich der Mensch im Zeitlauf der Geschichte zu seiner Bestimmung hin entfalten und seine Idealexistenz der Gottesebenbildlichkeit verwirklichen soll – dies sowohl individuell als auch in seinem kollektiven Sein.

---

[546] 2:118-130, 3:80-85; 4:57-83.

[547] vgl. Bahá'u'lláh, *Kitáb-i-Aqdas* 1.

[548] Freilich läßt sich auch der Standpunkt einnehmen, daß der Mensch erst mit der Anerkenntnis Gottes und den Vollzug seines Gesetzes in den Bund mit ihm tritt (so Udo Schaefer, *Der Bahá'í in der modernen Welt*, S. 290 f.). Soweit sich absehen läßt, schweigt die Schrift zu dieser Frage, so daß sich unterschiedliche Positionen vertreten lassen.

[549] In diesem Akt liegt nach der Bahá'í-Lehre die größtmögliche Freiheitsentfaltung des Individuums (Das Universale Haus der Gerechtigkeit, *Individual Rights and Freedoms in the World Order of Bahá'u'lláh*, S. 4 f.), weshalb er höchstpersönlicher Natur ist. Er darf daher von niemandem erzwungen werden. Für die aus Bahá'í-Sicht jüngste Bundesfrucht, das Bahá'ítum, bedeutet dies, daß die Entscheidung, sich zum Bahá'ítum zu bekennen, nicht durch Zwang oder Druck veranlasst sein darf: „Wer immer es wünscht, den lasse von diesem Ratschlag sich wenden, und wer immer es wünscht, den lasse den Pfad zu seinem Herrn erwählen" (Bahá'u'llah, Tafel an Ahmad Abs. 5, in: *Gebete* 237:5). Denn „selbst Gott zwingt die Seele nicht, geistig zu werden. Der Einsatz des freien menschlichen Willens ist hierzu notwendig" ('Abdu'l-Bahá, zit. in: John E. Esslemont, *Bahá'u'lláh und das neue Zeitalter*, S. 152). Auch die Entscheidung, die Bahá'í-Gemeinde zu verlassen, unterliegt deshalb dem freien Ermessen des Einzelnen. Die Apostasie ist kein Straftatbestand (vgl. Udo Schaefer, *Das Recht der Religionsgemeinschaft der Bahá'í*, S. 31); dem Gläubigen steht es frei, seine Bindung an die Gemeinde ohne jegliche Stigmatisierung zu beenden.

b) Der göttliche Heilsplan: Uranfänglichkeit, Endlosigkeit, Rezeptivitätsadäquanz und Planmäßigkeit von Offenbarung

Gott erfüllt seine Bundesverpflichtung, indem er sich den Menschen offenbart.[550] Die Selbstoffenbarung Gottes vollzieht sich dabei im Wege der Religionsstiftung, die ihrerseits im Rahmen eines umfassenden, übergreifenden Heilsplanes[551] erfolgt. Gegenstand des Heilsplanes ist eine dem jeweiligen Evolutionsstand wie der Rezeptivität des Menschen adäquate, lückenlose Heilsversorgung und Rechtleitung aller Menschen und Völker – der Heilsplan koordiniert mithin die Erfüllung der göttlichen Bundespflicht. Neben einem geographisch flächendeckenden Erscheinen von Religionen[552] impliziert die Lehre vom Heilsplan auch einen zeitlich in beide Richtungen ununterbrochenen Niederschlag von Offenbarung: Religionen gibt es nach der Bahá'í-Schrift, seit es den Menschen gibt – dies der Gedanke der uranfänglichen Gottesoffenbarung[553], an den die Lehre von der Ursprünglichkeit aller empirisch vorfindbaren Werte in Gott[554] gekoppelt ist. Zudem wird es nach der Bahá'í-Schrift Gottesoffenbarung

---

[550] Die Bundespflicht Gottes erschöpft sich jedoch nicht in der perennierenden Stiftung von Religionen. Sie umfaßt ebenso die Pflicht zur Rechtleitung des einzelnen Gläubigen, der mit ihm im Bund steht.

[551] vgl. Shoghi Effendi, *Messages to the Bahá'í World*, S. 155; *Citadel of Faith*, S. 62, 140; *The World Order of Bahá'u'lláh*, S. 161; vgl. auch *ebd.*, S. 144, sowie *The Advent of Divine Justice*, S. 73.

[552] vgl. Bahá'u'lláh, *Ährenlese* 76:1.

[553] „Die vielfachen Gnadengaben des Herrn aller Geschöpfe haben allezeit durch die Manifestationen seines göttlichen Wesens die Erde und alle, die auf ihr wohnen, umschlossen. Nicht einen Augenblick hat sich seine Gnade versagt, noch haben die Schauer seiner Güte aufgehört, auf die Menschheit niederzuregnen" (Bahá'u'lláh, *Ährenlese* 13:2). Nach Bahá'u'lláh war das instruktive Wort Gottes „niemals der Welt des Seins vorenthalten" (*Botschaften aus 'Akká* 9:10), vielmehr hat es diese „allezeit... beherrscht und wird sie immerdar beherrschen" (*ebd.* 11:32); daß es Gottesoffenbarung gibt, seit es den Menschen gibt, betonen auch Báb, *Eine Auswahl aus Seinen Schriften* 3:34:1; 'Abdu'l-Bahá, *Ansprachen in Paris* 39:2; Shoghi Effendi, *The World Order of Bahá'u'lláh*, S. 118. Dem Einwand, daß die bekannten Religionsstiftungen keineswegs bis in die Anfänge des Menschengeschlechts reichen, ist Bahá'u'lláh ausdrücklich begegnet (siehe *Ährenlese* 87:1, 6).

[554] Danach ist die Religion diejenige Instanz, die die Werte in die Welt getragen hat, die den Menschen im Wege kontinuierlicher, uranfänglicher Gottesoffenbarung aus seinem tierhaften Urzustand, in dem der Kampf Aller gegen Alle herrschte (vgl. 'Abdu'l-Bahá, *The Promulgation of Universal Peace*, S. 400 ff., 465 f.; zit. in: John E. Esslemont, *Bahá'u'lláh und das neue Zeitalter*, S. 181), in ein zivilisiertes Dasein geführt hat, in dem Normen und Werte ebenso ihren sicheren Platz haben wie ein Sinn für Recht und Unrecht: „Ohne Zweifel verdanken die Völker der Welt, welcher Rasse oder Religion sie auch angehören, ihre Erleuchtung derselben himmlischen Quelle" (Bahá'u'lláh, *Ährenlese* 111). Nach 'Abdu'l-Bahá sind es weder „ein angeborener Sinn für seine Würde" noch „unbewußte Einsicht und angeborene Sittlichkeit", die den „Menschen davor [bewahren], Böses zu tun". Der „Sinn für Ehrbarkeit und Würde [ist] nichts anderes als eine der Wohltaten..., die von den Geboten der Propheten Gottes kommen... Mit einem Wort, es ist die Religion, die alle menschlichen Tugenden hervorbringt" (*Das Geheimnis göttlicher Kultur*, S. 88 f.). Die These von der Religion als

geben bis an das Ende der Zeit, „bis zum Ende, das kein Ende hat.“[555] In diesem Gedanken der Endlosigkeit von Offenbarung liegt eine in der Bahá'í-Schrift auch wiederholt explizit gemachte Absage an alle Endgültigkeits- und Ausschließlichkeitsansprüche für das Bahá'ítum[556] sowie in theologischer Wertung für alle historischen Religionen[557].

Das Erscheinen der Religionen zu einem bestimmten Zeitpunkt in der Menschheitsgeschichte ist nach der Heilsplantheologie Gegenstand der präzisen Planung durch Gott, also Ausdruck seines Willens. Nicht nur dies: *Alles* genuin religiöse Geschehen hat innerhalb des Heilsplanes seinen genau vorherbestimmten Platz. So sagt Bahá'u'lláh über die verschiedenen historischen Offenbarungsgestalten:

> „Das Maß der Offenbarung, das jeder von ihnen eigen ist, war genau vorherbestimmt.“[558] „Jede Manifestation Gottes... [weist] eine genau vorgezeichnete Mission, eine vorherbestimmte Offenbarung und speziell vorgesehene Begrenzungen [auf]. Eine jede von ihnen ist... [mit] einer besonderen Offenbarung betraut.“[559]

---

schlechthinniger Wertstiftungsinstanz reicht sogar so weit, daß sie die Werte des Menschen auch dann auf Religion zurückführt, wenn sich der einzelne ethische Akt de facto nicht einem religiösen Impuls verdankt. In solchen Fällen ist aus Bahá'í-Sicht die Kausalkette zwischen der Stiftung von Werten durch Religion, ihrer Tradierung sowie ihrer schließlichen Realisierung im konkreten Akt nicht erkennbar: „Überdies wirst du feststellen, wenn du vorurteilslos nachdenkst, daß diese guten Taten anderer Menschen, die Gott nicht kennen, grundsätzlich auch durch die Lehren Gottes veranlaßt sind; das heißt, daß die früheren Propheten die Menschen dazu brachten, solche Taten zu vollbringen, ihnen deren Vorteile erklärten und ihre segensreichen Auswirkungen darlegten; diese Lehren haben sich dann unter den Menschen verbreitet, nacheinander einen um den anderen erreicht und ihre Herzen zu diesen Vollkommenheiten hingezogen“ ('Abdu'l-Bahá, *Beantwortete Fragen* 84:12); siehe auch *Das Geheimnis göttlicher Kultur*, S. 87; Bahá'u'lláh, zit. in: *Ziele der Kindererziehung*, S. 11; *Botschaften aus 'Akká* 9:24 ff.

[555] Bahá'u'lláh, *Ährenlese* 27:6; vgl. auch *ebd.* 30:1, sowie Báb, *Eine Auswahl aus Seinen Schriften* 3:34:1, 6:9:8.

[556] Shoghi Effendi, *The World Order of Bahá'u'lláh*, S. 58 f., 115 f. Ausschließlichkeit beansprucht das Bahá'ítum indessen für den Zeitraum von 1000 Jahren, vor dessen Ablauf nach Bahá'u'lláh keine weitere Manifestation erscheinen wird (*Kitáb-i-Aqdas* 37; vgl. auch 'Abdu'l-Bahá, *Briefe und Botschaften* 33); für explizite Hinweise Bahá'u'lláhs auf künftige Manifestationen Gottes siehe die Zitate in: Shoghi Effendi, *The World Order of Bahá'u'lláh*, S. 111, 117.

[557] Shoghi Effendi hält in Verwendung eines Zitats von Bahá'u'lláh fest: „To contend that any particular religion is final, that ‚all revelation is ended, that the portals of divine mercy are closed, that from the daysprings of eternal holiness no sun shall rise again, that the ocean of everlasting bounty is forever stilled, and that out of the tabernacle of ancient glory the messengers of God have ceased to be made manifest‘ would indeed be nothing less than sheer blasphemy“ (*The World Order of Bahá'u'lláh*, S. 58).

[558] *Ährenlese* 31:1.

[559] *Kitáb-i-Íqán*, S. 191; vgl. auch *Ährenlese* 25:1.

Über seine eigene Botschaft schreibt Bahá'u'lláh:

> „Alles, was ich offenbare, ist nicht mehr und nicht weniger als das Maß der göttlichen Herrlichkeit, das zu enthüllen mir Gott geboten hat."[560]

Alles universelle Heilsgeschehen ist mithin das Ergebnis göttlicher Vorsehung – dies der Gedanke der Planmäßigkeit von Gottesoffenbarung, wie er auch in der folgenden Aussage Bahá'u'lláhs zum Ausdruck kommt:

> „Seid überdies versichert, daß die Werke und Taten aller und jeder dieser Manifestationen Gottes, ja alles, was immer zu ihnen gehört und was immer sie in der Zukunft verkünden mögen, von Gott bestimmt und eine Widerspiegelung Seines Willens und Seiner Absicht sind."[561]

c) Die Menschheitsgeschichte als zyklisch inszeniertes Heilsdrama: Zur Bahá'í-Zyklenlehre

Infolge des Heilsplanes ist die Menschheitsgeschichte zugleich Heilsgeschichte und Gott der „Herr der Geschichte"[562] – so der Glaube der Bahá'í. Die Heilsgeschichte weist dabei eine spezifische Struktur auf: Nach der Bahá'í-Theologie verläuft sie in Universalzyklen, die sich jeweils in unterschiedliche Religionszyklen unterteilen.[563] Jeder Religionszyklus stellt sich seinerseits als Kette aufeinanderfolgender Religionsstiftungen dar,[564] die ebenfalls jeweils zyklisch verlaufen[565]. Die Abfolge der verschiedenen Religionen und Religionszyklen ist bedingt durch die dem jeweiligen Universalzykluss eigene Dynamik: Alle Religionen wollen den Weg bereiten für die jeweils eine Zentralfigur des Universalzyklusses, die sog. „höchste" oder „universale Manifestation"[566], die das Heils-

---

[560] zit. in: Shoghi Effendi, *The World Order of Bahá'u'lláh,* S. 60; siehe auch *Ährenlese* 33:1. Im Hinblick auf Muhammad, den Stifter des Islám, schreibt Bahá'u'lláh exemplarisch für alle Religionsstifter: „Das Maß der Offenbarung, deren Träger Er war, war von Ihm, dem Allmächtigen, dem Allgewaltigen, klar vorausbestimmt" (*ebd.*).

[561] *Ährenlese* 24:1.

[562] Udo Schaefer, *Der Bahá'í in der modernen Welt*, S. 166.

[563] Dies ergibt eine Gesamtschau der Schriftaussagen zur Bahá'í-Zyklenlehre: siehe im folgenden sowie 'Abdu'l-Bahá, *Beantwortete Fragen* 41:3 ff.; *The Promulgation of Universal Peace*, S. 218 ff.; *Briefe und Botschaften* 33:1 ff.; Shoghi Effendi, *God passes by*, S. 54 f., 93, 100; *Citadel of Faith*, S. 4 ff., 80; *Messages to the Bahá'í World*, S. 153 f.

[564] für Belege siehe Anmerkungen 568, 569 und 571. Das Bild der Kette und ihrer Glieder (vgl. Shoghi Effendi, *The Promised Day is come,* S. 120; *God passes by*, S. 100; *The World Order of Bahá'u'lláh*, S. 163) ist in erster Linie figurativ zu verstehen, geschah Offenbarung doch auch an verschiedenen Orten zu gleichen geschichtlichen Epochen.

[565] 'Abdu'l-Bahá, *The Promulgation of Universal Peace*, S. 93 ff.; *Beantwortete Fragen* 14:1 ff., 41:3. Nach 'Abdu'l-Bahá durchläuft die Religion gleich der Natur Jahreszeiten (dazu siehe unten Anmerkung 609); zur Unterteilung der Bahá'í-Sendung in drei Epochen: Das „Heroische", „Gestaltende" und „Goldene Zeitalter" durch Shoghi Effendi siehe Anmerkung 753.

[566] 'Abdu'l-Bahá, *Beantwortete Fragen* 11:43, 41:4, 5; *Briefe und Botschaften* 33:3, 4; *The Secret of Divine Civilization*, S. 10.

ziel des Universalzyklusses verwirklichen und diesen dadurch zur Vollendung führen soll. Der „göttliche und schöpferische Zweck" aller Universalzyklen ist dabei nach 'Abdu'l-Bahá „die Konstituierung des Menschen als geistiges Wesen"[567].

Was bedeutet dies für die bekannte Geschichte der Religionsstiftungen? Nach Bahá'í-Lehre beginnt mit Adam, für die Bahá'í ein Prophet Gottes, vor ca. 6000 ein Religionszyklus, der die verschiedenen Religionsstifter wie Abraham, Moses, Buddha, Krishna, Zarathustra und Jesus umfaßt, und mit Muhammad endet.[568] Der Báb ist das Mittel- und Bindeglied zwischen diesem sog. „adamitischen" oder „prophetischen Zyklus"[569], dessen Erfüllung er zugleich verkörpert[570], und dem sog. „Zykluss der Erfüllung" oder „Bahá'í-Zyklus"[571], dessen Beginn er zugleich repräsentiert[572]. Der „prophetische Zyklus" und der „Zyklus der Erfüllung" gehören einem Universalzyklus an, dessen Beginn Adam bildet, und als dessen „universale Manifestation" Bahá'u'lláh gesehen wird.[573] Als „universale Manifestation" ist Bahá'u'lláh nach der Bahá'í-Theologie der Kulminationspunkt des Universalzyklusses[574] und die Erfüllung aller vorhergehenden religiösen Sendungen[575].

Nach 'Abdu'l-Bahá gingen dem hiesigen Universalzyklus weitere Universalzyklen voraus.[576] Legt man das Prinzip der nichtendenden Gottesoffenbarung

---

[567] *The Promulgation of Universal Peace*, S. 220.

[568] Shoghi Effendi, *Citadel of Faith*, S. 80, 82; *Directives from the Guardian*, Nr. 21; *Dawn of a new day*, S. 171; *Messages to the Bahá'í World*, S. 40. Es ist diese Stellung Muhammads am Ende eines Religionszyklusses, die aus Bahá'í-Sicht seine Selbstbezeichnung als „Siegel der Propheten" (Qu'ran 33:40) erklärt; siehe Bahá'u'lláh, *Ährenlese* 25:1, sowie Udo Schaefer, *Heilsgeschichte und Paradigmenwechsel*, S. 77 f., 164.

[569] Bahá'u'lláh, *Ährenlese* 25:1; Báb, *Eine Auswahl aus Seinen Schriften* 6:11:5; 'Abdu'l-Bahá, *The Promulgation of Universal Peace*, S. 393; Shoghi Effendi, *God passes by*, S. 54, 57; *Messages to the Bahá'í World*, S. 153 f.

[570] Shoghi Effendi, *God passes by*, S. 54; *Citadel of Faith*, S. 80.

[571] 'Abdu'l-Bahá, zit. in: *The World Order of Bahá'u'lláh*, S. 102; zit. in: *God passes by*, S. 57; Shoghi Effendi, *God passes by*, S. XI, 55, 401; *Citadel of Faith*, S. 69, 80.

[572] Shoghi Effendi, *God passes by*, S. XI, 57 (vgl. auch S. 54 f.); *Citadel of Faith*, S. 80. Wenn Shoghi Effendi an anderer Stelle davon spricht, Bahá'u'lláh sei der „Originator of a new 'Universal Cycle'" (*God passes by*, S. 93), so ist dies in Anbetracht der soeben angeführten Textpassagen wohl so zu verstehen, dass die Bahá'í-Sendung in dieser Aussage in ihrem Beginn auf das Erscheinen des Báb festgelegt wird, wie ja überhaupt die Bahá'í-Zeitrechnung mit dem Erscheinen des Báb ihren Anfang nimmt.

[573] 'Abdu'l-Bahá, *Beantwortete Fragen* 41:5.

[574] Shoghi Effendi, *God passes by*, S. XI; *The World Order of Bahá'u'lláh*, S. 103, 163.

[575] „In dieser mächtigsten Offenbarung finden alle Sendungen der Vergangenheit ihre höchste, ihre endgültige Erfüllung" (Bahá'u'lláh, *Ährenlese* 115:10; vgl. auch *ebd.* 161:4); weitere Zitate Bahá'u'lláhs in: Shoghi Effendi, *The World Order of Bahá'u'lláh*, S. 103 ff.

[576] *The Promulgation of Universal Peace*, S. 220.

zugrunde, so sind für die Bahá'í-Lehre für die Zeit nach Abschluß des Bahá'í-Zyklusses weitere Universalzyklen anzunehmen.

d) „Die eine unteilbare Religion Gottes"[577]: Zur Lehre von der Einheit in der Pluralität der Religionen und ihrer Stifter

Verkörpern die Religionen nach dem bisher Ausgeführten stete Erneuerungen des einen ewigen Bundes und zäsurale Markierungspunkte eines göttlichen Heilsplanes, so stellt sich die Frage nach ihrem Verhältnis zueinander. Wie bereits deutlich wurde, ist allen Religionen nach der Bahá'í-Theologie zunächst gemeinsam ihre Ursprünglichkeit in Gott:

> „Diese Prinzipien und Gesetze, diese festbegründeten, machtvollen Systeme [=Religionen] entspringen einer einzigen Quelle und sind die Strahlen desselben Lichtes."[578]

Gott offenbart sich in allen Religionen gleichermaßen. Das zuvor für Bahá'u'lláh dargestellte Offenbarungsgeschehen ist also seiner Struktur nach für jeden Religionsstifter identisch: Der Heilige Geistes erscheint in der Offenbarungsgestalt, durch die Manifestation Gottes in der Prophetenfigur kommt es zur Epiphanie. Insoweit sind nach der Bahá'í-Theologie alle Religionsstifter sog. Manifestationen Gottes.[579]

---

[577] Báb, *Eine Auswahl aus Seinen Schriften* 2:24:2.

[578] Bahá'u'lláh, *Brief an den Sohn des Wolfes*, S. 28; vgl. auch *Botschaften aus 'Akká* 8:7. Durch Gott gestiftet sind nach der Bahá'í-Theologie, so sei betont, nur die historischen Hochreligionen, nicht etwa Sekten, Kulte oder sonstige nicht genuin religiöse Gemeinschaften.
Die Zurückführung aller historischen Religionen auf einen unteilbaren Gott stößt sich am Selbstverständnis der sich als polytheistisch sehenden Religionen wie etwa dem traditionellen Buddhismus, der mit den abrahamitischen Religionen weder den Gottesbegriff noch die Prophetologie teilt (vgl. Udo Schaefer, *Heilsgeschichte und Paradigmenwechsel*, S. 171, Anm. 572). Die Bahá'í sehen darin eine zulässige Glaubensaussage. Sie verstehen die Hinweise 'Abdu'l-Bahás, der Buddha habe den Glauben an die Einheit Gottes begründet, seine Lehre sei aber mit dem Lauf der Zeit verloren gegangen (*Beantwortete Fragen* 43:7 ff.), als souveräne theologische Neuinterpretation aus eigener Autorität, wie sie nicht selten von Theologien ungeachtet des Selbstverständnisses anderer Religionen vorgenommen werden (siehe hierzu Udo Schaefer, *ebd.*).

[579] Zum Begriff siehe oben IV 2 e. Die Manifestationen Gottes sind nach 'Abdu'l-Bahá als sog. „unabhängige Propheten" (*Beantwortete Fragen* 43:3 ff.) von den einfachen, „abhängigen Propheten" (*ebd.* 43:2 f.) zu unterscheiden. Während erstere als „Gesetzgeber" ein „neues Buch" offenbaren (*ebd.* 43:3), Moral und Recht erneuern (*ebd.* 43:5, 8) und einen neuen Menschentyp schaffen (*ebd.* 43:5), sind letztere in ihrem Charisma und ihrer Mission von den Religionsstiftern abhängig (*ebd.* 43:3 f.); sie gleichen „dem Mond, der nicht aus sich selbst leuchtet, sondern sein Licht von der Sonne empfängt" (*ebd.* 43:4). Beispielhaft zählt 'Abdu'l-Bahá Salomon, David, Jesaja, Jeremias und Ezekiel als solche einfachen Propheten auf (*ebd.* 43:5).

Weil sie infolgedessen alle gleichermaßen „aus Gottes eigener Substanz geboren“[580] sind, nehmen sie und ihre Stiftungen auch den gleichen Rang ein:

> „Einem von ihnen größere Ehre zu erweisen als anderen, einige von ihnen über die übrigen zu erhöhen, ist keineswegs zulässig. Jeder wahre Prophet hat Seine Botschaft als wesensgleich mit der Offenbarung jedes anderen Ihm vorangegangenen Propheten angesehen.“[581]

Zudem verfolgen alle Manifestationen Gottes – und entsprechend die ihnen zugehörigen Religionen – „nur ein Ziel“[582], was sich durch die identische Funktion der Religionen und ihre Zugehörigkeit zu einem gemeinsamen Heilsplan erklärt:

> „Alle Propheten wurden nur zu einem einzigen Zweck zur Erde herniedergesandt...: daß die Menschenwelt zur Welt Gottes werde, diese niedere Welt zum Reich Gottes, dieses Dunkel zu Licht, diese satanische Bosheit zum Kanon himmlischer Tugenden; ferner daß Einheit, Freundschaft und Liebe für das ganze Menschengeschlecht errungen werden... und die Menschheit ewiges Leben und ewige Gnade ernte.“[583]

Die Religionen entstammen nicht nur alle der gleichen Quelle, sie nehmen auch einen Rang ein und verfolgen ein Ziel: Nach der Bahá'í-Lehre verkünden sie *eine* Botschaft[584], ihre Stifter dienen *einer* Mission, sprechen mit *einer* Stimme, und sind einander gleich in Autorität und geistiger Potenz[585]. Nach Bahá'u'lláh sind sie alle

> „die Träger eines Namens, die Vertreter einer heiligen Sache, die Offenbarungen eines Selbstes und die Enthüller einer Wahrheit.“[586]

Es ist dies der Gedanke der „Einheit der Religionen und der Manifestationen Gottes“[587], demzufolge alle Religionen eine Einheit verkörpern und „das Wesen aller Propheten Gottes eines und dasselbe ist. Ihre Einheit ist absolut“[588]:

---

[580] Bahá'u'lláh, *Ährenlese* 27:4.

[581] Bahá'u'llah, *Ährenlese* 34:3; vgl. auch *ebd.* 24:1, 22:3.

[582] Bahá'u'lláh, *Ährenlese* 34:3.

[583] 'Abdu'l-Bahá, *Briefe und Botschaften* 15:4; siehe auch Bahá'u'lláh, *Ährenlese* 81, 87:6, 101:1; *Botschaften aus 'Akká* 7:13.

[584] vgl. Bahá'u'lláh, *Kitáb-i-Íqán*, S. 162. Eine Zusammenschau der inhaltlichen Gemeinsamkeiten der Religionen der Welt aus Bahá'í-Sicht unternimmt Udo Schaefer in *Heilsgeschichte und Pardigmenwechsel*, S. 122 ff.

[585] vgl. Shoghi Effendi, *The World Order of Bahá'u'lláh*, S. 58 ff.

[586] *Kitáb-i-Íqán*, S. 170.

[587] siehe nur Shoghi Effendi, *The World Order of Bahá'u'lláh*, S. 58 ff., 114 f.; *The Faith of Bahá'u'lláh*, S. 6 ff. Shoghi Effendi hat erläutert, was dieser Grundsatz für das Bahá'ítum in seinem Verhältnis zu anderen Religionen bedeutet: "Its [=des Bahá'ítums] unalterable purpose is to widen their basis, to restate their fundamentals, to reconcile their aims, to reinvigorate their life, to demonstrate their oneness, to restore the pristine purity of their teachings, to coordinate their functions and to assist in the realization of their highest aspirations." (Shoghi Effendi, *The World Order of Bahá'u'lláh*, S. 114; siehe auch *ebd.*, S. 57 f.).
Aus Bahá'í-Sicht lassen sich aufgrund der Einheit der Religionen religionsphänomenologisch Archetypen feststellen, die eine jede von ihnen, freilich in unterschiedlicher Deutlichkeit, auf-

> „Sie alle sind nur eine Person, eine Seele, ein Geist, ein Wesen, eine Offenbarung.“[589]

Das Verhältnis der Religionen zueinander erschöpft sich indessen nicht in dem der Wesensidentität und Gleichheit: Die Lehre von der Einheit in der Pluralität der Religionen wird noch durch das Postulat der Existenz nur einer Religion zugespitzt: In den historischen Hochreligionen sieht das Bahá'ítum unterschiedliche Ausprägungen und Erscheinungsformen „einer einzigen Religion“[590], der „einen unteilbaren Religion Gottes“[591]:

> „It regards them in no other light except as different stages in the eternal history and constant evolution of one religion, divine and indivisible, of which it itself forms but an integral part.“[592]

Die Lehren der Religionen stellen sich dem Bahá'í darum als „Facetten der einen Wahrheit“[593] dar, für ihn sind sie „in Wirklichkeit nur Ausdruck einer Wahrheit“[594]:

> „Die [=göttliche] Sonne hat viele Strahlen ausgesandt, um den menschlichen Verstand zu erleuchten; das Licht ist immer das gleiche.“[595]

---

aufweist, so etwa einen Herold für die religiöse Stiftergestalt, ein zentrales Berufungsereignis, eine erste kleine Anhängerschar, eine öffentliche Proklamation der Mission, ein zentrales Buch etc. (dazu siehe Moojan Momen, *Bahá'u'lláhs prophetology: archetypal patterns in the lives of the founders of the world religions*).

588 Bahá'u'lláh, *Ährenlese* 34:3. Nirgendwo wird dieser Gedanke der „absoluten Einheit aller Propheten Gottes“ (Shoghi Effendi, *The World Order of Bahá'u'lláh*, S. 166) in der Bahá'í-Schrift so deutlich, wie wenn Bahá'u'lláh sich als eine andere historische Offenbarungsgestalt beschreibt: „Preis sei Dir, o Herr, Mein Gott... Einmal hast Du Mich den Händen Nimrods überantwortet [=Abraham], ein andermal hast Du Pharaos Zuchtrute erlaubt, Mich zu verfolgen [=Moses]... Und wieder ward Ich gekreuzigt, weil Ich den Augen der Menschen die verborgenen Edelsteine Deiner herrlichen Einheit enthüllte, die wundersamen Zeichen Deiner unumschränkten, ewigen Macht offenbarte [=Jesus]... In einem späteren Zeitalter wurde Ich aufgehängt, und Meine Brust wurde den gehässigen, grausamen Pfeilen Meiner Feinde zum Ziel. Meine Glieder wurden von Kugeln durchlöchert, Mein Körper auseinandergerissen [=Báb]“ (*Ährenlese* 39:1; vgl. auch *Botschaften aus 'Akká* 8:7; *Kitáb-i-Íqán*, S. 110); vgl. auch die Verbildlichung der Manifestationen Gottes als ein und dieselbe wieder und wieder aufgehende Sonne (Bahá'u'lláh, *Kitáb-i-Íqán*, S. 24); zur Einheit der Manifestationen Gottes siehe auch Udo Schaefer, *Die mystische Einheit der Religionen*.

589 Bahá'u'lláh, *Kitáb-i-Íqán*, S. 196; vgl. auch *ebd.*, S. 161.

590 'Abdu'l-Bahá, *Briefe und Botschaften* 23:3; vgl. auch *ebd.* 23:4.

591 Báb, *Eine Auswahl aus Seinen Schriften* 2:24:2.

592 Shoghi Effendi, *The World Order of Bahá'u'lláh*, S. 114; vgl. *ebd.*, S. 166, sowie S. 114 im Anschluß.

593 Shoghi Effendi, *The Faith of Bahá'u'lláh*, S. 6. „Alle Manifestationen Gottes und Seine Propheten lehrten die gleichen Wahrheiten und gaben das gleiche geistige Gesetz... In der Wahrheit gibt es keine Spaltung... es [gibt] nur eine Wahrheit“ ('Abdu'l-Bahá, *Ansprachen in Paris* 44:9, 25); vgl. auch *'Abdu'l-Bahá in London*, S. 62; *The Promulgation of Universal Peace*, S. 106.

594 Bahá'u'lláh, *Kitáb-i-Íqán*, S. 192.

Jedoch sind die Botschaften der verschiedenen Religionen nicht gleich, sondern nur „wesensgleich“[596]. In ihren unmittelbaren Zielen, ihren konkreten Heilszielen unterscheiden sich die Religionen. Jeder Gottesoffenbarer war „Träger einer besonderen Botschaft“[597], wie ‘Abdu’l-Bahá mit Blick auf das Bahá’ítum erläutert:

> „In jeder Sendung galt das Licht göttlicher Führung einem zentralen Thema... In dieser wundersamen Offenbarung... ist die Grundlage der Religion Gottes und das unterscheidende Merkmal Seines Gesetzes das Bewußtsein der Einheit der Menschheit.“[598]

Die konkreten Heilsziele der Religionen sind einander mit Blick auf die Gesamtfunktion des Heilsplanes komplementär.[599] Die evidentermaßen zwischen den Religionen gegebenen Unterschiede erklärt die Bahá'í-Theologie durch eine Reihe noch darzustellender Gründe.

e) Fortschreitende Gottesoffenbarung: Zur Relativität und Progressivität religiöser Wahrheit

Wenn die Religionen wesens-, funktions- und ranggleich sind, und alle eine Wahrheit verkörpern, warum gibt es dann so viele Verschiedene? Worin hat die Universalität religiöser Gottesoffenbarung und die dadurch bedingte Pluralität der Religionen also ihren Grund?

Die Bahá'í-Lehre sieht neben einer intellektuellen und sozialen auch eine sittlich-geistige Evolution des Menschen: Die Verstandesfähigkeiten des Menschen potenzieren sich, seine Selbstorganisation und -verwaltung differenziert sich aus und wird anspruchsvoller, aber auch sein moralisch-sittliches Erkenntnisvermögen, seine geistige Fassungskraft und seine Empfänglichkeit für religiöse Wahrheit nehmen im historischen Prozeß beständig zu. Gleich dem Individuum, das

---

[595] ‘Abdu’l-Bahá, *Ansprachen in Paris* 44:9.

[596] Bahá’u’lláh, *Ährenlese* 34:3.

[597] Bahá’u’lláh, *Ährenlese* 31; vgl. auch *Ährenlese* 34:4, sowie *Kitáb-i-Íqán*, S. 176.

[598] zit. in: Shoghi Effendi, *Der verheißene Tag ist gekommen*, S. 179. Diesen Gedanken konkretisiert Shoghi Effendi, indem er im Hinblick auf die jeweilige Aus- und Stoßrichtung der Religionen im Zentrum der christlichen Botschaft das Individuum sieht (*The Promised Day is come*, S. 119 f.), während der Islam das Konzept von Nation und Staat eingeführt und seiner Lehre einverleibt habe (*ebd.*, S. 120). Das Bahá'ítum dagegen sei mit seiner Botschaft an die gesamte Menschheit gerichtet (*ebd.*, S. 120 f.; dahingehend auch Bahá'u'lláh, *Botschaften aus 'Akká* 7:17; vgl. zudem *ebd.* 7:5, 8:31, 9:6, 11:3, 4); vgl. zu letzterem auch folgende Aussage Bahá'u'lláhs: „Einst wurde offenbart: ‚Die Liebe zum Vaterland ist ein Bestandteil des Gottesglaubens’. Die Zunge der Größe [=Bahá'u'lláh] jedoch verkündet am Tage Seiner Offenbarung: ‚Es rühme sich nicht, wer sein Vaterland liebt, sondern wer die ganze Welt liebt’.“ (*Botschaften aus 'Akká* 7:14).

[599] vgl. Shoghi Effendi, *The Faith of Bahá'u'lláh*, S. 6; *The World Order of Bahá'u'lláh*, S. 58.

vom Kind über den Jugendlichen zum Erwachsenen reift, durchläuft die Menschheit einer in der Schrift verwandten Analogie zufolge verschiedene Reifestadien.[600] Gott begleitet und steuert diese Entwicklung mittels seines Heilsplanes, indem er das Erscheinen von Religionen sowie die inhaltliche Reichweite ihrer Botschaft an der geistigen Erkenntnis- und Aufnahmefähigkeit des Menschen ausrichtet. Jede Offenbarung adressiert die Menschen ihrer Zeit und Epoche, ihnen will sie stets adäquat sein. Jeweils unterschiedliche sozio-kulturelle Bedingungen verlangen aber in der Sache je unterschiedliche Lehrinhalte und Normen sowie in der Form je unterschiedliche Vermittlungsmuster und Sprachmodi. Mithin sind es die Anforderungen und Bedürfnisse der jeweiligen, sich stets wandelnden Zeit, die die Existenz der verschiedenen Religionen ebenso bedingen wie die meisten der zwischen ihnen bestehenden Divergenzen[601].

Dieser Gedanke einer Heilsverkündung, die „an der wechselnden Empfänglichkeit einer in stetem Wandel befindlichen Welt“[602] orientiert ist, ist ein Leitmotiv der Bahá'í-Theologie:

> „Wisse mit Gewißheit, daß in allen Sendungen das Licht göttlicher Offenbarung den Menschen stets so gewährt wurde, wie es ihrer geistigen Fassungskraft entsprach.“[603] „Just as the organic evolution of mankind has been slow and gradual... so has the light vouchsafed by the Revelation of God, at various stages in the evolution of religion, and reflected in the successive Dispensations of the past, been slow and progressive. Indeed the measure of Divine Revelation, in every age, has been adapted to, and commensurate with, the degree of social progress achieved in that age by a constantly evolving humanity.“[604]

Ganz so äußert sich Bahá'u'lláh über seine eigene Sendung:

> „Die Offenbarung, deren Träger ich bin, ist der geistigen Empfänglichkeit und Aufnahmefähigkeit der Menschheit angepaßt.“[605]

---

600 Bahá'u'lláh, *Kitáb-i-Aqdas* 189; 'Abdu'l-Bahá, *The Promulgation of Universal Peace*, S. 37; Shoghi Effendi, *The Promised Day is come*, S. 117; *The Faith of Bahá'u'lláh*, S. 7; *The World Order of Bahá'u'lláh*, S. 166, 202.

601 „Daß sie [=die Religionen] Unterschiede aufweisen, ist auf die unterschiedlichen Bedingungen der Zeiten zurückzuführen, da sie offenbart wurden“ (Bahá'u'lláh, *Brief an den Sohn des Wolfes*, S. 28).

602 Bahá'u'lláh, *Ährenlese* 34:5.

603 Bahá'u'lláh, *Ährenlese* 38.

604 Shoghi Effendi, *The Promised Day is come*, S. 118; vgl. auch folgende Aussage 'Abdu'l-Bahás: „Was den menschlichen Bedürfnissen in der Frühgeschichte unseres Geschlechts angemessen war, ist weder passend noch genügend für die Erfordernisse des heutigen Tages, dieser Zeit des Neuen und der Vollendung“ ('Abdu'l-Bahá, zit. in: Shoghi Effendi, *The World Order of Bahá'u'lláh*, S. 165); zum Ganzen siehe ferner Bahá'u'lláh, *Botschaften aus 'Akká* 9:36; 'Abdu'l-Bahá, *Beantwortete Fragen* 11:12; *The Promulgation of Universal Peace*, S. 97 f.

605 Bahá'u'lláh, zit. in: Shoghi Effendi, *The World Order of Bahá'u'lláh*, S. 60. „Wir haben Unser Selbst in einem Maße offenbart, wie es der Aufnahmefähigkeit der Menschen Unseres

Die Ausrichtung der Religionsstiftung und -verkündung an der je aktuellen Erkenntniskapazität und den je gegebenen Bedürfnissen des Empfängers führt dazu, daß die religiösen Botschaften in ihrem Inhalt von je unterschiedlicher Tragweite sind, dass sie mithin im Hinblick auf das Maß der durch sie enthüllten Wahrheit differieren:

> „Die Offenbarung der Propheten Gottes in dieser Welt muß sich... im Ausmaß unterscheiden. Jeder von ihnen war Träger einer bestimmten Botschaft und beauftragt, sich durch besondere Taten zu offenbaren. Dies ist der Grund dafür, daß sie in ihrer Größe verschieden sind.“[606]

Indessen verhält es sich nicht nur so, daß das Maß der offenbarten Wahrheit unterschiedlich ist – mit jeder neuen Religionsstiftung wird stets ein *volleres* Maß an Wahrheit verkündet, Gewicht und Tragweite der Botschaft nehmen also sukzessive zu.[607] Darum auch bezeichnet die Bahá'í-Schrift dieses Konzept als „*fortschreitende* Gottesoffenbarung“[608]: Gott offenbart sich zur Erziehung und Erlösung des Menschen von dessen Beginn an systematisch, kontinuierlich, progressiv und expansiv, er schreibt die eine unteilbare Religion immer weiter fort und enthüllt bis in alle Ewigkeit stets größere Stücke ihrer Wahrheit.

Gott erneuert seine Religionen aber auch, um sie zu reformieren: Wie alles Lebendige unterliegen sie dem Gesetz des Verfalls, indem ihre Botschaft im Zeitlauf der Geschichte der Deformation, Ideologisierung, Dogmatisierung und Pervertisierung zum Opfer fällt und ihre Macht mißbraucht wird.[609] Die program-

---

Zeitalters gemäß ist“ (Bahá'u'lláh, zit. in: Shoghi Effendi, *The World Order of Bahá'u'lláh*, S. 116); vgl. auch *Die Verborgenen Worte* arab. 67; *Ährenlese* 33:2, 38.

[606] Bahá'u'lláh, *Ährenlese* 34:4. Die Religionen „unterscheiden sich... in der Stärke ihrer Offenbarung und in der Wirkkraft ihres Lichtes“ (*Kitáb-i-Íqán*, S. 110).

[607] Shoghi Effendi, *The World Order of Bahá'u'lláh*, S. 85 ff., 118; *The Faith of Bahá'u'lláh*, S. 7. Den Gedanken einer stets zunehmenden Offenbarungsfülle hat Shoghi Effendi – in bloßer Folgerichtigkeit – auch für Bahá'u'lláhs Sendung bestätigt (*The World Order of Bahá'u'lláh*, S. 60). Da die größere Wahrheitsfülle der jeweiligen religiösen Botschaft nur als Reflex der ihr korrespondierenden, größeren Aufnahmefähigkeit der Menschen ihrer Zeit zu verstehen ist, leitet sich daraus auch keine Superiorität der jeweiligen Stiftergestalt ab. Vielmehr lehrt die Bahá'í-Schrift, daß jede Manifestation Gottes zur Offenbarung einer unendlich größeren Wahrheitsfülle imstande war, sich aber aufgrund der beschränkten Kapazität der Botschaftsempfänger zurücknehmen mußte (Shoghi Effendi, *The World Order of Bahá'u'lláh*, S. 58).

[608] Bahá'u'lláh, *Ährenlese* 31:1; Shoghi Effendi, *The World Order of Bahá'u'lláh*, S. 102; *Unfolding Destiny*, S. 432; vgl. auch 'Abdu'l-Bahá, *The Promulgation of Universal Peace*, S. 378; Shoghi Effendi, *The World Order of Bahá'u'lláh*, S. 58, 103, 115, 163. Das Konzept der fortschreitenden Gottesoffenbarung findet sich bereits beim Báb: siehe nur *Eine Auswahl aus Seinen Schriften* 3:35, 3:34:1, 3:15:2 f., 3:17.

[609] siehe nur 'Abdu'l-Bahá, *Beantwortete Fragen* 43:8 ff. Nach einem Bild 'Abdu'l-Bahás durchläuft jede Religion der Natur gleich Jahreszeiten, die sie von einem verheißungsvollen, kraftgeladenen Frühling über die Blütezeit des Sommers zur rauhen Herbstzeit und schließlich zum sittlichen Verfall des Winters führen (*Beantwortete Fragen* 14:1-10; *The Promulga-*

matische Erneuerung der Religionen verdankt sich daher auch dem Bedürnis nach Reinigung und Befreiung von botschaftsfremden, heterogenen Sedimenten.[610] Zum anderen verlieren Religionen im Laufe ihrer Existenz an Kraft und moralischem Impetus[611]; erst die neue Religion führt zu einer geistigen Revitalisierung und sittlichen Erneuerung, zu einem neuen belebenden Frühling.[612]

Daß sich Gottesoffenbarung nach alledem dynamisch vollzieht, daß sie dabei stets den Umständen und Bedingungen des jeweiligen Zeitalters korreliert, und daß sie sich progressiv entfaltet, impliziert für die Bahá'í-Theologie ein weiteres Wesentliches: Den Gedanken nämlich, daß sie relativer Natur ist, wie Shoghi Effendi immer wieder betont.[613] Das heißt: Religiöse Wahrheit ist in ihrem Inhalt nicht unveränderlich und statisch, sondern variabel – ebenso variabel wie die Bedingungen, denen sie gilt.[614]

---

tion of Universal Peace, S. 10, 54 f., 95, 165). Nach einem anderen Bild gleicht die Religion einem Baum, der heranwächst und Früchte trägt, dann aber irgendwann verwittert, so daß der Gärtner einen neuen, frischen Baum pflanzen muß (*Beantwortete Fragen* 43:10).

610 vgl. nur 'Abdu'l-Bahá, *The Promulgation of Universal Peace*, S. 86. 'Abdu'l-Bahá spricht davon, daß „although the divine teachings are truth and reality, yet with the passage of time thick clouds envelop and obscure them. These clouds are imitations and superstitions" (*ebd.*, S. 62). In dem, was die Religionen an Fremdem, Irrigem und Verfehltem assimilieren, liegt aus Bahá'í-Sicht ein nicht unerheblicher Grund für die zwischen ihnen de facto bestehenden, in der Sache freilich nicht gegebenen Unterschiede.

611 siehe nur 'Abdu'l-Bahá *Beantwortete Fragen* 6:2, 7:4; Shoghi Effendi, *The World Order of Bahá'u'lláh*, S. 195.

612 Bahá'u'lláh, *Ährenlese* 74:1, 99:1; 'Abdu'l-Bahá, *The Promulgation of Universal Peace*, S. 38, 54 f., 95, 126 f., 278. Die belebende, regenerative Kraft des Bahá'ítums betont die Bahá'í-Schrift immer wieder: Bahá'u'lláh, *Ährenlese* 43:2, 99:1, 147:2; *Botschaften aus 'Akká* 7:14; zit. in: Shoghi Effendi, *The World Order of Bahá'u'lláh*, S. 107; 'Abdu'l-Bahá, zit. in: *The World Order of Bahá'u'lláh*, S. 169; Shoghi Effendi, *ebd.*, S. 60.

613 *The World Order of Bahá'u'lláh*, S. 58, 115; *Die Bahá'í-Weltreligion*, S. 8; *The Promised Day is come*, S. 108; *Bahá'í Administration*, S. 185.

614 Aus Bahá'í-Sicht ist religiöse Wahrheit nach alledem in zweifacher Hinsicht relativ: Sie ist relativ, weil sie auf das Erkenntnisvermögen der jeweiligen Adressaten bezogen ist, relativ aber auch im Sinne von kulturhistorisch bedingt und dadurch inhaltlich variant (=doppelte Relativität). Damit ist klar, was der Relativitätsgedanke nicht meint: Beliebigkeit oder nur relative Bedeutung der religiösen Botschaft. Für das von ihr jeweils ausgefüllte heilsgeschichtliche Äon beansprucht jede Religion absolute Geltung, innerhalb dieses Zeitraumes ist ihr Gehorsamsanspruch umfassend – jede andere Sicht von Religion bräche sich an dem Gedanken ihrer Funktion und ihres Anspruchs, sowie insbesondere an dem Konzept der Allmacht und Souveränität Gottes. Zum Relativitätsgedanken siehe, jedoch anders, Jack McLean, *Prolegomena to a Bahá'í Theology*, S. 37 ff.; Udo Schaefer, *Heilsgeschichte und Paradigmenwechsel*, S. 156 ff.

f) Zu den zwei Komponenten von Religion

Indessen sind aus Bahá'í-Sicht nicht alle Inhalte der religiösen Botschaft gleichermaßen relativ, einige sind sozusagen relativer als andere. Näher besehen zerfällt nämlich jede religiöse Botschaft in zwei Komponenten: Einen in seinem Kern unveränderlichen, statischen Teil und einen in hohem Maße dynamischen, variablen Teil:

aa) Lex divina aeterna: Der unveränderliche Essentialgehalt der religiösen Botschaft

Die erstgenannte Komponente der Religionen, nach 'Abdu'l-Bahá ihr „Allerheiligstes"[615], besteht in ihren „Grundwahrheiten"[616]. Sie gilt der Beziehung des Einzelnen zu Gott, seiner moralischen Vervollkommnung und seinem Seelenheil.[617] „Tugenden und göttliche Eigenschaften"[618] werden hier ebenso vermittelt wie „Moralprinzipien"[619], die „ethische Entwicklung" und „der geistige Fortschritt der Menschheit"[620] stehen im Visier. In einem Wort: Es geht um „den einen Kodex der Sittlichkeit"[621], den, wie die Bahá'í es sehen, identischen Wesens- und Wahrheitskern aller Religionen, der in seinem Gehalt das geistige Erbe der Menschheit widerspiegelt:

> „Er ist Glaube, Wissen, Gewißheit, Gerechtigkeit, Frömmigkeit, Rechtschaffenheit, Vertrauenswürdigkeit, Liebe zu Gott, innerer Friede, Reinheit, Loslösung, Demut, Sanftmut, Geduld und Standhaftigkeit. Er ist Mitleid mit den Armen, verteidigt die Unterdrückten, beschenkt die Unglücklichen und hebt die Gefallenen auf"[622], „Wahrhaftigkeit, Reinheit des Herzens in der Zwiesprache mit Gott, Langmut, Ergebenheit in alles, was der Allmächtige verordnet, Zufriedenheit mit allem, was sein Wille bestimmt, Geduld, ja Dankbarkeit inmitten von Leiderfahrungen und vollkommenes Vertrauen auf ihn in allen Lebenslagen."[623]

Weil der Parameter dieser Komponente, das Individuum (insbesondere in seinem Verhältnis zu Gott), bei aller sozio-kulturellen Evolution in hohem Maße konstant bleibt, ist dieser essentielle Bestandteil der Heilsbotschaft zeitlos gültig

---

[615] *Beantwortete Fragen* 11:9.
[616] 'Abdu'l-Bahá, *The Promulgation of Universal Peace*, S. 118.
[617] 'Abdu'l-Bahá, *The Promulgation of Universal Peace*, S. 154, 393, 445.
[618] 'Abdu'l-Bahá, *Beantwortete Fragen* 11:9.
[619] 'Abdu'l-Bahá, *The Promulgation of Universal Peace*, S. 106; vgl. auch *ebd.*, S. 393, 403 sowie *Ansprachen in Paris* 44:9.
[620] 'Abdu'l-Bahá, *The Promulgation of Universal Peace*, S. 97.
[621] 'Abdu'l-Bahá, *Ansprachen in Paris* 44:8.
[622] 'Abdu'l-Bahá, *Beantwortete Fragen* 11:9.
[623] Bahá'u'lláh, *Ährenlese* 134:2.

– er „unterliegt weder Wechsel noch Wandel“[624], wird vielmehr zyklisch bestätigt[625]:

> „Jene Grundlagen der Religion Gottes, die geistiger Natur und die Tugenden der Menschheit sind, werden niemals aufgehoben. Sie werden nie abgesetzt, sind ewig und werden im Zeitalter jedes Propheten erneuert.“[626]

Diese die vertikale Achse[627] von Religion ausmachende Komponente der religiösen Botschaft, hier als *lex divina aeterna* bezeichnet[628], ist

> „der Kern im Gesetz Adams, Noahs, Abrahams, Mose, Christi, Muhammads, des Báb und Bahá'u'lláhs..., [der] besteht und gültig bleibt durch die Zeitalter aller Propheten. Niemals wird er aufgehoben, denn er ist geistige, nicht materielle Wirklichkeit.“[629]

---

[624] 'Abdu'l-Bahá, *Beantwortete Fragen* 11:9.

[625] 'Abdu'l-Bahá, *Beantwortete Fragen* 11:10.

[626] 'Abdu'l-Bahá, *Beantwortete Fragen* 11:11. Wenn Shoghi Effendi ungeachtet Schriftaussagen wie dieser *alle* religiöse Wahrheit als relativ ausweist, dann, weil auch der unveränderliche Kernbereich von Religion jeweils in relativen Kategorien vermittelt wird: Das Absolute ist dem Menschen aus Bahá'í-Sicht schlechthin unzugänglich, alles ihm Erschließbare ist relativ (dazu siehe Moojan Momen, *Relativism: A Basis for Bahá'í Metaphysics*). Zudem bleibt der Essentialgehalt von Religion durch inhaltliche Erweiterungen, Neukonturierungen und -akzentuierungen sowie durch je andere Formen- und Sprachwahl nie völlig identisch. Diese Komponente von Religion muß im übrigen schon deshalb dynamisch sein, weil Veränderungen in der einen Komponente zwingend Veränderungen in der anderen nach sich ziehen. Beispielsweise wirken sich Neuerungen in der Rechtsnormsphäre zwingend auf den Gehalt der individuellen Tugendwerte aus: Rechtsnormen sind mitkonstitutiv für eine materiale Rechtsethik, die ihrerseits einen Ausschnitt aus der materialen Sozialethik und damit einen Teilbereich der Ethik darstellt. Was rechtes Handeln des Einzelnen ist, bestimmt sich mithin auch über das, was eine gerechte Regelung der menschlichen Sozialbeziehungen sein will. Aufgrund der Verbundenheit der beiden Normbereiche bedeuten daher Veränderungen in dem einen immer auch Veränderungen in dem anderen.

[627] Udo Schaefer spricht von der vertikalen und der horizontalen Dimension von Religion: *Heilsgeschichte und Paradigmenwechsel*, S. 165 ff.

[628] Lex im untechnischen Sinne und in Anlehnung an den Schriftbegriff „Gesetz Gottes“, der, wie bereits erwähnt, ebensowenig nur das Recht (der Religion) meint.

[629] 'Abdu'l-Bahá, *Beantwortete Fragen* 11:8; vgl. auch *ebd.* 11:9. Auf diesen unveränderlichen Kern von Religion zielt Shoghi Effendi ab, wenn er von den „ewigen Wahrheiten, die allen Religionen der Vergangenheit zugrunde liegen“ (*The Faith of Bahá'u'lláh,* S. 6; vgl. auch *The World Order of Bahá'u'lláh*, S. 58, 114), den „elementaren Grundsätzen, die allezeit Leben und Fortschritt der Menschheit bestimmen müssen“ (*The Promised Day is come*, S. 112), oder den „gleichen erhabenen Maßstäben [aller Propheten Gottes] für das Verhalten des Einzelnen“ (*The World Order of Bahá'u'lláh*, S. 61) spricht. Nach 'Abdu'l-Bahá handelt es sich bei der Lehre von der Einheit und Unteilbarkeit des Menschengeschlechts um einen solchen unveränderlichen Fundamentalkern der religiösen Botschaft (*The Promulgation of Universal Peace*, 12). Einen jedenfalls für die Zukunft unabänderlichen Grundsatz benennt Bahá'u'lláh: „Kampf und Streit sind ein für allemal verboten in Seinem Buche. So lautet der Ratschluß Gottes in dieser Größten Offenbarung. Er ist von Gott davor bewahrt, jemals aufgehoben zu werden“ (*Kitáb-i-'Ahd* 1:6).

Wenn die in allen Religionen weitgehend übereinstimmenden Wertvorgaben für eine personale Ethik, wie sie in der sog. Goldenen Regel[630] zusammengefaßt sind, auch im Bahá'ítum zu finden sind, so handelt es sich dabei nach Auffassung der Bahá'í um ein

> „restatement of the truth underlying all the Revelations of the past in a language suited to its [= the world of today] essential requirements."[631]

Die lex divina aeterna wird nach 'Abdu'l-Bahá in periodischen Abständen je aufs Neue bestätigt, weil am Ende eines jeden heilsgeschichtlichen Äons „das geistige Gesetz Gottes, das heißt die menschlichen Tugenden, verloren" gehen, „und nur die äußere Form... zurück" bleibt[632] – mit ihrer erneuten Bekräftigung werden die Moralwerte jeweils mit einem neuen göttlichen Impuls versehen, der ihnen wieder Ansehen und allgemeine Geltung verschafft.[633]

bb) Lex divina temporalis: Der dynamische, variable Baustein der religiösen Botschaft

Die zweite Komponente der Religion liegt demgegenüber in erster Linie in ihrer gesellschaftlichen Seite und zeichnet sich durch Disponibilität und inhaltliche Variabilität aus: Wenn die soziale Evolution des Menschen eine situative Würdigung der durch sie ständig neu determinierten menschlichen Bedürfnisse verlangt, so sind die zu diesem Zweck erlassenen Normen unweigerlich in besonderem Maße sozial- und kulturrelativ. Dementsprechend können sie nur temporären Geltungsanspruch erheben, und müssen der göttlichen Reformation in besonders hohem Maße unterliegen. Im gesellschafts- und sozialbezogenen Teil der Religion hat der Gedanke der Relativität aller Gottesoffenbarung seinen primären, eigentlichen Platz. Hier bezieht er sich nicht nur auf die Form (wie beispielsweise eine der Zeit adäquate Sprache), sondern auch auf den Inhalt der religiösen Normen.

Im Zentrum des alterablen Teils von Religion stehen dementsprechend Sozialnormen.[634] Als beispielhafte Materien seien das Ehe-[635], Erb-, Straf-[636] und Handelsrecht[637] angeführt. Daneben umfaßt die zweite Komponente von

[630] Bahá'u'lláh hat sie wiederholt für das Bahá'ítum normiert: siehe *Kitáb-i-Aqdas* 148; *Botschaften aus 'Akká* 6:20; *Ährenlese* 66:8.

[631] Shoghi Effendi, *The World Order of Bahá'u'lláh*, S. 47.

[632] 'Abdu'l-Bahá, *Beantwortete Fragen* 11:10; siehe zudem *ebd.* 11:10 ff.

[633] vgl. 'Abdu'l-Bahá, *The Promulgation of Universal Peace*, S. 95; vgl. ferner *Beantwortete Fragen* 11:10. Unter anderem deshalb erscheinen die Religionen Shoghi Effendi zufolge stets gerade dort, wo ihre Vorläuferreligionen den stärksten Niedergang und Verfall erfahren haben (*The Advent of Divine Justice*, S. 17 ff.), wo das Bedürfnis nach fundamentalen Veränderungen also am Größten ist.

[634] 'Abdu'l-Bahá, *The Promulgation of Universal Peace*, S. 97, 339.

[635] 'Abdu'l-Bahá, *Beantwortete Fragen* 11:12; *The Promulgation of Universal Peace*, S. 169, 393, 445.

delsrecht[637] angeführt. Daneben umfaßt die zweite Komponente von Religion ganz wesentlich die Vorschriften des Kults, also die rituellen Bestimmungen zum Beten, Fasten, Pilgern und zum Gottesdienst.[638] Diese Normen des Zeremonial- oder Ritualgesetzes gehören zwar nicht der gesellschaftlich-sozialen Seite von Religion zu, sind aber gleichwohl in hohem Maße variabel, weil Maß und Form von Vergeistigung und moralischer Festigung in hohem Maße kulturabhängig sind.[639] Beide Bestandteile dieser *lex divina temporalis*, die Rechts- und Sozialnormen sowie die kultischen Vorschriften der Religion, sind „nach den Forderungen von Zeit, Ort und Verhältnissen"[640] der göttlichen Revision und Reformation ausgesetzt. Die lex divina temporalis wird

> „in jedem prophetischen Zyklus je nach den Erfordernissen der Zeit geändert und abgewandelt."[641]

Bahá'u'lláh schreibt hierzu:

> „Wisse, daß in jedem Zeitalter und in jeder Sendung die göttlichen Gesetze geändert und den Erfordernissen der Zeit entsprechend gewandelt wurden, das Gesetz der Liebe ausgenommen, das, einer Quelle gleich, immer fließt und nie einem Wandel unterliegt."[642]

Die Liebe steht hier pars pro toto für den ehernen Kernbereich der Offenbarung.[643]

---

636 'Abdu'l-Bahá, *The Promulgation of Universal Peace*, S. 98, 106, 169, 393, 404, 445; *Beantwortete Fragen* 11:12.

637 'Abdu'l-Bahá, *Beantwortete Fragen* 11:12; zit. in: John E. Esslemont, *Bahá'u'lláh und das neue Zeitalter*, S. 145.

638 'Abdu'l-Bahá, *Beantwortete Fragen* 11:12. Als weitere beispielhafte Inhalte der veränderlichen Komponente von Religion führt 'Abdu'l-Bahá noch die „Gerichtsbarkeit" (*ebd.*), „geschäftliche Angelegenheiten" (*ebd.*), das Speisegesetz (*The Promulgation of Universal Peace*, S. 405) sowie das Talionsprinzip (*ebd.*, S. 106, 169) an.

639 Nach Bahá'u'lláh gilt daher für das Gebet stellvertretend für den gesamten religiösen Kult: „In allen Sendungen [ist] das Gesetz des Gebetes ein Grundelement der Offenbarung der Propheten Gottes..., ein Gesetz, dessen Form und Art jedoch den unterschiedlichen Erfordernissen der jeweiligen Zeit angepaßt ist" (*Kitáb-i-Íqán*, S. 39).

640 'Abdu'l-Bahá, *The Promulgation of Universal Peace*, S. 339.

641 *Beantwortete Fragen* 11:12; vgl. auch *The Promulgation of Universal Peace*, S. 98, 106, 169, 404, 445. Beispiele für Normaufhebungen und -änderungen durch neue Religionsstiftungen liefert 'Abdu'l-Bahá in: *Beantwortete Fragen*, Kap. 20; *Ansprachen in Paris* 44:11 f.; *The Promulgation of Universal Peace*, S. 106, 168 f., 393, 404.

642 Bahá'u'lláh, zit. in: John E. Esslemont, *Bahá'u'lláh und das neue Zeitalter*, S. 201.

643 vgl. Udo Schaefer, *Heilsgeschichte und Paradigmenwechsel*, S. 166.

g) Das Bahá'í-Recht: Ein neues ius divinum

aa) Das Bahá'í-Recht als heilsgeschichtliches Epochenrecht und aktueller göttlicher Wille

An dieser Stelle hat der Gedankengang das Herz der zweiten theologischen Dimension des Bahá'í-Rechts erreicht: Der Inbegriff des sozial- und kulturrelativen, varianten Teils von Religion ist nämlich ihr Recht. Von den verschiedenen Elementen von Religion ist es zuallererst ihr ius divinum, welches im Zeitlauf der Geschichte immer wieder reformiert und erneuert wird. Genau deshalb stellt sich das Bahá'í-Recht den Bahá'í – wie alles ius divinum – als aktualisierter göttlicher Wille und heilsgeschichtliches Epochenrecht dar.

Wir rekapitulieren: Gott steht mit der Menschheit im Bund. Seine Bundespflicht erfüllt er, indem er sich den Menschen offenbart und durch seine Propheten Religionen stiftet, deren Werden und Wirken er mittels eines präzisen Heilsplanes koordiniert. Jede Religion und jeder Religionsstifter nehmen den gleichen Rang ein, verfolgen das gleiche Ziel und verkünden die selbe Wahrheit: Die Wahrheit der *einen,* unteilbaren Religion Gottes. In ihrer Mission sind alle Religionen auf einen bestimmten Zeitabschnitt des Heilsplanes beschränkt, nach dessen Ablauf Gott seine Heilsbotschaft erneuert, indem er sich aufs Neue offenbart. Die Erneuerung der einen ewigen Religion vollzieht sich dabei in einem dynamisch fortschreitenden Prozeß, innerhalb dessen der göttliche Wille mit dem Ziel, dem sozial-gesellschaftlichen Fortschritt sowie der wachsenden moralisch-geistigen Fassungskraft des Menschen Rechnung zu tragen, in stets größerer Fülle und progressiverem Gehalt evolutionsadäquat offengelegt wird.

Im Zentrum dieses kontinuierlichen Erneuerungs- und Adaptierungvorgangs steht das Offenbarungsrecht, und damit der relative Teil von Religion schlechthin: Wenn Relativität religiöser Wahrheit ihre dynamische Veränderbarkeit meint, dann ist das Bezugsobjekt dieses Gedankens in erster Linie das Offenbarungsrecht. Alles ius divinum unterliegt der ständigen Aufhebung, Ergänzung, Erweiterung und Erneuerung durch Gott, immer ist es aktualisierter göttlicher Wille und steht als solcher in einem untrennbaren inneren Zusammenhang mit den vorherigen, den nachfolgenden sowie den noch kommenden Rechtssetzungen Gottes. Weil das ius divinum für die Dauer eines einzelnen Religionszyklusses gilt und nur für diese, stellt es sich stets als heilsgeschichtliches Epochenrecht dar.

Ganz so sieht sich auch das Bahá'í-Recht: Bahá'u'lláh, für die Bahá'í das jüngste Glied einer uranfänglichen, bruchlosen und in alle Zukunft offenen Kette von Gottesoffenbarern, sieht sich von Gott mit der Mission betraut, der Menschheit an diesem bestimmten Abschnitt ihrer Geschichte und dem entsprechenden Punkt des Heilsplanes dessen Willen zu überbringen, der ganz maßgeblich auch das Bahá'í-Recht einschließt. Nicht nur hat Gott gesprochen (=ius divinum), er hat *erneut* gesprochen (=ein neues ius divinum), und sein Recht fordert für die Dauer der Bahá'í-Epoche universale Geltung ein. Für die Bahá'í ist ihr Recht nicht nur göttlicher Wille (=erste Anspruchsdimension), es ist *aktualisierter* göttlicher Wille (=zweite Anspruchsdimension). Konkret bedeutet dies: Aus Bahá'í-Sicht hat Bahá'u'lláh in seiner Eigenschaft als Gesetzgeber nicht nur neues Recht gesetzt, er hat dadurch zugleich auch – wie jeder Religionsstifter – das Recht der vorherigen Religion(en) aufgehoben.[644] Der Rechtsgedanke lex posterior derogat legi priori greift nach dem Glauben der Bahá'í also auch in der Heilsgeschichte.

Bahá'u'lláh als Träger der jüngsten göttlichen Willensemanation ist den Bahá'í dabei wie jede Offenbarungsgestalt Manifestation Gottes, nimmt aber als universale Manifestation eine besondere Stellung im derzeitigen Universalzykluss ein. Das Bahá'í-Recht ist also heilsgeschichtliches Epochenrecht an einem ganz besonderen Punkt der Heilsgeschichte, es versteht sich als integraler Bestandteil jenes sublimen Willens, der den Universalzykluss zu seiner Vollendung und die Menschheit zu ihrer Bestimmung führen soll.[645]

Während nach der Bahá'í-Deutung alles ius divinum der Religionen der lex divina temporalis zugehört, also relatives Recht ist, versteht sich von den Rechtssystemen der historischen Religionen nur das Bahá'í-Recht auch selbst so und deutet zugleich jedes andere Offenbarungsrecht entsprechend. Das Bahá'í-Recht sieht sich als ein Recht auf Abruf, mit Nachdruck besteht es darauf, daß es nur für einen Religionszyklus gelten will, und daß ihm a priori ein Verfallsdatum eingeschrieben ist.[646] Zudem sieht es sich nicht nur – wie jedes ius divinum – als heilsgeschichtliches Epochenrecht, sondern auch als das derzeit aktuelle Epochenrecht.

bb) Was ist neu? Zur Aktualisierungs- und Rechtsordnungsfähigkeit des ius divinum der Bahá'í

In diesen Gesichtspunkten erschöpft sich das Neue am ius divinum der Bahá'í indessen nicht. Zwei weitere grundsätzliche Neuerungen drängen sich auf:[647]

---

[644] Für konkrete Beispiele siehe *Kitáb-i-Aqdas*, darin inbes. Systematische Übersicht IV D 2. Hier nur ein Beispiel: „Wahrlich, Er verordnet nach seiner Wahl. Er hat nunmehr Schuldzinsen rechtmäßig gemacht, wie Er sie in der Vergangenheit unrechtmäßig gemacht hatte" (Bahá'u'llah, *Botschaften aus 'Akká* 8:74).

[645] Worauf dieser Wille ganz konkret gerichtet ist, wird dann in den letzten beiden theologischen Dimensionen unter IV 4 und 5 dargestellt.

[646] Sei dieses auch nur Gott bekannt. Immerhin ist den Bahá'í die Mindestdauer von eintausend Jahren versichert.

[647] Diese können jedenfalls nicht in einem besonders neuartigen, voraussetzungslosen Inhalt des Rechts liegen, besteht doch auch hier bei aller äußeren Dynamik angesichts der sachlichen

Hintergrund der ersten Neuerung ist aus Bahá'í-Sicht der Umstand, daß nach dem Heilsplan das Bedürfnis nach Aktualisierung des im ius divinum beschlossenen göttlichen Willens für die Bahá'í-Epoche offensichtlich stark ausgeprägt war. Und zwar so sehr, daß es nicht genügt hat, daß die Stiftergestalt Bahá'u'lláh ein für alle Mal neues ius divinum setzt: Hier finden wir mit dem Universalen Haus der Gerechtigkeit eine eigens geschaffene Rechtssetzungskörperschaft, die das ius divinum nach den je gegebenen Bedingungen der Zeit während des gesamten Religionszyklusses fortschreiben soll. Dies ist möglich, weil das abstrakte, ein bloßes Rahmenwerk bildende ius divinum der Schrift zur Setzung weiteren ius divinums, das seinerseits wieder aufgehoben werden kann, ermächtigt. Die hinter dieser Vorkehrung stehende ratio ist ganz offensichtlich, daß es in einer sich dramatisch schnell verändernden Welt nicht mehr genügen kann, daß Gott sein Recht im Abstand von heilsgeschichtlichen Epochen abrogiert – die Anpassung seines Rechtswillens an eine sich immer wieder neu erfindende Welt muß vielmehr *jederzeit* erfolgen können.[648] Darum wurde nach dem Glauben der Bahá'í von Bahá'ú'lláh eine Rechtsstruktur entworfen, die ein reformierbares und darum stets aktuelles ius divinum möglich macht. Nach Shoghi Effendi soll durch sie gar gewährleistet sein, daß sich das Bahá'ítum an der Spitze des gesellschaftlichen Fortschritts hält.[649]

Im Falle der Bahá'í-Religion bestand die von den Bahá'í angenommene göttliche Reformation des Rechts nach alledem weniger in seiner sachlichen Neufassung, als vielmehr in der Schaffung eines neuen Typus von ius divinum: Nämlich des von demokratisch gewählten Amtsträgern in einem Verfahren gesetzten, in der Sprache und den Systematisierungskategorien moderner Gesetzestechnik niedergelegte,[650] aufhebbare und gleichwohl als göttlich verstandene ius divinum complementum.

Verbundenheit der lex divina temporalis mit dem unveränderlichen Kernbereich von Offenbarung inhaltlich gesehen so etwas wie eine heilsgeschichtliche Tradition. So fällt das Bahá'í-Recht insgesamt auch nicht durch besonders ungewöhnliche Regelungsinhalte auf.

[648] Ein nur durch den Religionsstifter gesetztes Religionsrecht wäre entweder sehr bald schon nicht mehr zeitgemäß, oder aber infolge seiner großen Abstraktheit zwar stets evolutionsadäquat, aber ohne eine in das Einzelne greifende Regelungsdichte, und darum kaum wirklichkeitsgestaltend – so wohl der hinter dem Bahá'í-Rechtsmodell stehende Gedanke.

[649] „It should also be borne in mind that the machinery of the Cause has been so fashioned, that whatever is deemed necessary to incorporate into it in order to keep it in the forefront of all progressive movements, can, according to the provisions made by Bahá'u'lláh, be safely embodied therein" (Shoghi Effendi, *The World Order of Bahá'u'lláh*, S. 22 f.). Daß diese Textstelle der Setzung von ius divinum complementum gilt, zeigen ihre anschließenden Sätze.

[650] Man siehe etwa die Verfassung des Universalen Hauses der Gerechtigkeit, die im Hinblick auf systematische Ordnung und Gesetzessprache nicht anders abgefaßt ist, als jedes moderne Gesetz oder jede professionelle Satzung. Ähnliches ist für die künftige Gesetzgebung des obersten Hauses der Gerechtigkeit zu erwarten.

Das Neuartige am Recht der Bahá'í in der Perspektive der Heilsgeschichte ist aber nicht nur seine typenkonstitutive Fähigkeit, sich selbst zu aktualisieren: Auf einer sehr viel grundlegenderen Ebene neu ist auch, daß – wie Shoghi Effendi betont – erstmals in der Religionsgeschichte vom Religionsstifter selbst Vorkehrungen für eine weitere Rechtsentwicklung der Gemeinde getroffen wurden,[651] und dies, wichtiger noch, in Gestalt von ius divinum. Daß es also *überhaupt* ein ausgeprägtes, sich auf viele Lebens- und Sachbereiche erstreckendes ius divinum geben soll, daß der Wegweisungs- und Normierungswille Gottes nunmehr so dezidiert, systematisch und inhaltlich breitflächig der Gesellschaft gilt, daß sich, in einem Wort, Gottes Wille in einer vollständigen Rechtsordnung aus ius divinum materialisiert[652] – das ist im Glauben der Bahá'í sicher ein weiteres Neues an ihrem Recht.

4. Das ius divinum der Bahá'í als eschatologisches Erlösungsrecht

Ist das Resultat einer Decodierung des Bahá'í-Rechts göttlicher Wille, so fragt sich, worauf dieser ganz konkret gerichtet ist. Wenn Gott sich nach dem Bahá'í-Selbstverständnis in Bahá'u'lláh in gerade diesem Abschnitt der Heilsgeschichte, in dem der aktuelle Universalzykluss seine Erfüllung erfahren soll, offenbart hat, und seine Heilsverkündung dabei mit einem ausgeprägten Recht und den Inhalten gerade des Bahá'í-Rechts versehen hat, was war damit im Einzelnen bezweckt? Wohin soll die im Bahá'í-Recht seinem Anspruch nach beschlossen liegende, jüngste Willensäußerung Gottes ganz konkret führen?

a) Die Erlösung der Menschheit im innerweltlichen „Reich Gottes" als Zielpunkt des ius divinum

Das Bahá'í-Recht ist in seiner Funktion auf das von den Bahá'í erwartete „Reich Gottes auf Erden"[653] bezogen, dessen Vision in der Bahá'í-Schrift in ungekannter Konkretheit in direkter Anbindung an die eschatologischen Verheißungen der biblischen und außerbiblischen Religionen[654] entfaltet wird. Das Reich Gottes sehen die Bahá'í in der für den Horizont der Zeit angekündigten „Einheit der Menschheit", die das Eschaton verkörpert,[655] und in deren Verwirklichung nach

---

651 *The World Order of Bahá'u'lláh*, S. 20 ff., 145 f.

652 So wenig diese jetzt schon besteht, und so wenig sie sich jeder Sachmaterie annehmen könnte.

653 'Abdu'l-Bahá, *Ansprachen in Paris* 11:13; Shoghi Effendi, *God passes by*, S. 26; *Messages to the Bahá'í World*, S. 155.

654 vgl. Shoghi Effendi, *The Promised Day is come*, S. 123; *The World Order of Bahá'u'lláh*, S. 46; ein Zusammenhang zu den Verheißungen des Alten und Neuen Testaments ist hergestellt bei Shoghi Effendi, *The World Order of Bahá'u'lláh*, S. 205 f.

655 Dies ergibt sich daraus, dass das die Einheit der Menschheit verkörpernde „(Bahá'í) Weltgemeinwesen" (dazu siehe im folgenden im Text) in der Bahá'í-Schrift sowohl als entschei-

der Bahá'í-Schrift die Erlösung der Welt liegt[656]. Wie zuvor dargestellt, ist unter der Einheit der Menschheit nicht die idyllische Harmonie gesalbter und beglückter Gutmenschen zu verstehen, sondern die politisch-rechtliche Vereinigung der Nationen und Völker der Erde in einer neuen gesellschaftlich-staatlichen Ordnung der Welt. Diese sog. „Neue Weltordnung"[657], die in einem föderalen Weltgemeinwesen aller Staaten der Erde gesehen wird,[658] soll infolge ihres göttlichen Ursprungs[659] und ihrer darum unfehlbar-perfekten Architektur das Ende allen Krieges und aller feindseligen Gewalt sowie die „Herrschaft von Rechtschaffenheit und Gerechtigkeit auf Erden"[660] gewährleisten. Dies schließt die langfristige Beseitigung strukturell bedingter extremer sozialer Schieflagen und gesellschaftlicher Mißstände ebenso ein,[661] wie die Etablierung rechtsstaatlicher Strukturen auf dem ganzen Erdball[662]. In Aussicht gestellt ist ein „universaler Friede – ein

---

dende Bedingung wie auch als Verkörperung des Reiches Gottes auf Erden selbst gesehen wird (siehe nur Shoghi Effendi, *God passes by*, S. 26, 324; *Messages to the Bahá'í World*, S. 155; siehe ferner *The World Order of Bahá'u'lláh*, S. 61, 98, 203 ff.).

[656] vgl. 'Abdu'l-Bahá, *The Secret of Divine Civilization*, S. 73; Shoghi Effendi, *The World Order of Bahá'u'lláh*, S. 47; *The Promised Day is come*, S. 116; *Dawn of a new day*, S. 87 f.

[657] Siehe Bahá'u'lláh, *Kitáb-i-Aqdas* 181; Shoghi Effendi, *The World Order of Bahá'u'lláh*, S. 34, 109, 144, 157, 161, 162, 169, 170; *The Advent of Divine Justice*, 6, 14, 19, 20; *The Promised Day is come*, S. 118, 123; *God passes by*, S. XV, 94, 213; *Citadel of Faith*, S. 39; *Unfolding Destiny*, S. 124, 135; *Dawn of a new day*, S. 122; *Directives from the Guardian*, Nr. 110, 218, 224; *Letters from the Guardian to Australia and New Zealand*, S. 20; vgl. auch Bahá'u'lláh, *Ährenlese* 4:2; 143:3.

[658] Dies ergibt eine systematische Schau der Schrift; explizit gleichgesetzt sind die Begriffe „Neue Weltordnung" und „Weltgemeinwesen" in: Shoghi Effendi, *The Promised Day is come*, S. 118, sowie Brief vom 17. März 1934 (zit. in: *Lights of Guidance*, S. 320, Nr. 1077); zum Ganzen siehe Tajan Tober, *Ein föderaler Weltrechtsstaat am Ausgang der Zeit?*, S. 62 ff.

[659] Shoghi Effendi, *The World Order of Bahá'u'lláh*, S. 34.

[660] Shoghi Effendi, *The World Order of Bahá'u'lláh*, S. 19.

[661] siehe nur 'Abdu'l-Bahá, *The Promulgation of Universal Peace*, S. 132: „The essence of the matter is that divine justice will become manifest in human conditions and affairs, and all mankind will find comfort and enjoyment in life. It is not meant that all will be equal, for inequality in degree and capacity is a property of nature. Necessarily there will be rich people and also those who will be in want of their livelihood, but in the aggregate community there will be equalization and readjustment of values and interests. In the future there will be no very rich nor extremely poor. There will be an equilibrium of interests, and a condition will be established which will make both rich and poor comfortable and content"; vgl. auch Shoghi Effendi, *The World Order of Bahá'u'lláh*, S. 203 f.

[662] Das erklärte Ziel der neuen Ordnung ist nach 'Abdu'l-Bahá, daß „die Rechte aller Menschen gewahrt und gesichert seien, daß die kleinen Nationen wie die größeren in Frieden und Wohlfahrt unter dem Schutz von Recht und Gerechtigkeit leben" ('Abdu'l-Bahá, *Briefe und Botschaften* 71:2); vgl. auch folgende Aussage Bahá'u'lláhs: „Wir hegen die Hoffnung, daß das Licht der Gerechtigkeit über die Welt scheine und sie von aller Tyrannei heilige. Wenn die Herrscher und Könige der Erde... sich erheben und beschließen, sich dem zu weihen, was das höchste Wohl der ganzen Menschheit fördert, dann wird die Herrschaft der Gerechtigkeit sicherlich unter den Menschenkindern errichtet, und ihre Lichtstrahlen werden die ganze Erde erleuchten" (*Botschaften aus 'Akká* 11:6).

Friede auf der Grundlage von Rechtschaffenheit und Gerechtigkeit“[663]. In der Sprache der Schrift wird mit der neuen Ordnung die „endgültige Verschmelzung aller Rassen, Glaubenssysteme, Klassen und Nationen“[664] zum ewigen[665], sog. „Größten Frieden“[666] bewirkt. Der Größte Friede, dessen Signum die bereits angeklungene sog. „Größte Gerechtigkeit“[667] ist, soll seinerseits eine „göttliche Zivilisation“[668], eine „Weltzivilisation“[669] nach sich ziehen. Es ist dies der Gedanke einer Neuerschaffung[670] und Erlösung[671] des Menschen in der Immanenz auch und gerade durch die Vereinigung der Menschheit in einer neuen Ordnung.[672] Das Reich Gottes ist nach alledem in der Bahá'í-Deutung – trotz seiner metaphysischen Provenienz und Fundierung – ein Reich von dieser Welt, indem es sich in konkreten politischen, rechtlichen und sozialen Bedingungen ausdrückt, sowie auch solche zur Voraussetzung hat.

Die Bahá'í-Schrift antizipiert einen ausgreifenden zweiseitigen Prozess, der die Menschheit zur Realisierung dieser Bahá'í-Vision einer Vollendung der Heils-

---

663 'Abdu'l-Bahá, zit. in: *Frieden*, Nr. 25.

664 Shoghi Effendi, *The Promised Day is come*, S. 123.

665 vgl. Immanuel Kants berühmte Schrift *Zum ewigen Frieden.*

666 Bahá'u'lláh, Suriy-i-Haykal 180, in: *The Summons of the Lord of Hosts*, S. 93; *Botschaften aus Akká* 8:54; 'Abdu'l-Bahá, *Briefe und Botschaften* 37:2, 225:9; *The Promulgation of Universal Peace*, S. 11 f., 19, 28, 29, 36, 37, 39, 55, 57, 60, 67, 83, 100, 109, 116, 120 usw.; *'Abdu'l-Bahá in London*, S. 20, 29, 83; Shoghi Effendi, *The World Order of Bahá'u'lláh*, S. 19, 134, 157, 162 f., 168, 196; *The Promised Day is come*, S. 5, 26, 123; *God passes by*, S. 93, 224, 245, 331, 411.

667 Bahá'u'lláh, zit. in: *The Advent of Divine Justice*, S. 27; Shoghi Effendi, *God passes by*, S. 93, 170, 331; *The Promised Day is come*, S. 5. Dieser Begriff ist eine Metapher für die Herrschaft umfassender, höchster Gerechtigkeit. Nach Shoghi Effendi ist Gerechtigkeit „die alleinige, dauerhafte Grundlage“ (*The Advent of Divine Justice*, S. 29) des Größten Friedens.

668 „...that Divine Civilization, the establishment of which is the primary mission of the Bahá'í Faith“ (Shoghi Effendi, *The World Order of Bahá'u'lláh*, S. 3 f.).

669 Shoghi Effendi, *The World Order of Bahá'u'lláh*, S. 163, 203, 206; *The Promised Day is come*, S. 5 f., 123; *Citadel of Faith*, S. 6, 7, 18, 34, 38, 70, 109, 111, 123; vgl. auch 'Abdu'l-Bahá, *The Secret of Divine Civilization*, S. 5. Shoghi Effendi spricht auch von „jener Größten... Zivilisation“ (*The Promised Day is come*, S. 5 f.).

670 vgl. Shoghi Effendi, *The Advent of Divine Justice*, S 16; Bahá'u'lláh, zit. in: Shoghi Effendi, *The World Order of Bahá'u'lláh*, S. 109 f.; zit. in: Shoghi Effendi, *The Advent of Divine Justice*, S. 31; vgl. auch Bahá'u'lláh, *Brief an den Sohn des Wolfes*, S. 112, und Báb, *Eine Auswahl aus seinen Schriften* 6:2, 4.

671 vgl. Bahá'u'lláh, *Ährenlese* 146:1; zit. in: *The Promised Day is come*, S. 47; Shoghi Effendi, *The Promised Day is come*, S. 5, 116; *The World Order of Bahá'u'lláh*, S. 170, 195; *God passes by*, S. 402; *Citadel of Faith*, S. 21, 40, 62, 140; *Dawn of a new Day*, S. 88; *Messages to America*, S. 14; *Messages to the Bahá'í World*, S. 28, 116; *The Advent of Divine Justice*, S. 48; *Unfolding Destiny*, S. 49.

672 Ganz in diesem Sinne spricht Shoghi Effendi von der Bahá'í-Weltordnung der Zukunft als „world-unifying, world-redeeming order“ (*God passes by*, S. 60, 100) oder „world-redeeming, earth-encircling Order“ (*God passes by*, S. 38); vgl. auch *Citadel of Faith*, S. 1, und *Messages to the Bahá'í World*, S. 130.

geschichte im diesseitigen Reich Gottes, dem Fernziel des Bahá'ítums, tragen soll. In diesem Prozess hat das ius divinum der Bahá'í seine zentrale Aufgabe. Insoweit ist es funktionell auf die Verwirklichung des Gesamt- und Fernzieles des Bahá'ítums bezogen.

Wie aber sieht die Bahá'í-Lehre den Weg der Welt hin zur Errichtung von Reich Gottes und Neuer Weltordnung?

b) Niedergang, Aufbau, Vereinigung und Erlösung: Das eschatologische Szenario der Bahá'í-Schrift

aa) Zum Selbstverständnis der eschatologischen Aussagen der Bahá'í-Schrift

In eschatologischen Vorschauen, die gemäß der Natur der Materie vage gehalten sind, und deren systembildender Zusammenhang aus zumeist obiter dicta mühsam erschlossen werden muß, kommuniziert die Bahá'í-Schrift Hinweise zu dieser Frage. Dabei muß man wissen, wie diese Texte zu nehmen sind – Vorsicht und Zurückhaltung sind hier angebracht: Die drei Zentralgestalen des Bahá'í-Glaubens schweigen sich zu den konkreten Zügen der eschatologischen Vision gänzlich aus, alle konkreten Angaben zur Bahá'í-Eschatologie stammen aus der Feder Shoghi Effendis. Shoghi Effendi war keine Offenbarungsgestalt, deshalb ist klar: Es kann sich bei seinen Texten nicht um Prophezeiungen oder Voraussagen handeln. Shoghi Effendi hat vielmehr in seiner Funktion als berufener Interpret der Schrift auf ihrer Grundlage die weitere Entwicklung der Welt *antizipiert*. Die dabei entworfene Vision ist zwar auf die künftige Entwicklung der Welt bezogen, beansprucht aber nicht, sie faktisch zu beschreiben. Die Zukunft der Menschheit ist letztlich immer offen, denn Gott ist der Herr der Geschichte, und sein Wille läßt sich nach dem Glauben der Bahá'í nicht festschreiben. Die eschatologischen Aussagen haben vor diesem Hintergrund primär die Funktion, von Glanz und Größe des Kommenden zu künden und Glaubensgewissheit in der Frage der Heilserwartung zu stiften. Sie stellen keine Handlungsaufträge dar, und noch weniger ein politisches Programm[673].

---

[673] Dies schon (jenseits ihres Selbstverständnisses als bloße Antizipationen), weil sie unscharf, in hohem Maße konstruktionsbedürftig und ausgesprochen lückenhaft sind. Wirklich konkrete Aussagen zeitlicher oder sachlicher Art wird man in der Schrift vergebens suchen (wie sich beispielsweise die Vereinigung der Menschheit konkret vollziehen soll, wird nirgends thematisiert); alle Angaben verbleiben im Bereich des Ungefähren. Selbst wenn man diese Texte also gegen ihr Selbstverständnis als ein politisches Programm gebrauchen wollte, so wäre dieses Unternehmen a priori zum Scheitern verurteilt.
Wenn überhaupt, so hätte innerhalb der Bahá'í-Schrift nur in diesen Aussagen ein politisches Programm liegen können. Das für die Bahá'í seit Anbeginn des Bahá'ítums geltende, absolut greifende Verbot jedweder politischen Betätigung (siehe nur 'Abdu'l-Bahá, *Tablets of 'Abdu'l-Bahá Abbas*, S. 498; Shoghi Effendi, *The World Order of Bahá'u'lláh*, S. 64 ff.; *The*

Den visionären Vorschauen der Bahá'í-Eschatologie geht schon mit Blick auf ihre zeitliche Verortung jede praktische Relevanz ab: Ihr Charakter und die Gewaltigkeit der antizipierten Ereignisse lassen mit einiger Sicherheit annehmen, dass sie dort, wo sie eine Änderung der staatlichen Wirklichkeit in Aussicht stellen (inbesondere die Formierung einer neuen Ordnung), einer fernen, möglicherweise viele Jahrhunderte entfernten Zeit gelten.

bb) Gesellschaftliche Prozesse der Integration und Desintegration als Katalysatoren für eine Vereinigung der Welt

Die Bahá'í-Schrift lehrt, dass sich der Mensch im Laufe seiner Geschichte in immer größeren kollektiven Einheiten organisiert hat, von der Familie zum Stamm, Stadtstaat, und schließlich Nationalstaat[674], und daß der letzte und entscheidende soziale Integrationsschritt, der „krönende Schlußstein"[675] und die „Vollendung der menschlichen Evolution"[676], noch fehlt:[677] Die Vereinigung aller Menschen zur Menschheit in einem als „world super-state"[678] charakterisierten föderalen[679] Weltgemeinwesen, das nach den Schrifthinweisen in ihrer Summe als eine Art Weltbundesstaat zu verstehen ist[680]. Indem der Mensch

---

Advent of Divine Justice, S. 26; Shoghi Effendi, zit. in: *Lights of Guidance*, S. 445, Nr. 1453, S. 45, Nr. 1468 und S. 441 ff., Nr. 1440 ff.; *Directives from the Guardian*, Nr. 150-153) ist vor diesem Hintergrund als das praktische Gegenstück zu jenem Defizit in der Theorie zu sehen, das in dem Fehlen eines politischen Programms liegt.

674 Shoghi Effendi, *The World Order of Bahá'u'lláh*, S. 43; *The Promised Day is come*, S. 117 f.

675 Shoghi Effendi, *The World Order of Bahá'u'lláh*, S. 166.

676 Shoghi Effendi, *The World Order of Bahá'u'lláh*, S. 43.

677 „Unity of family, of tribe, of city-state, and nation have been successively attempted and fully established. World unity is the goal towards which a harassed humanity is [now] striving..." (Shoghi Effendi, *The World Order of Bahá'u'lláh*, S. 202). Der finale gesellschaftliche Integrationsschritt ist Shoghi Effendi zufolge ebenso notwendig wie unausweichlich (*The World Order of Bahá'u'lláh*, S. 43; *The Promised Day is come*, S. V, 118).

678 Shoghi Effendi, *The World Order of Bahá'u'lláh*, S. 7; vgl. auch Brief vom 12. Oktober 1936, zit. in: *Frieden*, Nr. 63; Brief vom 14. März 1939, zit. in: *Lights of Guidance*, S. 431, Nr. 1412; vgl. ferner *The World Order of Bahá'u'lláh*, S. 40 f. und *Directives from the Guardian*, Nr. 184.

679 'Abdu'l-Bahá, *The Promulgation of Universal Peace*, S. 167; zit. in: *The Advent of Divine Justice*, S. 137; Shoghi Effendi, *The World Order of Bahá'u'lláh*, S. 43, 45, 61, 204; Brief vom 16. Februar 1932, zit. in: *Frieden*, Nr. 56; Brief vom 5. September 1954, zit. in: *Lights of Guidance*, S. 130, Nr. 434.

680 dahingehend auch Ulrich Gollmer, *Desinformation als Methode*, S. 332. Die gegenüber dem Begriff Weltbundesstaat weniger weit reichende Bezeichnung „world super-state" soll wohl den Umstand, daß die nationalstaatliche Souveränität unbedingt erhalten werden soll (vgl. Shoghi Effendi, *The World Order of Bahá'u'lláh*, S. 41, 203), zum Ausdruck bringen, sowie auch im übrigen eine Abgrenzung vom zentralistisch gedachten Weltstaat leisten; zu der anempfohlenen Organisationsform siehe auch Shoghi Effendi, *Directives from the Guar-*

durch Gründung einer neuen Ordnung diese abschließende[681] sozialorganisatorische Entwicklungsstufe erreicht, überführt er sich selbst in das Stadium seiner Reife.[682]

Der finale politische Vereinigungsschritt der Menschheit vollzieht sich nach Shoghi Effendi in Gestalt zweier simultan verlaufender,[683] sachlich gegenläufiger Prozesse[684]. Diese Zwillingsprozesse sollen als Katalysatoren für eine Vereinigung der Menschheit in einer neuen staatlichen Ordnung fungieren. Der eine Prozess ist ein solcher der Desintegration und Dekomposition und wird von der gesamten Menschheit durchlaufen.[685] Der andere ist ein Integrations- und Aufbauprozess, der in der Enfaltung der Bahá'í-Gemeinde und ihrer Ordnung gesehen wird.[686] Immanentes Telos des Desintegrationsgeschehens ist die Beseitigung der einer Vereinigung der Menschheit entgegenstehenden Barrieren[687] durch die Auflösung der althergebrachten politisch-rechtlichen Ordnungsstrukturen der Welt. Dies als Voraussetzung für die Übernahme jener neuen Ord-

---

dian, Nr. 184, und *The World Order of Bahá'u'lláh*, S. 40, sowie 'Abdu'l-Bahá, *The Secret of Divine Civilization*, S. 64.

681 Nach Shoghi Effendi sind mit der Eingliederung aller Nationalstaaten in das weltumspannende staatliche Gemeinwesen „die äußersten Grenzen in der Organisation der menschlichen Gesellschaft....[erreicht], wenn sich auch der Einzelmensch als Folge dieser Vollendung unendlich weiter entwickeln wird und muß" (*The World Order of Bahá'u'lláh*, S. 163); dieses Stadium stellt „die letzte und höchste Stufe in der stupenden gesellschaftlichen Entwicklung des Menschen auf diesem Planeten" dar (*ebd.*).

682 Nach einem von Shoghi Effendi wiederholt gebrauchten Bild befindet sich die Menschheit derzeit im Stadium des auf dem Wege der Reifung befindlichen Jugendlichen (vgl. *The Promised Day is come*, S. 117; *The World Order of Bahá'u'lláh*, S. 202; vgl. auch 'Abdu'l-Bahá, zit in: Shoghi Effendi, *The Promised Day is come*, S. 118 f.), der mit der Vollendung seiner sozialen Evolution in das Erwachsenenalter (*The World Order of Bahá'u'lláh*, S. 202) respektive in das Stadium seiner Mündigkeit (Bahá'u'lláh, *Kitáb-i-Aqdas* 189; Shoghi Effendi, *Citadel of Faith*, S. 81) und Reife (*The World Order of Bahá'u'lláh*, S. 164, 205) tritt.

683 vgl. Shoghi Effendi, *The Advent of Divine Justice*, S. 72; *Messages to the Bahá'í World*, S. 103.

684 vgl. *The World Order of Bahá'u'lláh*, S. 170 („twofold process"); *The Promised Day is come*, S. 17 („dual phenomenon"); *The Advent of Divine Justice*, S. 46 f. („God-born force... acting even as a two-edged sword"); vgl. auch Shoghi Effendi, Brief vom 5. Juli 1938, zit. in: *Lights of Guidance*, S. 132, Nr. 442. Die Gegenläufigkeit ergibt sich aus der nachfolgend dargestellten, jeweiligen Entwicklungsrichtung.

685 Shoghi Effendi, *Messages to the Bahá'í World*, S. 102; vgl. auch *The World Order of Bahá'u'lláh*, S. 170; *The Promised Day is come*, S. 17.

686 Shoghi Effendi, *Messages to the Bahá'í World*, S. 102, 103 f.; *The World Order of Bahá'u'lláh*, S. 170; *The Promised Day is come*, S. 17; vgl. auch *The World Order of Bahá'u'lláh*, S. 194. Dieser Integrationsprozess der Bahá'í-Gemeinde ist nota bene nur ein Teil jenes Integrationsschrittes, den die Menschheit zur Vollendung ihrer sozialen Evolution gehen muß, und daher nicht mit diesem zu verwechseln.

687 Shoghi Effendi, *The World Order of Bahá'u'lláh*, S. 170. Das Universale Haus der Gerechtigkeit spricht in diesem Zusammenhang von „barriers to world unity" (Brief vom 8. Dezember 1967, zit. in: *Wellspring of Guidance*, S. 133).

nung, die sich als Frucht des gegenläufigen, als konstruktiv charakterisierten[688] Bahá'í-Integrationsprozesses darstellt:[689] Die Ordnung der Bahá'í-Gemeinde soll sich unter erheblichen Transformationen am Horizont der Zeit zur Neuen Weltordnung entwickeln.[690] Die Gründung der Neuen Weltordnung markiert also den Vereinigungspunkt der beiden Entwicklungsstränge.[691]

Den theologischen Deutungen Shoghi Effendis läßt sich entnehmen, daß die Desintegrationen der Gesellschaft auf zwei Ebenen stattfindet[692]: Zum einen auf der Ebene der institutionalisierten Ordnungswelt[693]: Hier erfolgt eine erhebliches menschliches Leid[694] und beträchtliche gesellschaftlich-soziale Umwälzungen[695] mit sich bringende

---

[688] *The World Order of Bahá'u'lláh*, S. 170.

[689] Zum Gedanken einer Ersetzung der „alten Ordnung" (für diesen Schriftbegriff siehe Shoghi Effendi, *Messages to America*, S. 52; *The World Order of Bahá'u'lláh*, S. 169; *The Advent of Divine Justice*, S. 11; *Unfolding Destiny*, S. 153) durch die „neue Ordnung" (*The World Order of Bahá'u'lláh*, S. 52, 169; *Citadel of Faith*, S. 58; *The Advent of Divine Justice*, S. 11) siehe Shoghi Effendi, *The Promised Day is come*, S. 17.

[690] Der sich in diesen Zeilen ausdrückende Gedanke einer Rekonstruktion der zivilen Welt im Wege sich ablösender Ordnungsstrukturen ist in zwei berühmten Passagen bereits bei Bahá'u'lláh antizipiert: „Bald wird die heutige Ordnung aufgerollt und eine neue an ihrer Statt entfaltet werden" (*Ährenlese* 4:2); „Bei meinem Selbst! Der Tag naht, da wir die Welt und alles, was in ihr ist, aufgerollt und eine neue Ordnung an ihrer Statt ausgebreitet haben werden" (*Ährenlese* 143:3).

[691] Dies ergibt eine systematische Zusammenschau der einschlägigen Schriftaussagen; siehe auch unten IV 4 b ee.

[692] Soll heißen: Bereits stattgefunden hat, und auch weiterhin in Zukunft stattfinden wird.

[693] Eine ganze Reihe von Bedingungen werden hier benannt: Kriege, allen voran die beiden Weltkriege (Erster Weltkrieg: *The World Order of Bahá'u'lláh*, S. 29; *Citadel of Faith*, S. 32; der Zweite Weltkrieg ist 1938 im Vorgriff theologisch gedeutet in: *The Advent of Divine Justice*, S. 90 f. und in: *The World Order of Bahá'u'lláh*, S. 46; letzteres unter Berufung auf die dort angeführte Aussage 'Abdu'l-Bahás: „ein weiterer Krieg, grimmiger, als der letzte, wird sicherlich ausbrechen"; vgl. hierzu auch *ebd.*, S. 45 f.); der Untergang mächtiger Staatengebilde (*The World Order of Bahá'u'lláh*, S. 171; vgl. auch *God passes by*, S. XI), und der Sturz der sie tragenden Monarchien (*Messages to the Bahá'í World*, S. 103; *God passes by*, S. XI; siehe ferner *The Promised Day is come*, S. 3; siehe zum Ganzen auch *God passes by*, S. 227 f.); der Zusammenbruch der allgemeinen politischen und wirtschaftlichen Ordnung (*The World Order of Bahá'u'lláh*, S. 188 ff.); der Verlust von Einfluß und Bedeutung religiöser Institutionen (*The World Order of Bahá'u'lláh*, 172 ff., 179 ff.; *Messages to the Bahá'í World*, S. 103; vgl. auch *God passes by*, S. XI) sowie auch sonst der „Verfall altehrwürdiger Institutionen" (*God passes by*, S. XII; vgl. auch *The Promised Day is come*, S. 3). Zum Ganzen siehe *The Promised Day is come*, wo Shoghi Effendi eine theologische Deutung einiger wichtiger politischer wie welthistorischer Ereignisse seit Geburt des Bahá'ítums vorlegt.

[694] Dieses hat in erster Linie kathartische Funktion, und soll die Menschheit auf ihre Bestimmung vorbereiten. Shoghi Effendi spricht von einem „disciplinary and creative process, whose aim is the salvation, through unification, of the entire planet." (*The Promised Day is come*, S. 116): „...nothing short of the fire of a severe ordeal, unparalleled in its intensity, can fuse and weld the discordant entities that constitute the elements of present-day civilization,

> „dissolution of ties, secular as well as religious, that had for so long held together the members of the human race.“[696]

Auf der anderen Seite zeigt sich die Desintegration von Gesellschaft auf der Ebene des Einzelnen, dort in Moralverfall, sittlicher Desorientierung und geistiger Konfusion.[697]

---

into the integral components of the world commonwealth of the future“ (*The World Order of Bahá'u'lláh*, S. 46); vgl. auch *Messages to the Bahá'í World*, S. 103. Die Erwartung umfassenden Leides für die Menschheit bringt bereits Bahá'u'lláh mit besonderer Eindringlichkeit zum Ausdruck: „O ihr Völker der Welt! Wisset wahrlich, daß unerwartetes Unheil euch verfolgt und schmerzliche Vergeltung eurer harrt.“ (*Verborgenene Worte* pers. 63); „The hour is approaching when the most great convulsion will have appeared. I swear by Him Who is the Truth! It shall cause separation to afflict everyone...“; „The Promised Day is come, the day when tormenting trials will have surged above your heads, and beneath your feet...“; „The time for the destruction of the world and its people hath arrived. He Who is the Pre-Existent is come, that He may bestow everlasting life...“ (zit. in: *The Advent of Divine Justice*, S. 81).

695 Shoghi Effendi spricht von einem „world upheaval“ (*The Advent of Divine Justice*, S. 3; *God passes by*, S. 315; *Citadel of Faith*, S. 32), einer „universal fermentation“, die alle Bereiche des menschlichen Daseins erfaßt (*The World Order of Bahá'u'lláh*, S. 170), einem „tempest, unprecedented in its violence, unpredictable in its course, catastrophic in its immediate effects, unimaginably glorious in its ultimate consequences, [which] is at present sweeping the face of the earth“ (*The Promised Day is come*, S. 3). Einer häufigen Wendung Shoghi Effendi zufolge ist das „Gleichgewicht der heutigen Gesellschaft“ (*Citadel of Faith*, S. 40), ja „des gesamten Planeten“ (*Citadel of Faith*, S. 81) aus den Fugen geraten (siehe nur *Citadel of Faith*, S. 117; *Messages to the Bahá'í World*, S. 103; *The Advent of Divine Justice*, S. 3; *The Promised Day is come*, S. 3; *The World Order of Bahá'u'lláh*, S. 34); vgl. hierzu auch Bahá'u'lláh, *Kitáb-i-Aqdas* 181: „Die Welt ist aus dem Gleichgewicht geraten durch die Schwungkraft dieser größten, dieser neuen Weltordnung. Die Lebensordnung der Menschheit ist aufgewühlt durch das Wirken dieses einzigartigen, dieses wundersamen Systems.“

696 Shoghi Effendi, *God passes by*, S. XII; Shoghi Effendi spricht auch von der Auflösung jener „uralten Bande, die über Jahrhunderte das Gefüge der zivilisierten Welt zusammgehalten haben“ (*The Advent of Divine Justice*, S. 39).

697 „The perversion of human nature, the degradation of human conduct, the corruption and dissolution of human institutions, reveal themselves, under such circumstances, in their worst and most revolting aspects. Human character is debased, confidence is shaken, the nerves of discipline are relaxed, the voice of human conscience is stilled, the sense of decency and shame is obscured, conceptions of duty, of solidarity, of reciprocity and loyalty are distorted, and the very feeling of peacefulness, of joy and of hope is gradually extinguished“ (*The World Order of Bahá'u'lláh,* S. 187). „The spread of lawlessness, of drunkenness, of gambling, and of crime; the inordinate love of pleasure, of riches, and other earthly vanities; the laxity in morals, revealing itself in the irresponsible attitude towards marriage, in the weakening of parental control, in the rising tide of divorce, in the deterioration in the standard of literature and of the press, and in the advocacy of theories that are the very negation of purity, of morality and chastity“ (*The Promised Day is come*, S. 115); siehe zum Ganzen auch *The World Order of Bahá'u'lláh,* S. 187 f.

cc) „Geringerer" und „Größter Friede": Der Ereignisgang der Welt hin zur Erfüllung des Eschatons

Während sich das weitere Werden des Bahá'ítums Shoghi Effendi zufolge in einem noch darzustellenden, ausschließlich integrativen Vorgang erschöpft, kennt die Welt nicht nur die soeben dargestellte Desintegration. Shoghi Effendi macht einen konstruktiven Aufbauprozess der säkularen Welt aus, der inmitten von Auflösung, Niedergang und Leid erste Schritte in Richtung auf eine Vereinigung der Menschheit in einer neuen Ordnung signalisieren soll:[698] Ausdrücklich benannt sind der Entwurf des vierzehn Punkte-Plans durch den amerikanischen Präsidenten Woodrow Wilson 1918[699], die Formierung des Völkerbundes[700], die Gründung der Vereinten Nationen[701] sowie, in Antizipation kommender Entwicklungen, die „politische Vereinigung der östlichen und westlichen Hemispheren"[702] und das „Entstehen einer Weltregierung"[703].[704] Der sich in diesen Ereignissen ausdrückende „schrittweise Prozess"[705] in Richtung Einheit der Menschheit hat Bahá'u'lláh zufolge zwei entscheidende Wegmarken, deren letztere zugleich den Finalpunkt des Weges bildet: Den „Geringeren Frieden" und den besagten „Größten Frieden".

Der „Geringere Friede"[706], in dem die soeben benannten Aufbauschritte ihren vorläufigen Gipfelpunkt finden sollen, bezeichnet eine weltweite staatliche Frie-

---

[698] An die Seite des Bildes der sachlich gegenläufigen Prozesse läßt sich also anhand der Aussagen Shoghi Effendis ein weiteres Bild stellen: Hier sind die beiden Entwicklungsstränge (derjenige der Bahá'í-Weltgemeinde und derjenige der säkular-staatlichen Welt) gleichgerichtet, weil ihnen die gemeinsame Achse der Zeit zugrunde liegt. In diesem Modell steht dann der Integration der Bahá'í-Gemeinde nicht nur eine desintegrierende, sondern in Ansätzen bereits integrierende Welt gegenüber.

[699] Shoghi Effendi, *Citadel of Faith*, S. 32.

[700] Shoghi Effendi, *Citadel of Faith*, S. 32.

[701] Shoghi Effendi, *Citadel of Faith*, S. 33.

[702] Shoghi Effendi, *Citadel of Faith*, S. 33.

[703] Shoghi Effendi, *Citadel of Faith*, S. 33. Shoghi Effendi spricht an anderer Stelle präzisierend von der „Gründung einer föderalen Weltregierung" (*Citadel of Faith*, S. 126). Er weist im übrigen darauf hin, ein „oberster Gerichtshof" werde „ein konstruktiver Faktor in der Errichtung des Geringeren Friedens" (*Directives from the Guardian*, Nr. 184) sein; zu letzterem siehe anschließend im Text.

[704] zum Ganzen siehe Shoghi Effendi, *Citadel of Faith*, S. 31 ff. 'Abdu'l-Bahá hält mit Blick auf das 20. Jahrhundert fest: „The old political principles are undergoing change, and a new body politic is in process of formation" (*The Promulgation of Universal Peace*, S. 278). Die Geburtsumstände des diesem Prozess zugrunde liegenden Konzepts einer supranationalen staatlichen Weltordnung und die Rückschläge, die es seit seinen Anfängen erfahren hat, beschreibt Shoghi Effendi in *The World Order of Bahá'u'lláh*, S. 44 ff. Einige der „zögerlichen Bemühungen" der zeitgenössischen Politik in Richtung auf eine politische Einheit der Welt benennt und bewerted Shoghi Effendi *ebd.*, S. 191 f.

[705] Shoghi Effendi, *The Promised Day is come*, S. 123.

[706] Bahá'u'lláh, Suriy-i-Haykal 180, in: *The Summons of the Lord of Hosts*, S. 93; *Botschaften aus Akká* 3:11, 6:31, 7:19, 8:54; *Brief an den Sohn des Wolfes*, S. 41; Shoghi Effendi, *Citadel*

densordnung einer präsenten Bahá'í-Eschatologie, die, anders als der Größte Friede, „unabhängig von einem unmittelbaren Bahá'í-Plan oder -Einsatz“[707] „durch die politischen Bemühungen der Staaten und Nationen der Erde“[708] zustande kommen soll. Es handelt sich mithin um die „politische Vereinigung der Welt“[709] in einer säkularen staatlichen Ordnung, die, bei aller Urkausalität in der Offenbarung Bahá'u'lláhs[710]

> „the nations of the earth, as yet unconscious of His revelation and yet unwittingly enforcing the general principles which He has enunciated, will themselves establish.“[711]

Shoghi Effendi hat die Ordnung des Geringeren Friedens, dessen Errichtung er als „historischen Schritt von großer Tragweite“[712] bezeichnet hat, auch ganz konkret beschrieben:

> „Some form of a world super-state must needs be evolved, in whose favor all the nations of the world will have willingly ceded every claim to make war, certain rights to impose taxation and all rights to maintain armaments, except for purposes of maintaining internal order within their respective dominions. Such a state will have to include within its orbit an international executive adequate to enforce supreme and unchallengeable authority on every recalcitrant member of the commonwealth; a world parliament whose members shall be elected by the people in their respective countries and whose election shall be confirmed by their respective governments; and a supreme tribunal whose judgment will have a binding effect even in such cases where the parties concerned did not voluntarily agree to submit their case to its consideration. A world community in which all economic barriers will have been permanently demolished and the interdependence of Capital and Labor definitely recognized; in which the clamor of religious fanaticism and strife will have been forever stilled; in which the flame of racial animosity will have been finally extinguished; in which a single code of international law--the product of the

---

of Faith, S. 6, 58, 126; *Directives from the Guardian*, Nr. 184; *Messages to the Bahá'í World*, S. 74; *The Promised Day is come*, S. 26, 123; *The World Order of Bahá'u'lláh*, S. 162; Brief vom 14. März 1939, zit. in: *Frieden*, Nr. 64; Das Universale Haus der Gerechtigkeit, Brief vom 8. Dezember 1967, zit. in: *Wellspring of Guidance*, S. 133; Brief vom 15. April 1976, zit. in: *Lights of Guidance*, S. 128, Nr. 427; Brief vom 19. Januar 1983, zit. in: *Frieden*, Nr. 74; Brief vom 31. Januar 1985, zit. in: *Frieden*, Nr. 76; vgl. auch 'Abdu'l-Bahá, zit. in: *The Promised Day is come*, S. 121.

707 Shoghi Effendi, Brief vom 14. März 1939, zit. in: *Frieden*, Nr. 64; vgl. auch *The Promised Day is come*, S. 123, sowie *Messages to the Bahá'í World*, S. 74.

708 Shoghi Effendi, Brief vom 14. März 1939, zit. in: *Frieden*, Nr. 64.

709 Universales Haus der Gerechtigkeit, Brief vom 8. Dezember 1967, zit. in: *Wellspring of Guidance*, S. 133.

710 Shoghi Effendi, *Citadel of Faith*, S. 81; vgl. ferner *The World Order of Bahá'u'lláh*, S. 169.

711 *The Promised Day is come*, S. 123. Shoghi Effendi hat den Geringeren Frieden auch erläutert als „reconstruction of mankind as the result of the universal recognition of its oneness and wholeness“ (*The Promised Day is come*, S. 123).

712 Shoghi Effendi, *The Promised Day is come*, S. 123.

> considered judgment of the world's federated representatives--shall have as its sanction the instant and coercive intervention of the combined forces of the federated units; and finally a world community in which the fury of a capricious and militant nationalism will have been transmuted into an abiding consciousness of world citizenship – such indeed, appears, in its broadest outline, the order anticipated by Bahá'u'lláh."[713]

Die Schaffung des Geringeren Friedens soll nach Shoghi Effendi die „Vergeistigung der Massen"[714] als Folge der breiten Anerkennung des Bahá'ítums[715] mit sich bringen. Der konstruktive Aufbauprozess der Menschheit, ja ihre gesamte Geschichte soll dann schließlich in der Gründung einer neuen Ordnung kulminieren – ein Vorgang, der seinerseits den Größten Frieden und also die Erfüllung des Eschatons zur Folge haben soll.[716] Insoweit, als die neue Ordnung das Produkt jenes Integrationsprozesses der Bahá'í-Gemeinde ist, und die Welt sich in diesem Zeitpunkt ihrer Entwicklung maßgebend der Bahá'í-Offenbarung verpflichtet weiß,[717] wird der Größte Friede als unmittelbar kausale Folge der Bahá'í-Offenbarung gesehen.[718] Shoghi Effendi hat die Neue Weltordnung auch ganz konkret beschrieben;[719] zudem finden sich weitere Schriftwertungen, die auf ihre Beschaffenheit schließen lassen. Aufgrund dieser ist klar, dass die Neue Weltordnung dezidiert demokratische Strukturen und Züge aufweisen muß.[720]

---

[713] *The World Order of Bahá'u'lláh,* S. 40 f. Der Nachweis, daß diese Passage der Epoche des Geringeren Friedens gilt, verlangt umfangreiche exegetische Anstrengungen (dazu siehe Tajan Tober, *Ein föderaler Weltrechtsstaat am Ausgang der Zeit?*, S. 69 ff.).

[714] *The Promised Day is come*, S. 123; vgl. auch *The World Order of Bahá'u'lláh*, S. 162; siehe ferner *Citadel of Faith*, S. 149.

[715] *The Promised Day is come*, S. 123.

[716] vgl. Shoghi Effendi, *The World Order of Bahá'u'lláh*, S. 162 f., 196; vgl. auch *Messages to the Bahá'í World*, S. 155; *God passes by*, S. 26, 324; vgl. auch *The World Order of Bahá'u'lláh*, S. 61, 98; vgl. ferner *The World Order of Bahá'u'lláh*, S. 161; *God passes by*, S. 243; Shoghi Effendi hat den Größten Frieden auch bezeichnet als „a peace that must inevitably follow as the practical consequence of the spiritualization of the world..." (*The World Order of Bahá'u'lláh*, S. 162).

[717] Neben der bereits angeführten Fundstelle (Shoghi Effendi, *The Promised Day is come*, S. 123) ergibt sich dies auch aus den in Anmerkung 740 angegebenen Schriftbelegen sowie aus den Ausführungen unter IV 4 b ee. Die Existenz anderer Religionen und ihrer Anhänger auch in künftigen Religionszyklen wird indessen von Bahá'u'lláh in *Gems of Divine Mysteries*, S. 39 f., Abs. 54 antizipiert (ich danke Frau Yasmin Mellinghoff für diesen Hinweis).

[718] 'Abdu'l-Bahá, zit. in: *Frieden*, Nr. 24; Shoghi Effendi, *The World Order of Bahá'u'lláh*, S. 162 f.; *Citadel of Faith*, S. 36; Brief vom 14. März 1939, zit. in *Frieden*, Nr. 64; siehe auch *The Promised Day is come*, S. 26, 118. Darum wird Bahá'u'lláh von Shoghi Effendi als „Organizer of the entire planet, as the Unifier of the children of men,... as the *Establisher of the Most Great Peace*" (*God passes by*, S. 93) bezeichnet.

[719] siehe unten IV 4 b ee.

[720] In der Bahá'í-Schrift sind unter anderem verankert: Menschenrechte (global: 'Abdu'l-Bahá, *Ansprachen in Paris* 46:11; *The Promulgation of Universal Peace*, S. 182; vgl. auch *ebd.*, S. 318; konkret: siehe nur Gewissensfreiheit: 'Abdu'l-Bahá, *A Traveller's Narrative*, S. 81; vgl. auch *ebd.* S. 40; siehe ferner *The Promulgation of Universal Peace*, S. 197; Freiheit der Gedanken und der Rede: „At the very root of the Cause [=Bahá'í-Glaube] lies the princi-

Eine klassische Theokratie, also eine Theokratie in einem Sinne, der demokratische Staatsstrukturen ebenso ausschließt wie Menschen- und Minderheitenrechte und eine plurale Gesellschaft[721], kann daher hier ausgeschlossen werden. *Welchen* Staatstypus die Neue Weltordnung aber verkörpert, wie sie staatstheoretisch einzuordnen wäre, läßt sich angesichts der geringen Zahl und Vagheit der eschatologischen Aussagen nicht feststellen. Wer hier doch eine Einordnung unternimmt, ergeht sich in Spekulation.

dd) Von der Gemeindeordnung zur „Neuen Weltordnung": Die Entfaltung der Bahá'í-Gemeinde und ihrer Ordnung

Den obiter dicta Shoghi Effendis ist eine in der zeitlichen Parallele zu jenem Entwicklungsgang der gesamten Welt ablaufende, den besagten Integrationsprozess verkörpernde, siebenstufige „Evolution"[722] von Bahá'í-Gemeinde und Bahá'ítum bis zum Größten Frieden zu entnehmen:[723] Zunächst die Stadien der

---

ple of the undoubted right of the individual to self-expression, his freedom to declare his conscience and set forth his views" (Shoghi Effendi, zit. in: Das Universale Haus der Gerechtigkeit, *Individual Rights and Freedoms in the World Order of Bahá'u'lláh*, S. 14); siehe auch 'Abdu'l-Bahá, *The Promulgation of Universal Peace*, S. 197; Shoghi Effendi, *The World Order of Bahá'u'lláh*, S. 41, 203; Religionsfreiheit: 'Abdu'l-Bahá, *The Promulgation of Universal Peace*, S. 197; vgl. auch Bahá'u'lláh, Tafel an Ahmad Abs. 5, in: *Gebete* 237:5; 'Abdu'l-Bahá, zit. in: John E. Esslemont, *Bahá'u'lláh und das neue Zeitalter*, S. 152; Recht auf menschenwürdige Existenz: 'Abdu'l-Bahá, *Ansprachen in Paris*, Kap. 46; Gleichheit aller Menschen vor dem Gesetz: 'Abdu'l-Bahá, *Ansprachen in Paris* 47:2, 46:12; Gleichberechtigung der Geschlechter: 'Abdu'l-Bahá, *Ansprachen in Paris*, 50:1-15); Minderheitenrechte (Shoghi Effendi, *The Advent of Divine Justice*, S. 35); Schutz der Bürgerrechte (Shoghi Effendi, Brief vom Juli 1925, zit. in: Das Universale Haus der Gerechtigkeit, *Brief zur Frage der Theokratie*, S. 7: Bürgerrechte in einer freien Gesellschaft dürfen auch bei Austritt aus oder Entfremdung von Bahá'í-Gemeinde keinesfalls auch „nur um ein Jota geschmälert werden"); ethnische, kulturelle, Meinungs- und sonstige Pluralität (Shoghi Effendi, *The World Order of Bahá'u'lláh*, S. 41 f.); demokratische Organbestellung und Universalität der Repräsentanz (zu beidem siehe Ulrich Gollmer, *Desinformation als Methode*, S. 330, 336); föderale Struktur, begründet im Sinne einer vertikalen Gewaltenkontrolle ('Abdu'l-Bahá, *The Promulgation of Universal Peace*, S. 167); gewaltenteilige Organisation der neuen Ordnung – ihre Zentralorgane: „world legislature", „world executive" und „world tribunal" (siehe Shoghi Effendi, *The World Order of Bahá'u'lláh*, S. 203).

721 Die notwendig autokratischen Züge einer Theokratie im klassischen Sinne des Begriffs führt Hans Kelsen darauf zurück, daß diese eine absolute Welt- und Wertanschauung zwingend zur Voraussetzung hat (siehe Hans Kelsen, *Staatsform und Weltanschauung*; *Vom Wesen und Wert der Demokratie*, S. 98 ff).

722 Shoghi Effendi, *God passes by*, S. 364; *The Advent of Divine Justice*, S. 14.

723 siehe *Messages to the Bahá'í World*, S. 155; *Advent of Divine Justice*, S. 15; *God passes by*, S. 364. Das Stufenmodell ist durch den Gedanken einer graduellen Zunahme der Anzahl der Bahá'í mit der Folge einer sukzessiven Steigerung ihres Status und ihrer Stellung als gesellschaftliche Kraft bestimmt.

„unmitigated obscurity“[724], „active repression“[725], „complete emancipation“[726] und „recognition“[727], die sukzessive durchlaufen werden.[728] Die letztere Entwicklungsstufe impliziert die Anerkennung des Bahá'ítums als eine

> „independent religion established on a basis of absolute equality with its sister religions, enjoying the unqualified protection of the civil authorities for its followers and its institutions, and fully empowered, in all matters related to personal status, to apply without any reservations the laws and ordinances ordained in the Most Holy Book.“[729]

Dem schließt sich als fünfte Evolutionsstufe die

> „recognition of the faith of Bahá'u'lláh... as the state religion of an independent and sovereign power“[730]

an. Darauf kommt es nach dem Bahá'í-eschatologischen Entwicklungsmodell zur Errichtung des „Bahá'í-Staates“[731]. Dieser soll „in der fernen Zukunft“[732]

---

[724] *The Advent of Divine Justice*, S. 15; vgl. auch *Messages to the Bahá'í World*, S. 155.

[725] *The Advent of Divine Justice*, S. 15; vgl. auch *Messages to the Bahá'í World*, S. 155 und *God passes by*, S. 364.

[726] *The Advent of Divine Justice*, S. 15; vgl. auch *Messages to the Bahá'í World*, S. 155 und *God passes by*, S. 364.

[727] Shoghi Effendi, *Messages to the Bahá'í World*, S. 155.

[728] Die auf sie bezogene Wertung Shoghi Effendis, „stages one or another of which Bahá'í national communities in various parts of the world now find themselves in“ (*Messages to the Bahá'í World*, S. 155), ist heute unverändert gültig.

[729] Shoghi Effendi, *Citadel of Faith*, S. 141. Shoghi Effendi spricht auch von der „recognition of the Faith of Bahá'u'lláh... as one of the recognized religious systems of the world“ (*The World Order of Bahá'u'lláh*, S. 7); vgl. auch *The Advent of Divine Justice*, S. 15, und *God passes by*, S. 364.

[730] *The World Order of Bahá'u'lláh*, S. 7. Shoghi Effendi hat diese „stage of establishment“ auch spezifiziert als „the stage at which the Faith of Bahá'u'lláh will be recognized by the *civil authorities* as the state religion" (*Messages to the Bahá'í World*, S. 155); vgl. auch *The Advent of Divine Justice*, S. 15, und *God passes by* S. 364.

[731] *Messages to the Bahá'í World*, S. 155; *The Advent of Divine Justice*, S. 15; *God passes by*, S. 364; vgl. auch Shoghi Effendi, Brief vom 19. April 1941, zit. in: Das Universale Haus der Gerechtigkeit, *Brief zur Frage der Theokratie*, S. 2. Was sich konkret hinter dem Stichwort des „Bahá'í-Staates“ verbirgt, ist von Shoghi Effendi nicht näher aufgeschlüsselt. Es läßt sich daher auch nicht kurzerhand eine staatstheoretische Zuordnung vornehmen, auch wenn der Begriff auf den ersten Blick die Annahme einer Theokratie nahelegt. Gegen diese Annahme spricht die Bedeutung, die die Bahá'í-Schrift der Demokratie und demokratischen Strukturen beimißt, sowie der als demokratisch antizipierte Vorgang der Staatsgründung (dazu siehe nachfolgend im Text). Der Bahá'í-Staat könnte im übrigen unter begrifflichen Gesichtspunkten deshalb *Bahá'í*-Staat heißen, weil er trotz laizistischer Verfassung von einer Bahá'í-Bevölkerungsmehrheit getragen ist. Oder er könnte trotz der Trennung von staatlicher und religiöser Ordnung den Idealen des Bahá'ítums verpflichtet, an der Bahá'í-Schrift ausgerichtet oder in seiner autonomen Gesetzgebung am Bahá'í-Recht orientiert sein. Der bloße Begriff ist also noch kein Beleg für eine Aufhebung der Trennung von Staat und Kirche. Im Grunde muß man sagen, dass er für sich zu der Frage, was sich hinter diesem Modellstadium verbirgt, rein gar Nichts aussagt.

dann etabliert werden, wenn sich die Mehrheit eines Staates zum Bahá'ítum bekannt hat[733] – ganz offensichtlich wird die Staatsgründung als Ergebnis eines demokratischen Aktes, namentlich eines Mehrheitsvolksbeschlusses, gesehen.[734] Auf eben jenes Entwicklungsstadium des „Bahá'í-Staates" zielt die folgende Aussage aus einem Brief Shoghi Effendis ab:

> „The Bahá'ís will be called upon to assume the reins of government when they will come to constitute the majority of the population in a given country, and even then their participation in political affairs is bound to be limited in scope unless they obtain a similar majority in some other countries as well."[735]

Jene in dieser Aussage thematisierte Beschränkung des politischen Aktionsradiusses der Bahá'í auf einen einzelnen Staat soll im weiteren Verlauf der Entfaltung der Bahá'í-Gemeinde wegfallen, wenn

> „the Bahá'í Faith permeates the masses of the peoples of East and West, and its truth is embraced by the majority of the peoples of a number of the Sovereign States of the world."[736]

Dann nämlich soll als Gipfelpunkt[737] jener Bahá'í-Evolution das die Neue Weltordnung darstellende „(Bahá'í) world commonwealth"[738] gegründet werden.

---

[732] Shoghi Effendi, Brief vom 19. April 1941, zit. in: Das Universale Haus der Gerechtigkeit, *Brief zur Frage der Theokratie*, S. 2.

[733] Shoghi Effendi, Brief vom 19. April 1941, zit. in: Das Universale Haus der Gerechtigkeit, *Brief zur Frage der Theokratie*, S. 2; siehe auch Brief vom 19. November 1939, zit. *ebd.*

[734] Freiheitlich ist dieser Vorgang darüber hinaus auch, weil die Entscheidung, sich zum Bahá'ítum zu bekennen, in jeder Hinsicht frei erfolgen muß, ebenso wie die Entscheidung, in der Bahá'í-Gemeinde zu verbleiben, dem freien Ermessen des Einzelnen unterstellt ist (siehe oben Anmerkung 549); die Freiheitlichkeit des Vorgangs an dieser Stelle betont auch das Universale Haus der Gerechtigkeit, in: *Brief zur Frage der Theokratie*, S. 6. Der Bahá'í-Staat ist also dem Bahá'í-Schriftmodell zufolge ein Produkt der Freiheitsentfaltung des betreffenden Staatsvolkes – es sind die Bahá'í selbst, die sich in einem selbstbestimmten Schritt eine Ordnung geben, die ihre neu geformte innere Haltung reflektiert.

[735] Shoghi Effendi, Brief vom 19. November 1939, zit. in: Das Universale Haus der Gerechtigkeit, *Brief zur Frage der Theokratie*, S. 2.

[736] Shoghi Effendi, *The World Order of Bahá'u'lláh*, S. 7.

[737] Shoghi Effendi, *Messages to the Bahá'í World*, S. 155.

[738] Die Terminologie der Bahá'í-Schrift ist an dieser Stelle nicht einheitlich. Shoghi Effendi gebraucht die Begriffe „world commonwealth" (*The Promised Day is come*, S. 123; *Messages to the Bahá'í World*, S. 127; *The World Order of Bahá'u'lláh*, S. 203), „Bahá'í World Commonwealth" (*Citadel of Faith*, S. 32; *God passes by*, S. 26, 325, 364; *Messages to the Bahá'í World*, S. 75, 79), „world Bahá'í commonwealth" (*Bahá'í Administration*, S. 135; *The World Order of Bahá'u'lláh*, S. 19; *High Endeavours*, S. 37; *Citadel of Faith*, S. 6; *Messages to the Bahá'í World*, S. 155) und „Bahá'í commonwealth" (*Bahá'í Administration*, S. 131; *The World Order of Bahá'u'lláh*, S. 7, 18, 146, 152; *Messages to the Bahá'í World*, S. 155; *God passes by*, S. 324; *The Advent of Divine Justice*, S. 15) synonym. Er verwendet zudem beschreibend die Bezeichnungen „world-embracing commonwealth" (*The World Order of Bahá'u'lláh*, S. 196), „all-embracing federation" (*The World Order of Bahá'u'lláh*, S. 61) und „world federal system" (*The World Order of Bahá'u'lláh*, S. 204).

Dieser siebte und finale Entwicklungsschritt der Bahá'í-Gemeinde soll wohl durch einen Zusammenschluß mehrerer Bahá'í-Staaten zustande kommen.[739] Jedenfalls ist auch auf dieser Evolutionsebene Voraussetzung für die Etablierung der neuen Ordnungsstruktur, daß die Bahá'í die maßgebende gesellschaftliche Kraft verkörpern:[740] Es sind die Bahá'í, die in einem weiteren selbstbestimmten, freiheitlichen Schritt die Neue Weltordnung gründen, dadurch den Größten Frieden herbeiführen und so die Mission Bahá'u'lláhs als universaler Manifestation Gottes zur Erfüllung bringen.

Der Integrationsprozess der Bahá'í-Gemeinde soll nach alledem die Gemeindeordnung als „Nukleus"[741] der Neuen Weltordnung über verschiedene Entwicklungsetappen zu dieser selbst tragen. Darum bezeichnet Shoghi Effendi die heutige Bahá'í-Gemeindeordnung auch als „embryonic world order"[742], als „embryonic world (Bahá'í) commonwealth"[743] oder als „future Bahá'í commonwealth"[744], und sieht die Bahá'í, indem sie ihre innergemeindliche Ordnung entfalten, zugleich als Baumeister einer neuen Ordnung der Welt,[745] die am Horizont der Zeit, zu ihrer bestimmungsgemäßen Form gereift, ins Leben treten soll.[746] Die Bahá'í leben daher nach ihrem Selbstverständnis

---

739 Dazu siehe Tajan Tober, *Ein föderaler Weltrechtsstaat am Ausgang der Zeit?*, S. 77 ff.

740 vgl. Shoghi Effendi, *The World Order of Bahá'u'lláh*, S. 202; *The Promised Day is come*, S. 123; *The World Order of Bahá'u'llah*, S. 162. Dies ergibt sich auch aus folgendem Zusammenhang: Der Größte Friede entsteht infolge der Gründung der Neuen Weltordnung (siehe Belege in Anmerkung 716); dieser seinerseits ist, wie dargestellt, eine kausale Folge der Tätigkeit der Bahá'í.

741 Shoghi Effendi, *The World Order of Bahá'u'lláh*, S. 144; *Citadel of Faith*, S. 5; *God passes by*, S. XIII, XV; vgl. auch *Bahá'í Administration*, S. 131; *The Promised Day is come*, S. 118. Nach anderen Formulierungen Shoghi Effendis verkörpert die Gemeindeordnung die „Struktur" (*ebd.*, S. 118) oder die „Charta der Neuen Weltordnung" (*The World Order of Bahá'u'lláh*, S. 144), oder auch das „Grundgerüst" (*ebd.*, S. 152) des künftigen Bahá'í-Weltgemeinwesens.

742 *Citadel of Faith*, S. 140; vgl. ferner *ebd.*, S. 5, 7, 90, 98, 106, 123, 137, 153 sowie *Messages to the Bahá'í World*, S. 13, 109.

743 *Messages to the Bahá'í World*, S. 127; *High Endeavours*, S. 37.

744 *The World Order of Bahá'u'lláh*, S. 18; *God passes by*, S. 277, 316; vgl. auch *The World Order of Bahá'u'lláh*, 146, 152 und *God passes by*, S. 325.

745 In diesem Sinne spricht Shoghi Effendi mit Blick auf die sich entfaltende Gemeindeordnung von der „heranwachsenden Weltordnung" (*Citadel of Faith*, S. 50, 58; *Messages to the Bahá'í World*, S. 41).

746 Der Zusammenhang zwischen der heutigen Gemeindeordnung und der künftigen neuen Weltordnung ist nach alledem ein entfernter, unklarer: Welche gewaltigen Veränderungen die Ordnung einer religiösen Minderheit unternehmen müßte, um die Ordnung der gesamten Welt zu werden, läßt sich allenfalls erahnen (die Schrift schweigt hierzu jedenfalls, soweit es um das Konkrete geht). Weil dieser Zusammenhang so denkbar entfernt ist, kann man von der heutigen Gemeindeordnung weder auf die Struktur noch auf den Typus einer staatlichen Ordnung, die völlig andere Organe und Kompetenzen verlangt, schließen. Schon gar nicht dann, wenn man wie hier über die neue Ordnung, die Bedingungen ihrer Gründung, ihre Aufgaben

„at a time which may be designated as the period of the incubation of the world commonwealth envisaged by Bahá'u'lláh.“[747]

ee) Die neue Ordnung: Kulminations- und Vereinigungspunkt der parallelen Entwicklungsstränge von Bahá'í-Gemeinde und Welt

Der im Modell siebte und letzte Evolutionsschritt der Bahá'í-Gemeinde: die Gründung eines Bahá'í-Weltgemeinwesens, ist nun mit der finalen sozialorganisatorischen Evolutionsstufe der Menschheit: der Vereinigung aller Nationen und Völker der Erde zu einem „supranationalen und souveränen Weltstaat“[748] identisch, worin sich die Einswerdung der beiden parallelen Prozesse anzeigt: Die Neue Weltordnung ist der gemeinsame Kulminations- und Vereinigungspunkt der Entwicklung von Bahá'í-Gemeinde und Welt.[749] Ersichtlich wird dies auch darin, daß die Bahá'í nach Shoghi Effendi, indem sie der Welt am Horizont der Zeit eine neue Ordnung geben und ihre Entwicklung dadurch mit derjenigen der Gesellschaft in eins setzen, die Bahá'í-Religion von ihrem „Gestaltenden Zeitalter“[750] in ihr final-verheißenes „Goldenes Zeitalter“[751], das zugleich das Goldene Zeitalter der Menschheit darstellt[752], überführen.[753] Die integrative Rolle und Funktion des Bahá'ítums besteht also zuvorderst darin, dass die Bahá'í-

---

und ihre Herausforderungen nichts Näheres weiß. Der Charakter der heutigen Gemeindeordnung (dazu siehe Shoghi Effendi, *The World Order of Bahá'u'lláh*, S. 152 ff.) ist nach Auffassung des Verfassers für die Frage der Staatsform der neuen Ordnung im Grunde irrelevant.

[747] Shoghi Effendi, *The World Order of Bahá'u'lláh*, S. 168.

[748] Shoghi Effendi, Brief vom 15. November 1935, zit. in: Peace, Nr. 61.

[749] In ihr gelangen alle auf den jüngsten göttlichen Offenbarungsimpuls zurückgehenden (vgl. Shoghi Effendi, *Citadel of Faith*, S. 81; *God passes by*, S. 58; *The Promised Day is come*, S. 118) gesellschaftlichen Prozesse an ihr Ziel: Das Desintegrationsgeschehen der Welt und ihre konstruktiven Aufbauschritte ebenso wie der in der Entfaltung der Bahá'í-Gemeinde liegende Integrationsprozess.

[750] siehe nur *God passes by*, S. XIII, XV, 26, 158, 325; *The World Order of Bahá'u'lláh*, S. 156; vgl. *ebd.*, S. 98, 143, 168, 171, 180, 186.

[751] siehe nur *The World Order of Bahá'u'lláh*, S. 72, 98, 143, 161, 163, 169, 206; *The Promised Day is come*, S. 116, 118.

[752] Dies ergibt eine Zusammenschau der einschlägigen Aussagen der Bahá'í-Schrift unter besonderer Berücksichtigung von Shoghi Effendi, *The Promised Day is come*, S. 5, 116.

[753] *The World Order of Bahá'u'lláh*, S. 161; *God passes by*, S. 243. Nach Shoghi Effendi durchläuft das Bahá'ítum in seiner Entfaltung unterschiedliche Epochen: Auf die Anfangszeit der Gründung und Formierung der Bahá'í-Bewegung, das sog. „Heroische“ (siehe nur *God passes by*, S. XIII, 3, 35, 46, 50, 55, 92, 157, 223, 300, 308, 309, 404) oder „Apostolische Zeitalter“ (siehe nur *God passes by*, S. XIII, 237, 314, 324; *The World Order of Bahá'u'lláh*, S. 98, 143, 171), folgt das sog. „Gestaltende“ oder „Eiserne Zeitalter“ (siehe nur *God passes by*, S. XIII, 324), das sich als „Zeitalter des Übergangs“ (Shoghi Effendi, *The World Order of Bahá'u'lláh*, S. 98, 171; *God passes by*, S. XIII, 325) versteht, und sich über den Aufbau und die Entfaltung der Bahá'í-Gemeindeordnung definiert (Shoghi Effendi, *God passes by*, S. 324 f.). Finale Heilsepoche ist dann das „Goldene Zeitalter“.

Gemeinde in sich eine Ordnung heranzieht,[754] die, freilich unter erheblichen Metamorphosen, als neue Ordnung der Menschheit deren Vereinigung und endgültige Befriedung bewerkstelligen soll. Anders gefasst ist es der durch die jüngste Gottesoffenbarung fundamental transformierte, neue Mensch, der sich in natürlicher Konsequenz eine neue Ordnung gibt, und sich unter anderem dadurch seiner Erlösung zuführt.

Shoghi Effendi hat die Vision der „tausendjährigen Herrlichkeit einer erlösten, freudestrahlenden Menschheit“[755], einer Menschheit, die ihr Goldenes Zeitalter schließlich erreicht hat, wie folgt verdichtet:

> „Then will the coming of age of the entire human race be proclaimed and celebrated by all the peoples and nations of the earth. Then will the banner of the Most Great Peace be hoisted. Then will the worldwide sovereignty of Bahá'u'lláh - the Establisher of the Kingdom of the Father foretold by the Son, and anticipated by the Prophets of God before Him and after Him - be recognized, acclaimed, and firmly established. Then will a world civilization be born, flourish, and perpetuate itself, a civilization with a fullness of life such as the world has never seen nor can as yet conceive. Then will the Everlasting Covenant be fulfilled in its completeness. Then will the promise enshrined in all the Books of God be redeemed, and all the prophecies uttered by the Prophets of old come to pass, and the vision of seers and poets be realized. Then will the planet, galvanized through the universal belief of its dwellers in one God, and their allegiance to one common Revelation, mirror, within the limitations imposed upon it, the effulgent glories of the sovereignty of Bahá'u'lláh, shining in the plenitude of its splendor in the Abha Paradise, and be made the footstool of His Throne on high, and acclaimed as the earthly heaven, capable of fulfilling that ineffable destiny fixed for it, from time immemorial, by the love and wisdom of its Creator.“[756]

Shoghi Effendi hat die Neue Weltordnung des Größten Friedens und Reiches Gottes auf Erden aber auch ganz konkret beschrieben:

> "The unity of the human race, as envisaged by Bahá'u'lláh, implies the establishment of a world commonwealth in which all nations, races, creeds and classes are closely and permanently united, and in which the autonomy of its state members and the personal freedom and initiative of the individuals that compose them are definitely and completely safeguarded. This commonwealth must, as far as we can visualize it, consist of a world legislature, whose members will, as the trustees of the whole of mankind, ultimately control the entire resources of all the component nations, and will enact such laws as shall be required to regulate the life, satisfy the needs and adjust the relationships of all races and peoples. A world executive, backed by an international Force, will carry out the de-

---

754 „...that World Order which is now incubating within the worldwide administrative institutions of their Faith“ (Shoghi Effendi, *The Advent of Divine Justice*, S. 41).

755 *The World Order of Bahá'u'lláh*, S. 205.

756 *The Promised Day is come*, 123 f.

cisions arrived at, and apply the laws enacted by, this world legislature, and will safeguard the organic unity of the whole commonwealth. A world tribunal will adjudicate and deliver its compulsory and final verdict in all and any disputes that may arise between the various elements constituting this universal system. A mechanism of world intercommunication will be devised, embracing the whole planet, freed from national hindrances and restrictions, and functioning with marvellous swiftness and perfect regularity. A world metropolis will act as the nerve center of a world civilization, the focus towards which the unifying forces of life will converge and from which its energizing influences will radiate. A world language will either be invented or chosen from among the existing languages and will be taught in the schools of all the federated nations as an auxiliary to their mother tongue. A world script, a world literature, a uniform and universal system of currency, of weights and measures, will simplify and facilitate intercourse and understanding among the nations and races of mankind. In such a world society, science and religion, the two most potent forces in human life, will be reconciled, will cooperate, and will harmoniously develop. The press will, under such a system, while giving full scope to the expression of the diversified views and convictions of mankind, cease to be mischievously manipulated by vested interests, whether private or public, and will be liberated from the influence of contending governments and peoples. The economic resources of the world will be organized, its sources of raw materials will be tapped and fully utilized, its markets will be coordinated and developed, and the distribution of its products will be equitably regulated.

National rivalries, hatreds, and intrigues will cease, and racial animosity and prejudice will be replaced by racial amity, understanding and cooperation. The causes of religious strife will be permanently removed, economic barriers and restrictions will be completely abolished, and the inordinate distinction between classes will be obliterated. Destitution on the one hand, and gross accumulation of ownership on the other, will disappear. The enormous energy dissipated and wasted on war, whether economic or political, will be consecrated to such ends as will extend the range of human inventions and technical development, to the increase of the productivity of mankind, to the extermination of disease, to the extension of scientific research, to the raising of the standard of physical health, to the sharpening and refinement of the human brain, to the exploitation of the unused and unsuspected resources of the planet, to the prolongation of human life, and to the furtherance of any other agency that can stimulate the intellectual, the moral, and spiritual life of the entire human race.

A world federal system, ruling the whole earth and exercising unchallengeable authority over its unimaginably vast resources, blending and embodying the ideals of both the East and the West, liberated from the curse of war and its miseries, and bent on the exploitation of all the available sources of energy on the surface of the planet, a system in which Force is made the servant of Justice, whose life is sustained by its universal recognition of one God and by its allegiance to one common Revelation--such is the goal towards which humanity, impelled by the unifying forces of life, is moving."[757]

c) Das ius divinum als Recht der Hinführung auf und Stiftung des Reiches Gottes auf Erden

Welche Relevanz hat diese eschatologische Vision der Bahá'í-Schrift nun für die Theologie ihres ius divinum? Worin besteht dessen konkrete Rolle und Funktion innerhalb dieses Entwurfs einer Vollendung der Schöpfung und Heilsgeschichte durch das Bahá'ítum?

aa) Steuerung der Bahá'í-Gemeinde auf das weltimmanente Reich Gottes hin

Zwei konkrete Funktionen des Bahá'í-Rechts sind im vorliegenden Zusammenhang relevant: Zunächst konstituiert das Bahá'í-Recht die Bahá'í-Gemeinde, es macht aus einer amorphen religiösen Bewegung[758] eine rechtlich verfaßte, normativ verbundene und institutionell ausdifferenzierte Religionsgemeinde, die so erst fähig wird, in der modernen, dem Recht allerorts unterworfenen Welt zu agieren. Mit anderen Worten: Das ius divinum verkörpert die Voraussetzung für eine systematische, die Komplexität moderner Gesellschaft auffangende Verwaltung und Steuerung der Bahá'í-Gemeinde. Dies gilt in erster Linie für das Herzstück des Bahá'í-Rechts, das Gemeindeordnungsrecht, das durch die von ihm gestifteten Organe und die diesen verliehenen Kompetenzen die Glaubensgemeinschaft nach innen wie außen mit Handlungsfähigkeit ausstatten und ihre Einheit, Integration und Identität gewährleisten soll.[759] Dies trifft aber auch für

---

[757] Shoghi Effendi, *The World Order of Bahá'u'lláh*, S. 203 ff.

[758] Die Bahá'í verstanden sich in ihrer Frühezeit, als die Gemeindeordnung noch nicht oder kaum entwickelt war, denn auch als „Bewegung" und wurden von 'Abdu'l-Bahá (*The Promulgation of Universal Peace*, S. 44, 105, 368, 371, 429) und Shoghi Effendi (siehe nur *Bahá'í Administration*, S. 16, 17, 19, 28, 30, 31, 33, 39 etc.) auch so bezeichnet; eine Bezeichnung, die Shoghi Effendi später, wohl mit Blick auf die wachsende Verrechtlichung und Institutionalisierung der Gemeinde, für obsolet erklärte (*The World Order of Bahá'u'lláh*, S. 196), ohne sie allerdings völlig aufzugeben (siehe nur *Messages to the Bahá'í World*, S. 48).

[759] In diesem Sinne wirft Shoghi Effendi die Frage auf: „Who, I may ask, when viewing the international character of the Cause, its far-flung ramifications, the increasing complexity of its affairs, the diversity of its adherents, and the state of confusion that assails on every side the infant Faith of God, can for a moment question the necessity of some sort of administrative machinery that will insure, amid the storm and stress of a struggling civilization, the unity of the Faith, the preservation of its identity, and the protection of its interests? (*The World Order of Bahá'u'lláh*, S. 9 f.). Die „Gesetze und Verordnungen" des Bahá'ítums sind nach Shoghi Effendi „dazu bestimmt, seine Einheit zu gewährleisten" (*God passes by*, S. 158); für die Funktion des Schutzes vor Schisma und Sektenbildung siehe Shoghi Effendi, *The World Order of Bahá'u'lláh*, S. 145; die Funktion der Einheitsstiftung und -erhaltung ist bekräftigt

die sonstigen Bahá'í-Rechtsmaterien wie etwa das Familien- und Erbrecht zu, wenn auch in einem deutlich geringeren Maße: Zwar beanspruchen diese zuallererst, Ausdruck göttlichen Wegweisungswillens zu sein, versehen mit der Funktion, ihren Lebensbereich in absoluter Gerechtigkeit für den rechtleitungsbedürftigen Menschen zu regeln – aber als selbständigen Nebenreflex stiften sie die Identität des Volkes Bahá[760], fassen es normativ ein und konstituieren es als Gemeinde mit.[761] Insoweit stiftet alles Bahá'í-Recht die Bahá'í-Gemeinde als Rechtsgemeinde und liefert dadurch, je nach Rechtsmaterie unmittelbar oder mittelbar, das Normengerüst, auf dessen Grundlage die Bahá'í-Gemeinde ihr Wirken entfalten kann – dies eine Funktion, die in erster Linie durch das die Gemeindeordnung stiftende ius divinum scripturae erfüllt wird.

Das Bahá'í-Recht ist indessen nicht nur Bedingung für die Funktions- und Steuerungsfähigkeit der Bahá'í-Gemeinde, sondern darüber hinaus ganz wesentlich auch Instrument der Steuerung selbst: Das die Bahá'í-Weltgemeinde führende Organ, das Universale Haus der Gerechtigkeit, ist von eben dem ius divinum, dem es seine Existenz verdankt, auch mit der Kompetenz zur Setzung weiteren, geltungsgleichen Rechts ausgestattet. Solange die Bahá'í-Gemeinde nicht Gesellschaft ist, sich vielmehr als religiöse Gemeinschaft und Minderheit innerhalb der Gesellschaft bewegt, weist diese Kompetenz nach innen, ist allein auf die Setzung gemeindeinternen Rechts gerichtet und soll eine Normierung und Steuerung der Glaubensgemeinschaft erlauben.[762] Je größer die Anzahl der Bahá'í und bedeutender ihre gesellschaftliche Stellung innerhalb des zuvor dargestellten Modells einer künftigen Entfaltung des Bahá'ítums, desto quantitativ zunehmender und inhaltlich diverser müßte nach der Logik dieses Modells die Rechtssetzung innerhalb der Gemeinde werden. Jedenfalls gilt: Das Bahá'í-Recht hat in Gestalt des ius divinum complementum auch die Funktion, Medium und Instrument der Steuerung zu sein.

---

ebd., S. 21 f., 145, 148, und in: *God passes by*, S. 329; zu diesen beiden Gesichtspunkten siehe auch Udo Schaefer, *Die Grundlagen der „Verwaltungsordnung" der Bahá'í*, S. 89 ff.; für weitere Zwecke der Gemeindeordnung siehe im Folgenden.

760 Dies eine Schriftbezeichnung für die sich als das neue Gottesvolk verstehende Bahá'í-Weltgemeinde (siehe nur Bahá'u'lláh, *Botschaften aus 'Akká* 1:4, 3:26, 4:9, 19, 20, 38, 6:6, 33, 41, 7:11, 41, 8:44, 62, 73, 79 u.a.; 'Abdu'l-Bahá, *Briefe und Botschaften* 134:6).

761 Solange das Bahá'í-Recht nur das gemeindeinterne Recht einer Religionsgemeinschaft ist, ist es in diesem Sinne stets Gemeinde- oder sogar Gemeindeordnungsrecht: Es regelt und ordnet das Leben einer Glaubensgemeinschaft. Alles Bahá'í-Recht läßt sich daher vorläufig als Gemeindeordnungsrecht im weiteren Sinne sehen.

762 Der jüngste legislative Akt des Universalen Hauses der Gerechtigkeit, die Stiftung des sog. Regionalen Bahá'í-Rates, mag als Beispiel für die Steuerungsfunktion des Bahá'í-Rechts dienen; ebenso die Verfassung des Universalen Hauses der Gerechtigkeit, die als Satzungsrecht die Pflichten und Kompetenzen dieser höchstens Bahá'í-Körperschaft rechtlich festschreibt.

Entscheidend für den theologischen Anspruchsgehalt des Bahá'í-Rechts ist nun, dass sich diese zwei konkreten Funktionen nicht in sich selbst erschöpfen, sondern als zentrale Elemente einer Superfunktion auf ein übergeordnetes, höchstes Ziel bezogen sind: Wenn das ius divinum die Einheit, Identität und Funktions- wie Steuerungsfähigkeit der Bahá'í-Gemeinde gewährleisten soll, dann nicht zur Operationalisierung der Gemeinde als Selbstzweck, sondern als Voraussetzung für die Möglichkeit einer planvollen Erfüllung der Bahá'í-Mission: Die Bahá'í-Gemeinde soll mit Hilfe des Rechts gesteuert werden können, um *auf das Ziel das Bahá'ítums hin* arbeiten zu können. Konkret bedeutet dies, daß das ius divinum seine übergeordnete Funktion darin hat, zu gewährleisten, daß die Bahá'í-Gemeinde im Rahmen des eschatologischen Geschehens ihre zuvor dargestellte, integrative Rolle erfüllen[763] und durch die Fährnisse der Auflösung und des Niedergangs auf die Erfüllung ihres Ziels und also auf die Einheit der Menschheit hin gelenkt werden kann. In einem Wort: Das ius divinum der Bahá'í soll die Bahá'í-Gemeinde und schließlich die Welt zum Reich Gottes auf Erden tragen.[764] Es sieht sich als Recht der Hinführung auf jenes nach dem Glauben der Bahá'í von allen Religionen verheißene irdische Friedensreich einer erlösten Menschheit.

Diese Überlegungen erwachsen aus einer Gesamtdeutung der Bahá'í-Schrift, sie lassen sich aber auch direkt aus ihr belegen, und zwar anhand der Ausführungen Shoghi Effendis zu der sich entfaltenden Bahá'í-Gemeindeordnung. Diese ist für die vorliegenden Zwecke als ius divinum scripturae und ius divinum complementum, begriffen in dynamisch fortschreitendem Zusammenspiel, zu sehen.[765] Die so zu verstehende „administrative machinery of the Cause" hat nach Shoghi Effendi eine Funktion darin,

> „as a medium for the... coordination of activities among the diverse elements that constitute the Bahá'í community"[766]

zu fungieren, sie ist

---

[763] Das ius divinum soll die Bahá'í der Welt zusammenhalten und leiten, damit deren „weltumspannenden... Aktivitäten den einen Integrationsprozess in einer Welt, deren Institutionen sich weitgehend auflösen" (Shoghi Effendi, *The World Order of Bahá'u'lláh*, S. 194), darstellen können.

[764] Zur dahingehenden Funktion allein der Bahá'í-Gemeindeordnung siehe Udo Schaefer, *Die Grundlagen der „Verwaltungsordnung" der Bahá'í*, S. 93 f.

[765] Denn wenn Shoghi Effendi von der sich entfaltenden „administrative order" oder der „administrative machinery" der Bahá'í spricht, meint er die operierende Gemeinde, zu der in der Zukunft ganz wesentlich auch eine aktive Rechtserzeugung gehören soll. Anders gefaßt beschreibt Shoghi Effendi an diesen Stellen nicht nur das sich dynamisch entwickelnde Gemeindeordnungsrecht im engeren Sinne, sondern die Entfaltung all jener Rechtsmaterien, die im Rahmen der operierenden Gemeindeordnung zu setzen sind, also die Entfaltung allen ius divinums (=Gemeindeordnungsrecht im weiteren Sinne).

[766] *Bahá'í Administration*, S. 109.

> „provided for... the efficient conduct of the affairs of a steadily expanding community."[767]

– dies der Gedanke der Steuerungsfunktion des Bahá'í-Rechts, der sich auch in der Bezeichnung der evolvierenden Gemeindeordnung als „Instrument"[768] des Bahá'í-Glaubens und also als Mittel zu einem Zweck widerspiegelt.[769] Das Bahá'í-Recht hat nach einem Bild Shoghi Effendis für die Gemeinde die gleiche Bedeutung wie die Muskeln für den menschlichen Körper, deren Aufgabe darin liegt, den Willen des Individuums auszuführen.[770] Der Wille der Bahá'í-Gemeinde ist aber darauf gerichtet, das Reich Gottes auf Erden zu etablieren.

Das gilt auch für den Zweck der Bahá'í-Gemeindeordnung, die an dieser Stelle verstanden wird als ius divinum, das seinerseits stets neues ius divinum hervorbringt. Für sie gilt nach Shoghi Effendi:

> „It will come to be regarded, as it recedes farther and farther from our eyes, as the chief agency empowered to usher in the... consummation of this glorious Dispensation."[771]

Die operative Gemeindeordnung erscheint als

> „Triebkraft für die Vereinigung der Welt und die Verkündung des Reiches der Gerechtigkeit auf Erden."[772]

Shoghi Effendi führt desweiteren über das sich dynamisch entfaltende ius divinum aus:

---

[767] *God passes by*, S. 329; vgl. auch *Messages to Canada*, S. 23.

[768] *The World Order of Bahá'u'lláh*, S. 9, 144.

[769] Wenn eine weitere Funktion des ius divinum nach seiner Selbstdeutung darin liegt, die Kontinuität der göttlichen Führung zu gewährleisten (Shoghi Effendi, *The World Order of Bahá'u'lláh*, S. 148; dazu siehe Udo Schaefer, *Die Grundlagen der Verwaltungsordnung der Bahá'í*, S. 91 f.) und als „Kanal, durch den die von Ihm [=Bahá'u'lláhs] versprochenen Segnungen fließen mögen" (Shoghi Effendi, *The World Order of Bahá'u'lláh*, S. 9; vgl. auch *Directives from the Guardian*, Nr. 6), zu fungieren, dann ebenfalls nur als Mittel zu einem Zweck, nämlich zur Erfüllung der spezifischen Mission des Bahá'ítums innerhalb des göttlichen Heilsplanes. Wenn Shoghi Effendi des weiteren den Zweck des die Bahá'í-Gemeinde einfassenden ius divinum dahingehend bestimmt, dass „on one hand, it should aim at a steady and gradual expansion of the Movement...; and on the other it should insure the internal consolidation of the work already achieved" (Shoghi Effendi, *Bahá'í Administration*, S. 109; zur Verbreitung des Bahá'í-Glaubens als Zweck der Gemeindeordnung siehe *ebd.*, S. 103; *The Advent of Divine Justice*, S. 44 f.; *Messages to the Bahá'í World*, S. 158; *Directives from the Guardian*, S. 2, Nr. 6), dann gilt dieser „zweifache Zweck" (Shoghi Effendi, *Bahá'í Administration*, S. 109) letztlich wiederum nur der Erreichung des Fern- und Gesamtziels der Bahá'í-Religion, ist die Verbreitung des Glaubens aus Bahá'í-Sicht doch conditio sine qua non für die Schaffung des neuen Menschen.

[770] Shoghi Effendi, *Directives from the Guardian*, Nr. 6.

[771] *The World Order of Bahá'u'lláh*, S. 156.

[772] Shoghi Effendi, zit. nach Udo Schafer, *Die Grundlagen der „Verwaltungsordung" der Baha'i*, S. 94.

„The central, the underlying aim which animates it is the establishment of the New World Order as adumbrated by Bahá'u'lláh... Its watchword is the unification of the human race; its standard the 'Most Great Peace'; its consummation the advent of that golden millenium – the day when the kingdoms of this world shall have become the Kingdom of God himself"[773]

Insoweit stellt das sich selbst fortschreibende ius divinum nach der Bahá'í-Deutung das „höchste,... unfehlbare Organ für die Verwirklichung eines göttlichen Zwecks"[774] dar.

Daß der übergeordnete, letzte Zweck des Bahá'í-Rechts darin liegt, den Größten Frieden des Reiches Gottes auf Erden herbeizuführen, hat Shoghi Effendi aber auch ausdrücklich bekräftigt, indem er das ius divinum als das

„supreme instrument for the establishment of the Most Great Peace, and the one agency for the unification of the world"[775]

bezeichnete. An anderer Stelle führte er aus, daß

„...the Most Great Peace be established through the instrumentality of the believers, and by the direct operation of the laws and principles revealed by Bahá'u'lláh."[776] „The Most Great Peace... can rest on no other basis, and can be preserved through no other agency, except the divinely appointed ordinances that are implicit in the World Order that stands associated with His [=Bahá'u'lláhs] Holy Name."[777] „The Most Great Peace, whose sun... must needs arise as the direct consequence of the enforcement of the laws of the Dispensation of Bahá'u'lláh."[778]

bb) Weltvereinigung durch bestimmungsgemäße Metamorphose zur Neuen Weltordnung

Das ius divinum der Bahá'í erhebt aber nicht nur den Anspruch, die Bahá'í-Gemeinde und mit ihr die gesamte Welt auf das irdische Gottesreich hin zu steuern. Es soll selbst zur neuen Ordnung mutieren: Vom „Nukleus", „Vorboten"[779] und der „Vorhut"[780] der Neuen Weltordnung soll es zu dieser selbst evolvieren. Mithin soll sich das ius divinum zu jener Ordnung entwickeln, über die Shoghi Effendi ausführt, sie werde „die Bestimmung des Glaubens Gottes für

---

[773] Shoghi Effendi, *The World Order of Bahá'u'lláh*, S. 157.

[774] Shoghi Effendi, *The World Order of Bahá'u'lláh*, S. 89. „The bedrock on which this Administrative Order is founded is God's immutable Purpose for mankind in this day" (*ebd.*, S. 156).

[775] Shoghi Effendi, *The World Order of Bahá'u'lláh*, S. 19.

[776] Shoghi Effendi, Brief vom 14. März 1939, zit. in: *Lights of Guidance*, S. 431, Nr. 1412.

[777] *The World Order of Bahá'u'lláh*, S. 162 f.

[778] *Citadel of Faith*, S. 36.

[779] vgl. Shoghi Effendi, *God passes by*, S. XV, 243; *Citadel of Faith*, S. 119; *Messages to the Bahá'i World*, S. 88.

[780] Shoghi Effendi, *The Advent of Divine Justice*, S. 8.

die heutige Zeit erfüllen“[781]. Das ius divinum soll, metamorphosiert zum Weltgemeinwesen einer geeinten Menschheit, *das* Reich Gottes auf Erden werden.[782]

Mit Blick auf den zuvor dargestellten Gedanken einer fortschreitenden sozialen Evolution des Menschen bedeutet dies, daß das Bahá'í-Recht die Menschheit über das Wirken der Bahá'í nicht nur zu ihrer finalen Entwicklungsstufe *führen* will, es soll die Vereinigung der Menschheit – als Recht – auch selbst leisten und als Neue Weltordnung zugleich verkörpern:

> „This New World Order... involves no less than the complete unification of the entire human race. This unification should conform to such principles as would directly harmonize with the spirit that animates, and the laws that govern the operation of, the institutions that already constitute the structural basis of the Administrative Order of His [=Bahá'u'lláhs] Faith.“[783]

Die Vereinigung der Menschheit ist eine Vereinigung in den Formen des Bahá'í-Rechts, die geeinte Menschheit eine durch das Band des Bahá'í-Rechts geeinte Menschheit, die Neue Weltordnung in erster Linie eine neue Welt*rechts*ordnung. Daß dies aber – zumindest auch – ein weltweites In-Geltung-stehen des ius divinum impliziert, ist bei der Lektüre der folgenden Zitate hinzuzudenken:

> „that world-embracing Administrative system designed to evolve into a World Order which posterity must acclaim as the promise and crowning glory of all the Dispensations of the past.“[784] „An Administrative Order that must needs slowly evolve into the World Order of Bahá'u'lláh, and which in turn will give birth, in the fullness of time, to a world spiritual civilization, which posterity will hail as the fairest fruit of His Revelation.“[785] „In the blood of the unnumbered martyrs of Persia lay the seed of the Divinely-appointed Administration which, though transplanted from its native soil, is now budding out, under your loving care, into a new order, destined to overshadow all mankind.“[786]

Die integrative Rolle der Bahá'í-Religion im Rahmen des eschatologischen Geschehens besteht folglich zuallererst in der zuvor näher dargestellten Metamorphose ihres ius divinum zur neuen Ordnung – durch seine Ordnung, d.h. aber durch sein ius divinum, will das Bahá'ítum die Welt integrieren.

Ein wenig konkreter noch gefaßt sollen ius divinum scripturae und ius divinum complementum also nicht nur die Bahá'í in ihren Aktivitäten steuern, damit diese systematisch für ein Weltgemeinwesen aller Staaten der Erde arbeiten, son-

---

[781] Shoghi Effendi, *God passes by*, S. XIII.

[782] „...the Bahá'í World Commonwealth – *the* Kingdom of God on earth“ (Shoghi Effendi, *God passes by*, S. 26).

[783] Shoghi Effendi, *The World Order of Bahá'u'lláh*, S. 162.

[784] Shoghi Effendi, *God passes by*, S. 329.

[785] Shoghi Effendi, *Messages to the Bahá'i World*, S. 84.

[786] Shoghi Effendi, *The World Order of Bahá'u'lláh*, S. 52.

dem sollen, als ihr letzter und höchster Zweck, selbst die Form eines solchen annehmen:

> „Die Gemeindeordnung Bahá'u'lláhs ist dazu bestimmt, sich zu einem Bahá'í-Weltgemeinwesen zu entwickeln."[787]

Wenn das ius divinum bezeichnet wird als „the chief agency empowered to usher in... the consummation of this glorious Dispensation"[788], dann ganz zentral auch, weil es als Recht selbst die in ihrer Vereinigung liegende *Erlösung* der Welt[789], leisten soll. Darum, und weil es auf dieses Stadium hinführen soll, läßt es sich als eschatologisches Erlösungsrecht qualifizieren.[790] Zudem gilt: Weil die Erlösung den Menschen zu Gott bringt, ja ihn mit dem Willen Gottes in eins setzt, bedeutet die Qualifizierung des ius divinum der Bahá'í als Erlösungsrecht, daß dieses in seiner Funktion letztlich auf Gott bezogen ist.

5. Das ius divinum der Bahá'í als gesellschaftlich-staatliches Integrationsrecht der neuen Ordnung

Die beiden ersten in dieser Arbeit aufgezeigten theologischen Dimensionen des Bahá'í-Rechts bergen eine gewichtige Implikation in sich, ohne sie näher auszuweisen: Der Anspruch des ius divinum, Gottes absolut gerechte Wegweisung für die Gesellschaft der derzeitigen heilsgeschichtlichen Epoche zu sein, impliziert seine Geltung über den beschränkten Kreis einer religiösen Minderheit hinaus. Wann, unter welchen Bedingungen und in welcher Gestalt das ius divinum nach seinem Selbstverständnis als Regelwerk einer Gesellschaft konkret ins Leben treten und dort wirken soll, ist in den bisher dargestellten theologischen Zusammenhängen nicht näher bezeichnet. Dies gibt der vierte und letzte theologische Anspruch des ius divinum im Einzelnen an: Er geht dahin, eines Tages als gesellschaftlich-staatliches Recht in Geltung zu stehen.

---

[787] Shoghi Effendi, *Die Bahá'í-Weltreligion*, S. 12. An anderer Stelle bezeichnet Shoghi Effendi das Bahá'ítum als „a World Religion, destined to attain, in the fullness of time, the status of a world-embracing Commonwealth, which would be at once the instrument and the guardian of the Most Great Peace" (*The World Order of Bahá'u'lláh*, S. 196; vgl. auch *Die Bahá'í-Weltreligion*, S. 7).

[788] Shoghi Effendi, *The World Order of Bahá'u'lláh*, S. 156.

[789] vgl. Shoghi Effendi, *The Promised Day is come*, S. 116; vgl. auch *Dawn of a new day*, S. 87 f. und 'Abdu'l-Bahá, *The Secret of Divine Civilization*, S. 73. Shoghi Effendi schreibt auf eben dieser Linie über das sich dynamisch entfaltende ius divinum, es werde "in the fullness of time vindicate its high claim to be universally recognized as the one Haven of abiding felicity and peace" (*Bahá'í Administration*, S. 80).

[790] Das in der ersten theologischen Anspruchsdimension des Bahá'í-Rechts abstrakt bleibende Moment der „Erlösung" konkretisiert sich also in dieser seiner dritten Dimension; wie die Erlösung von Mensch und Welt dabei aus Bahá'í-Sicht zu erreichen ist, welche Hemmnisse, Herausforderungen und Aufgaben den Weg dorthin ausmachen, wurde zuvor im Rahmen der Darstellung des universaleschatologischen Entwurfs der Bahá'í-Schrift skizziert.

Ausgangspunkt der Überlegungen ist die bisherige Geltung des Bahá'í-Rechts allein innerhalb des Kreises der Glaubensanhänger: Seit ihren Anfängen existiert die Bahá'í-Gemeinde als geschlossene, heterogene Entität innerhalb der Gesellschaft. Religionsgesellschaft war sie stets, nie aber war sie selbst Gesellschaft. Dementsprechend war das ius divinum der Bahá'í stets innergemeindliches Recht, es war und ist das nicht-staatliche, gemeindeinterne Recht einer religiösen Minderheit. Der insoweit de facto bestehende Dualismus zwischen Bahá'í-Gemeinde und Gesellschaft entspricht dem zuvor dargestellten zweiseitigen Prozessmodell der Bahá'í-Schrift, nach dem sich die Entwicklung des Bahá'ítums separat von derjenigen der sonstigen Welt vollzieht. Entscheidend ist nun, daß Bahá'í-Gemeinde und Nicht-Bahá'í-Welt nach dem Entwurf der Bahá'í-Schrift keinesfalls auf ewig unverbunden nebeneinander bestehen bleiben sollen – ein Umstand, der für die Funktion und den Charakter des Bahá'í-Rechts von unmittelbarer und zentraler Bedeutung ist. Wie aber soll sich die wechselseitige Öffnung von Bahá'í-Gemeinde und Gesellschaft vollziehen?

Nach dem aus der Bahá'í-Schrift zu konstruierenden Antizipationsmodell besteht eine Vorstufe zur Öffnung der beiden Sozialsphären füreinander zunächst in der von Shoghi Effendi vorgesehenen staatlichen Anerkennung von Bahá'í-Gemeindeorganen als „officially constituted Bahá'í courts"[791]. Diese Bahá'í-Gerichte sollen ermächtigt sein, das persönliche Dasein des Bahá'í betreffende Rechtsmaterien wie das Ehe- und Erbrecht zur Anwendung zu bringen.[792] In diesem Modellstadium gilt das Bahá'í-Recht zwar unverändert ausschließlich innerhalb einer Religionsgemeinde, aber es erfährt durch den Staat eine gewisse Sanktionierung, indem dieser die Gemeindeorgane für die Anwendung von ius divinum beleiht, so daß sie insoweit punktuell hoheitliche Gewalt ausüben. Dies ist bis dato angesichts der heute in den meisten Ländern der Welt gegebenen

---

[791] Shoghi Effendi, *The World Order of Bahá'u'lláh*, S. 200.

[792] Shoghi Effendi, *The World Order of Bahá'u'lláh*, S. 200; siehe auch *God passes by*, S. 411; *Dawn of a new day*, S. 157; *The Advent of Divine Justice*, S. 14. Shoghi Effendi hatte die Einsetzung dieser Bahá'í-Religionsgerichte für Länder des Ostens, in denen religiöse Gemeinden in Fragen des persönlichen Status' Jurisdiktionsgewalt ausüben, antizipiert (Shoghi Effendi, *The World Order of Bahá'u'lláh*, S. 200), und für sechs dieser Länder 1953 im Rahmen eines großangelegten zehnjährigen Lehrverkündungsplanes auch die Schaffung "Nationaler Bahá'í Gerichte" als Ziel vorgegeben (*Messages to the Bahá'í World*, S. 42, 152; *Dawn of a new day*, S. 170). Teil des Lehrplanes war zudem die Schaffung eines "Internationalen Bahá'í Gerichtes" (*Messages to the Bahá'i World*, S. 149, 152), das sich aus dem 1951 von Shoghi Effendi geschaffenen "Internationalen Bahá'í Rat" entwickeln (*Messages to the Bahá'i World*, S. 7 f., 13) und eine Vorstufe zur Einsetzung des Universalen Hauses der Gerechtigkeit bilden sollte (*Messages to the Bahá'i World*, S. 6, 13, 42; *The Advent of Divine Justice*, S. 94 f.). Zur Konstituierung eines Internationalen Bahá'í Gerichts kam es indessen nicht, wohl weil der plötzliche Tod Shoghi Effendis und die dadurch eingetretene Vakanz in der Leitung der Bahá'í-Weltgemeinde die rasche Einsetzung des Universalen Hauses der Gerechtigkeit als Führungsorgan erforderlich machten.

Organisation der Bahá'í als privatrechtlicher Verein oder Entsprechendem gerade nicht der Fall.[793]

Ein erstes Öffnen der sozialen Entitäten füreinander liegt dann nach dem Modell in der Anerkennung des Bahá'ítums als Staatsreligion. Wenn die Schrifttexte hierzu auch nichts Präzises kommunizieren, so ergibt doch der erläuternde Hinweis Shoghi Effendis, gemeint sei eine Staatsreligion

> „similar to that which Christianity entered in the years following the death of the Emperor Constantine"[794],

daß dem Bahá'ítum innerhalb des jeweiligen Staatswesens eine gesellschaftlich-rechtliche Sonderstellung zukommen soll: In diesem Modellstadium ist das Bahá'ítum über den geschlossenen Kreis von Gläubigen hinausgetreten und beansprucht, in welcher abgestuften und partiellen Art und Form auch immer, Geltung für das Volk eines souveränen Staates, das jedenfalls (noch) nicht mehrheitlich Bahá'í ist[795]. Die darin liegende Öffnung von Bahá'í-Gemeinde und Gesellschaft füreinander muß sich naturgemäß statussteigernd auf das Bahá'í-ius divinum auswirken.

Jedenfalls mit der Gründung des Bahá'í-Staates kommt es dann nach der Modellogik zu einer Metamorphose im Charakter der Gemeinde und ihres Rechts, in der sich die letzte theologische Anspruchsdimension des ius divinum erstmals manifestiert und, so der Glaube der Bahá'í, dabei zugleich realisiert: Der Bahá'í-Staat soll sich, wie zuvor dargestellt, in der Mehrheit aus Bahá'í zusammensetzen; zudem soll in ihm das ius divinum der Bahá'í in Geltung stehen[796]. Das bedeutet, dass sich die Bahá'í-Gemeinde nicht mehr als geschlossene, von der Gesellschaft getrennte Entität innerhalb dieser bewegt, sondern selbst zur Gesellschaft mutiert ist: An einem Punkt, nämlich innerhalb eines souveränen Staatswesens, hat sie sich vollends geöffnet und damit beide Sozialsphären zu einer Deckung gebracht.[797] Das Bahá'í-Recht seinerseits ist vom innergemeindlichen Religionsrecht zum gesellschaftlich-staatlichen Recht

---

[793] Ein bloßes „Vereinsgericht" oder ähnliches meinte Shoghi Effendi angesichts seines vergleichenden Hinweises auf die islamischen Religionsgerichte der *shari'a* (Shoghi Effendi, *The World Order of Bahá'u'lláh*, S. 200) mit dem Stichwort „Bahá'í-Gericht" offensichtlich nicht.

[794] *Messages to the Bahá'í World*, S. 155.

[795] Sonst wäre nach dem Modellgedanken der Bahá'í-Staat gegründet worden.

[796] Für den Bahá'í-Staat gilt: „...functioning, in all religious *and civil matters*, in strict accordance with the laws and ordinances of the Kitab-i-Aqdas, the Most Holy, the Mother-Book of the Bahá'í Revelation" (Shoghi Effendi, *Messages to the Bahá'í World*, S. 155).

[797] Bahá'í ist angesichts der Schriftaussagen grundsätzlicher Art zu dieser Frage auch hier nur, wer sich freiwillig zur Bahá'í-Religion bekannt hat; eine religiös plurale Gesellschaft ist angesichts der von Bahá'u'lláh antizipierten Existenz von Anhängern anderer Religionen auch in künftigen Religionszyklen (siehe Anmerkung 717) sowie der von der Bahá'í-Schrift geforderten Minderheiten- und Grundrechte auch für dieses Modellstadium anzunehmen.

Religionsrecht zum gesellschaftlich-staatlichen Recht eines souveränen Staates metamorphosiert.[798]

Diese Metamorphose von Bahá'í-Gemeinde und Bahá'í-Recht soll dann mit der Gründung des Bahá'í-Weltgemeinwesens, die ein völliges Ineinanderlaufen der beiden zuvor separaten Entwicklungsprozesse und also die totale Öffnung und Einswerdung beider Entitäten impliziert, ihren Abschluß erfahren: Denn auch im Bahá'í-Weltgemeinwesen ist das Bahá'ítum dem Modell zufolge die maßgebende Religion,[799] und auch hier soll das ius divinum der Bahá'í in Geltung stehen[800]. Wenn das Bahá'í-Recht den Anspruch in sich trägt, göttliches Recht, also Gottes rechtleitender Wille für alle Menschen zu sein, dann sind der Bahá'í-Staat und im Besonderen das Bahá'í-Weltgemeinwesen der Ort, wo dieser Anspruch faktischen Ausdruck finden soll. Und es ist gerade auch in Gestalt des ius divinum von Bahá'í-Staat und -Weltgemeinwesen, daß die Bahá'í-Lehre von der bedeutenden gesellschaftlichen Ordnungsstiftungs- und Stabilisierungsfunktion allen Rechts tatsächliche Umsetzung erfahren soll.

In der Metamorphose von Bahá'í-Gemeinde und -Recht betritt also dem Modell nach eine weitere theologische Anspruchsdimension des ius divinum die reale Welt, für die sie heute ohne jede Relevanz ist. Diese Anspruchsdimension ist dem ius divinum immer schon immanent. Ihre schließliche Verwirklichung bedeutet zugleich einen Wechsel in der Funktion des Bahá'í-Rechts: Hat dieses vorher nur der Gemeinde der Gläubigen den Weg gewiesen und sie geordnet – eine Aufgabe, die in seiner Selbstdeutung immer schon nur vorläufig war –, so ist es jetzt bei seiner eigentlichen, a priori intendierten Funktion angelangt und greift für die gesamte Menschheit Raum.[801] Mit Blick auf das Eschaton bedeutet dies: Das Bahá'í-Recht wirkt, nachdem es die Erlösung der Menschheit mitrealisiert hat, in dieser fort, indem es eine erlöste Gesellschaft weiter integriert – ein

[798] Angesichts der hier angenommenen limitierten Funktionszuweisung der Bahá'í-Schrift selbst an die oberste Bahá'í-Körperschaft, das Universale Hauses der Gerechtigkeit, ist davon auszugehen, daß das ius divinum stets, also auch hier, nur wenige, spezifisch religionsrelevante Rechtsmaterien abdecken soll. Im übrigen impliziert die Geltung des ius divinum als gesellschaftlich-staatliches Recht keineswegs eo ipso, dass dieses, sei es auch nur in Teilen, auch gegenüber Nicht-Bahá'í gelten soll. Hier sind unterschiedliche Rechtsgeltungsmodelle denkbar. Für die Anwendung des religiösen Bahá'í-Rechts allein auf Bahá'í (entsprechend der Geltung der *sharí'a* in islamischen Staaten allein für Muslime) spricht die Fülle der demokratischen Gedanken der Bahá'í-Schrift.

[799] siehe Anmerkung 740.

[800] „...the worldwide Bahá'í Commonwealth,... operating solely in direct conformity with the laws and principles of Bahá'u'lláh" (*The Advent of Divine Justice*, S. 15).

[801] Und zwar als inhaltliche breite, geschlossene Rechtsordnung.

Prozess, der nach der Bahá'í-Heilsplantheologie fortdauern soll, bis das ius divinum durch eine neue Manifestation Gottes abrogiert wird.[802]

[802] Nach alledem lassen sich alle vier theologischen Dimensionen des Bahá'í-Rechts auf einen Willen hin decodieren: 1. Göttlicher Wille 2. Aktualisierter göttlicher Wille 3. Göttlicher Erlösungswille, d.h. Wille zur Herbeiführung des Reiches Gottes auf Erden 4. Göttlicher Integrationswille, d.h. Wille zur weiteren Integration einer erlösten Menschheit.

Literaturverzeichnis

'Abdu'l-Bahá: *'Abdu'l-Bahá in London.* Addresses and Notes of Conversations, 2. Aufl., London 1982

Ansprachen in Paris, 7. Aufl., Hofheim-Langenhain 1984

Briefe und Botschaften, Hofheim-Langenhain 1992

Das Geheimnis göttlicher Kultur, Oberkalbach 1973; englisch: *The Secret of Divine Civilization*, Willmette/Ill. 1990

The Promulgation of Universal Peace. Talks Delivered by 'Abdu'l-Bahá during His Visit to the United States and Canada in 1912, compiled by Howard McNutt, Wilmette/Ill. 1982

Some Answered Questions, collected and translated from the Persian by Laura Clifford Barney, Wilmette/Ill. 1984; deutsch: *Beantwortete Fragen*, 3. Aufl., Hofheim-Langenhain 1977

Tablets of Abdul-Baha Abbas, Band 3, Chicago 1916

Testament, in: Dokumente des Bundes, Hofheim-Langenhein 1989, S. 19 ff.

A Traveller's Narrative. Written to Illustrate the Episode of the Báb, Wilmette/Ill. 1980

Affolter, Friedrich W.: *The Specter of Ideological Genocide*: The Bahá'ís of Iran, in: War Crimes, Genocide and Crimes against Humanity, Band 1, Nr. 1 (Januar 2005), S. 59 ff.

Alexy, Robert: *Begriff und Geltung des Rechts*, 2. Aufl., Freiburg 1994

Amanat, Abbas: *Resurrection and Renewal.* The Making of the Babi Movement in Iran, 1844-50, Ithaca 1989

Aquin, Thomas von: *Summa theologica*, vollständige, ungekürzte deutsch-lateinische Ausgabe, übersetzt von Dominikanern und Benediktinern Deutschlands und Österreichs, hrsgg. v. der Albertus-Magnus-Akademie Walberberg bei Köln, Band 18 (Recht und Gerechtigkeit), Heidelberg/Graz 1953

Aymans, Winfried/Mörsdorf, Klaus: *Kanonisches Recht.* Lehrbuch aufgrund des Codex Iuris Canonici, begr. v. Eduard Eichmann, fortgef. v. Klaus Mörsdorf, neu bearb. v. Winfried Aymans, Band 1 (Einleitende Grundfragen und Allgemeine Normen), Paderborn 1991

Báb: *Eine Auswahl aus Seinen Schriften*, Langenhain 1991

Bahá'u'lláh: *Ährenlese.* Eine Auswahl aus den Schriften Bahá'u'lláhs, zusammengestellt und ins Englische übertragen von Shoghi Effendi, 3. rev. Aufl., Hofheim-Langenhain 1980

Botschaften aus 'Akká, offenbart nach dem Kitáb-i-Aqdas, Hofheim 1982

Brief an den Sohn des Wolfes, (Lawh-i-Ibn-i-Dhi'b), Deutsch aufgrund der englischen Übersetzung von Shoghi Effendi, Langenhain 1988

Gebete und Meditationen, 3. Aufl. in neuer Übersetzung, Hofheim-Langenhain 1992

Gems of Divine Mysteries, hrsgg. vom Bahá'í-Weltzentrum, Haifa 2002

Buch des Bundes. *Kitáb-i-Ahd*, in: Dokumente des Bundes, Hofheim-Langenhein 1989, S. 9 ff.

Kitáb-i-Aqdas. Das Heiligste Buch, Übertragung aus dem Englischen unter Heranziehung des arabischen Urtextes und der persischen Erläuterungen, Hofheim 2000 (engl.: *The Kitáb-i-Aqdas*. The Most Holy Book, Bahá'í World Center, Haifa 1992)

Das Buch der Gewissheit. *Kitáb-i-Íqán*, 3. Aufl., Hofheim-Langenhain 1978

Die Sieben Täler und *die Vier Täler*, 3. Aufl., Oberkalbach 1971

The Summons of the Lord of Hosts. Tablets of Bahá'u'lláh, Haifa 2002

Die Verborgenen Worte. Bahá'í-Gebete, Hofheim-Langenhain 1978

Die Verkündigung Bahá'u'lláhs. An die Könige und Herrscher der Welt, Frankfurt a. M. 1967

Die Bahá'í-Religion. Größte religiöse Minderheit im Iran. Dokumentation zur Verfolgung der Bahá'í im Iran, hrsgg. v. Nationalen Geistigen Rat der Bahá'í in Deutschland e.V., 3. Aufl., Hofheim-Langenhain 1981

Bahá'í Studies Bulletin, hrsgg. v. Stephen Lambden, Newcastle-upon-Thyne/England, 1982-1993

Bahá'í Studies Review. A Publication of the Association for Bahá'í Studies, English-speaking Europe, London, seit 1991

Balyuzi, Hasan: *'Abdu'l-Bahá*. Der Mittelpunkt des Bündnisses Bahá'u'lláhs, Band 1, Hofheim-Langenhain 1983, Band 2, Hofheim-Langenhain 1984

Bahá'u'lláh. Der Herr der Herrlichkeit, Hofheim-Langenhain 1991

The Báb: The Herald of the Day of Days, Oxford 1973

Barnes, Kiser: *The Nature of Bahá'í Law*, in: Law and International Order: Proceedings of the First European Bahá'í Conference on Law and International Order, DePoort, the Netherlands, 8-11 June 1995, London 1996, S. 69 ff.

Barth, Karl: *Rechtfertigung und Recht*, Zollikon 1938

Blomfield, Lady: *The Chosen Highway*, Wilmette/Ill., 1970

Böckenförde, Ernst-Wolfgang: *Zur Theologie des modernen säkularen Rechts*, in: Stimmen der Zeit, Band 217, Freiburg 1999, S. 579 ff.

Staatliches Recht und sittliche Ordnung, in: Aufklärung durch Tradition. Symposion der Josef Pieper Stiftung zum 90. Geburtstag von Josef Pieper, hrsgg. v. Hermann Fechtrup, Friedbert Schulze, Thomas Sternberg, Münster 1995, S. 87 ff.

Brown, Edward Granville: *A Traveller's Narrative*. Written to Illustrate the Episode of the Báb, Band 2, Cambridge 1891, reprint Amsterdam 1975

Brown, Keven/v. Kitzing, Eberhard: *Evolution and Bahá'í Belief*. Studies in the Bábí and Bahá'í Religions, Band 12, Los Angeles 2001

Bürgel, Johann Christoph (Hrsg.): *Die Entstehung der Bahá'í Religion im Iran des 19. Jahrhunderts*, Hildesheim 1998

Cole, Juan Ricardo: *The Concept of Manifestation in the Bahá'í Writings*, Bahá'í Studies Nr. 9, Ottawa 1982

Modernity and the Millenium. The Genesis of the Baha'i Faith in the Nineteenth-Century Middle East, New York 1998

Corecco, Eugenio: *Theologie des Kirchenrechts*. Methodologische Ansätze, Trier 1980

Danesh, Roshan: *Beyond Integration and Separation*. The dynamic nature of Bahá'í law, in: The Bahá'í-World 1999-2000, S. 223 ff.

Internationalism and Divine Law: A Bahá'í Perspective, in: The Journal of Law and Religion, Volume XIX, Number 2 (2003-2004), S. 209 ff.

Dehn, Ulrich: *Bahá'í und EZW*, in: Materialdienst, hrsgg. v. der Evangelischen Zentralstelle für Weltanschauungsfragen, Heft 1 (1997), S. 14 ff.

Der Gottesbund. Studienmaterial zusammengestellt von der Forschungsabteilung des Universalen Hauses der Gerechtigkeit, Dezember 1987, Langenhain 1996

Dombois, Hans: *Das Recht der Gnade*. Ökumenisches Kirchenrecht, Band 1, Witten 1961, Band 2, Witten 1974, Band 3, Bielefeld 1983

Dreier, Horst: *Gustav Radbruch und die Mauerschützen*, in: Juristen-Zeitung 52 (1997), S. 421 ff.

Dreier, Ralf: *Der Begriff des Rechts*, Neue Juristische Wochenschrift 1986, S. 890 ff.

Eliade, Mircea/Culiano, Ioan P.: *The Eliade Guide to World Religions*, San Francisco 1991

Ellul, Jacques: *Die theologische Begründung des Rechtes*, München 1948

Encyclopaedia Britannica, Book of the Year 1997, hrsgg. v. David Calhoun, Chicago 1997

Engländer, Armin: *Grundzüge des modernen Rechtspositivismus*, in: Juristische Ausbildung 22 (2000), S. 113 ff.

Erdő, Péter: *Theologie des kanonischen Rechts*. Ein systematisch-historischer Versuch, Münster 1999

Esslemont, John E.: *Bahá'u'lláh und das neue Zeitalter*, Deutsch nach der dritten revidierten englischen Ausgabe von 1970, überarb. 8. Aufl., Hofheim-Langenhain 1986

Establishment of the Universal House of Justice. Extracts from the Writings of Bahá'u'lláh, 'Abdu'l-Bahá and Shoghi Effendi, in: The Compilation of Compilations. Prepared by the Universal House of Justice 1963-1990, Band 1, Mayborough/Australien 1991, S. 319 ff.

Fazel, Seena: *Is the Bahá'í Faith a World Religion?*, in: The Journal of Bahá'í Studies 6.1 (März-Juni 1994), S. 1 ff.

Inheritance, in: The Bahá'í Studies Review 4.1 (1994), S. 171 ff.

Ficicchia, Francesco: *Der Bahá'ismus.* Weltreligion der Zukunft? Geschichte, Lehre und Organisation in kritischer Anfrage, Eine Publikation der Evangelischen Zentralstelle für Weltanschauungsfragen, Stuttgart 1981

Fitzgerald, Timothy: *The Ideology of Religious Studies*, New York 2000

Flasche, Rainer: *Die Religion der Einheit und Selbstverwirklichung der Menschheit* – Geschichte und Mission der Baha'i in Deutschland, in: Zeitschrift für Missionswissenschaft und Religionswissenschaft, 61. Jg., Münster 1977, S. 188 ff.

Baha'i Religion, in: Lexikon für Theologie und Kirche, hrsgg. v. Josef Höfer und Karl Rahner, begr. von Michael Buchberger, Band 1, 3. Aufl., Freiburg 1993

Frelick, John: *Iran's Baha'is: Victims of continuing Genocide*, in: The Christian Century, 3. Dezember 1986, Band 103, S. 1095 ff.

Frieden. Aus den Schriften Bahá'u'lláhs, 'Abdu'l-Bahás und Shoghi Effendis, sowie Briefen des Universalen Hauses der Gerechtigkeit, zusammengestellt von der Forschungsabteilung des Universalen Hauses der Gerechtigkeit, Hofheim 1986 (engl. *Peace.* Compiled by: The Research Department of the Universal House of Justice, Haifa 1985)

Gadamer, Hans-Georg: Gesammelte Werke, Band 1, *Wahrheit und Methode.* Grundzüge einer philosophischen Hermeneutik, Tübingen 1990

Gebete. Offenbart von Bahá'u'lláh, Báb und 'Abdu'l-Bahá, Hofheim-Langenhain 1984

Geistige Räte – Häuser der Gerechtigkeit. Aus Schriften von Bahá'u'lláh, 'Abdu'l-Bahá und Shoghi Effendi zusammengestellt vom Universalen Haus der Gerechtigkeit, Langenhain 1975

Ghanea-Hercock, Nazila: *Human rights, the UN and the Bahá'ís*, Oxford/The Hague 2002

Greschat, Hans-Jürgen: *Was ist Religionswissenschaft?*, Stuttgart 1988

Grossmann, Hermann: *Das Bündnis Gottes in der Offenbarungsreligion*, 3. rev. Aufl., Hofheim-Langenhain 1982

Halabi, Ihsan: *Ethische Aspekte des Aqdas*, in: Aspekte des Kitáb-i-Aqdas. GBS-Studien, Band 2, hrsgg. v. d. Gesellschaft für Bahá'í Studien, Hofheim 1995, S. 275 ff.

Hart, H.L.A.: *Der Positivismus und die Trennung von Recht und Moral*, in: H.L.A. Hart, Recht und Moral. Drei Aufsätze, hrsgg. v. Norbert Hoerster, Göttingen 1971, S. 14 ff.

Der Begriff des Rechts, Frankfurt a. M. 1973

Heckel, Johannes: *Lex charitatis*. Eine juristische Untersuchung über das Recht in der Theologie Martin Luthers, 2. Aufl., Köln 1973

Heimerl, Hans/Pree, Helmuth: *Kirchenrecht*. Allgemeine Normen und Eherecht, Wien 1983

Heinemann, Heribert: *„Göttliches Recht?" Versuch einer Differenzierung*, in: Theologische Quartalsschrift 157 (1977), S. 279 ff.

Hobbes, Thomas: *Leviathan* oder Materie, Form und Gewalt eines kirchlichen und staatlichen Gemeinwesens, Leipzig 1978

Hoerster, Norbert: *Die rechtsphilosophische Lehre vom Rechtsbegriff*, in: Juristische Schulung 1987, S. 181 ff.

Hutten, Kurt: *Seher, Grübler, Enthusiasten*. Sekten und religiöse Sondergemeinschaften der Gegenwart, 4. Aufl., Stuttgart 1954

Hutter, Manfred: *Die Bahá'í*. Geschichte und Lehre einer nachislamischen Weltreligion, Marburg 1994

Die Bahá'í in Österreich – Sekte oder eigenständige Weltreligion?, in: Österreichisches Archiv für Recht und Religion, hrsgg. v. Herbert Kalb u.a., Heft 3 (1999), S. 486 ff.

Heilige Schriften der Bahá'í, in: Heilige Schriften. Eine Einführung, hrsgg. v. Udo Tworuschka, Darsmtadt 2000, S. 258 ff.

Der Kitáb-i-Aqdas – das Heilige Buch der Bahá'í, in: Materialdienst, 6/1995

Religionswissenschaftliche Marginalien zur Bahá'í-Religion, in: Schriftenreihe der Gesellschaft für Bahá'í-Studien, Band 7, hrsgg. v. d. Gesellschaft für Bahá'í Studien, Hofheim 2003, S. 83 ff.

Huqúqu'lláh. Die krönende Zier aller Ernten der Welt, 2. Aufl., Hofheim-Langenhain 2001

Ilting, Karl-Heinz: Stichwort „*Naturrecht*", in: Geschichtliche Grundbegriffe. Historisches Lexikon zur politisch-sozialen Sprache in Deutschland, hrsgg. v. Otto Brunner, Werner Conze, Reinhart Koselleck, Band 4, Stuttgart 1978, S. 245 ff.

Ineichen, Hans: *Philosophische Hermeneutik*, Freiburg 1991

Ives, Howard Colby: *Portals to Freedom*, 2. Aufl., Oxford 1974

Jeand'Heure, Bernd: *Jus divinum oder BGB: Eintragung von Religionsgemeinschaften in das Vereinsregister?*, in: Juristische Schulung 1992, S. 830 ff.

Kant Immanuel: *Zum ewigen Frieden.* Ein philosophischer Entwurf, Stuttgart 1995

Kaufmann, Arthur: *Rechtsphilosophie*, 2. Aufl., München 1997

Kelsen, Hans: *Allgemeine Theorie der Normen*, im Auftrag des Hans-Kelsen-Instituts aus dem Nachlaß herausgegeben von Kurt Ringhofer und Robert Walter, Wien 1979

Die Grundlagen der Naturrechtslehre, in: Die Wiener rechtstheoretische Schule. Schriften von Hans Kelsen, Adolf Merkl, Alfred Verdross, hrsgg. v. Hans Klecatsky, René Marcic, Herbert Schambeck, Wien 1968, S. 869 ff.

Die philosophischen Grundlagen der Naturrechtslehre und des Rechtspositivismus, Charlottenburg 1928

Die Idee des Naturrechtes, in: Die Wiener rechtstheoretische Schule (s.o.), S. 245 ff.

Reine Rechtslehre. Mit einem Anhang: Das Problem der Gerechtigkeit, Wien 1960

Staatsform und Weltanschauung, Tübingen 1933

Was ist juristischer Positivismus?, in: Juristenzeitung 1963, S. 465 ff.

Vom Wesen und Wert der Demokratie, 2. Aufl., Tübingen 1929

Khadem, Rias: *Shoghi Effendi in Oxford and Earlier*, Oxford 1999

Koller, Peter: *Theorie des Rechts.* Eine Einführung, 2. Aufl., Wien 1997

Krämer, Peter: *Theologische Grundlegung des kirchlichen Rechts.* Die rechtstheologische Auseinandersetzung zwischen Hans Barion und Joseph Klein im Licht des II. Vatikanischen Konzils, Trier 1977

Lanczkowski, Günter (Hrsg.): *Selbstverständnis und Wesen der Religionswissenschaft*, Darmstadt 1974

Lawson, Todd: *The Terms 'Remembrance' (dhikr) and 'Gate' (báb) in the Báb's Commentary on the Sura of Joseph*, in: Studies in the Bábí and Bahá'í Religions, Band 5, hrsgg. v. Moojan Momen, Los Angeles 1988, S. 1 ff.

Lights of Guidance. A Bahá'í Reference File, compiled by Helen Hornby, 2nd rev. and enl. edition, New Delhi 1988

Link, Christoph: *Rechtstheologische Grundlagen des evangelischen Kirchenrechts*, in: Zeitschrift für evangelisches Kirchenrecht, Band 45 (2000), S. 73 ff.

McLean, Jack: *Prolegomena to a Bahá'í Theology*, in: The Journal of Bahá'í Studies 5.1 (März-Juni 1992), S. 25 ff.

McLean, Jack (Hrsg.): *Revisioning the Sacred.* New Perspectives on a Bahá'í Theology, Studies in the Bábí and Bahá'í Religions, Band 8, Los Angeles 1997

Meinhold, Peter: *Die Religionen der Gegenwart*: ihre Herkunft – ihre Besonderheiten – ihr Beitrag zur Lösung der Weltprobleme, mit einem vergleichenden Themenregister, 2. Aufl., Freiburg 1980

Missaghian, Fiona: *Die Verbindlichkeitsbegründung der Bahá'í-Ethik*, Frankfurt a. M. 2000 (Diss.)

Momen, Moojan: *Bahá'u'lláhs prophetology: archetypal patterns in the lives of the founders of the world religions*, in: The Bahá'í Studies Review 5.1 (1995), S. 51 ff.

Relativism: A Basis for Bahá'í Metaphysics, in: Studies in the Bábí and Bahá'í Religions, Band 5, hrsgg. v. Moojan Momen, Los Angeles 1988, S. 185 ff.

Momen, Moojan/Smith, Peter: *Bahá'í History* (unveröffentlicht), im Internet verfügbar unter: http://bahai-library.org/encyclopedia/history.html

Morlok, Martin: *Kommentar zu Art. 4 GG*, in: Grundgesetz. Kommentar, Band 1, hrsgg. v. Horst Dreier, Art. 1-19, Tübingen 1996

Müller, Friedrich: *Gutachten im Verfahren der Verfassungsbeschwerde des „Geistigen Rates der Baha'i in Tübingen mit Sitz in Tübingen"*, Dr. iur. Friedrich Müller, o. Professor für Staatsrecht, Verwaltungsrecht, Kirchenrecht, Rechts- und Staatsphilosophie, Rechtstheorie an der Juristischen Fakultät der Universität Heidelberg, 29.7.1986 (unveröffentlicht)

Nash, Geoffrey: *Iran's Secret Progrom.* The Conspiracy to Wipe out the Baha'is of Iran, 1844-1984, Sudbury/Suffolk 1982

Ott, Walter: *Der Rechtspositivismus.* Kritische Würdigung auf der Grundlage eines juristischen Pragmatismus, 2. Aufl., Berlin 1992

Panahi, Badi: *Hat die Hegelsche Dialektik ihren Niederschlag in der Offenbarung Bahá'u'lláhs gefunden?* Kommentar zu Schaefer/ Gollmer/Towfigh, Desinformation als Methode (1995), Kap. 2 II, in: Schriftenreihe der Gesellschaft für Bahá'í-Studien, Band 7, hrsgg. v. d. Gesellschaft für Bahá'í-Studien, Hofheim 2003, S. 151 ff.

Parry, Robert: *Philosophical Theology in Bahá'í Scholarship*, Bahá'í Studies Bulletin, 6:4-7:2 (1992), S. 66 ff.

Perkins, Mary: *Servant of the Glory: The Life of 'Abdu'l-Bahá*, Oxford 1999

Phelps, Myron H.: *Life and Teachings of Abbas Effendi*, 2. Aufl., New York 1912; Neuauflage unter dem Titel: The Master in Akká, revised and annotated with a new foreword by Marzieh Gail, Los Angeles 1985

Platon: *Drei große Dialoge*, München 2002

Preserving Marriages. A compilation prepared by the Research Department of the Universal House of Justice, December 1990, in: The Compilation of Compilations. Prepared by The Universal House of Justice 1963-1990, Band 2, S. 441 ff.

Quelle aller Gnadengaben: Tägliches Pflichtgebet – Sprechen des Größten Namens – Fasten, zusammengestellt vom Nationalen Vertiefungsausschuß, Hofheim 2001

Rabbani, Ruhiyyih: *The Priceless Pearl*, 2. Aufl., London 2000

Radbruch, Gustav: *Rechtsphilosophie*. Studienausgabe, hrsgg. v. Ralf Dreier und Stanley L. Paulson, Heidelberg 1999

Gesetzliches Unrecht und übergesetzliches Recht, in: Süddeutsche Juristen-Zeitung 1946, S. 105 ff.

Der Zweck des Rechts, in: Der Mensch im Recht. Ausgewählte Vorträge und Aufsätze über Grundfragen des Rechts, Göttingen 1957, S. 88 ff.

Rahner, Karl: *Über den Begriff des „ius divinum" im katholischen Verständnis*, in: Schriften zur Theologie, Band 5, Einsiedeln 1962, S. 249 ff.

Regional Bahá'í Councils, hrsgg. v. Nationalen Geistigen Rat der Bahá'í der Vereinigten Staaten, o.O., Bahá'í Distribution Service 1997

Römer, Hermann: *Die behaistische Propaganda im Abendland*, in: ders., Die Propaganda für asiatische Religionen im Abendland, Basler Missionsstudien, Heft 10, Basel 1910, S. 45 ff.

Die Bábí-Behá'í. Eine Studie zur Religionsgeschichte des Islam, Potsdam 1911 (Diss.)

Rösser, Ernst: *Göttliches und menschliches, unveränderliches und veränderliches Kirchenrecht von der Entstehung der Kirche bis zur Mitte des neunzehnten Jahrhunderts*. Untersuchungen zur Geschichte des Kirchenrechts mit besonderer Berücksichtigung der Anschauungen Rudolph Sohms, Paderborn 1934

Rosenkranz, Gerhard: *Die Bahá'í*. Ein Kapitel neuzeitlicher Religionsgeschichte, Stuttgart 1949

Rudolphi, Kurt: *Geschichte und Probleme der Religionswissenschaft*, Leiden 1992

Rüthers, Bernd: *Rechtstheorie*, 2. Aufl., München 2005

Sabet-Sobhani, Ariane: *Die politischen Botschaften des Religionsgründers Bahá'u'lláh*, St. Gallen 2000 (Diss.)

Sachs, Michael: *Verfassungsrecht II*. Grundrechte, Berlin 2000

Saiedi, Nader: *Logos and Civilization*. Spirit, History, and Order in the Writings of Bahá'u'lláh, Maryland 2000

Savi, Julio: *The Eternal Quest for God*. An Introduction to the Divine Philosophy of 'Abdu'l-Bahá, Oxford 1989

Schaefer, Udo: *Einige Anmerkungen zu den strafrechtlichen Bestimmungen im Kitábu'l-Aqdas* (unveröffentlichtes Manuskript; im Internet zugänglich unter www.udoschaefer.com)

Bahá'í Ethics in Light of Scripture. An Introduction, Volume 1 (Doctrinal Foundations), Oxford 2007

Der Bahá'í in der modernen Welt. Strukturen eines neuen Glaubens, 2. Aufl., Hofheim-Langenhain 1981

Die Bahá'í-Religion im Spiegel christlicher Betrachtung. Ein Briefwechsel, Frankfurt a. M. 1960

Das Bahá'ítum – Geschichte, Wesen und Ziele, Vortrag vom 7. Mai 2001 vor der katholischen Akademie Berlin (unveröffentlichtes Manuskript; im Internet zugänglich unter www.udoschaefer.com)

Crime and Punishment. Bahá'í perspectives for a future criminal law, in: Law and International Order: Proceedings of the First European Bahá'í Conference on Law and International Order, DePoort, the Netherlands, 8-11 June 1995, London 1996, S. 39 ff.

Ethics for a global society, in: The Bahá'í Studies Review 4.1 (1994), S. 47 ff.

Ethische Aspekte des Rauchens. Ein Beitrag zur Bahá'í-Ethik, 2. Aufl., Hofheim 1993

Die Freiheit und ihre Schranken. Zum Begriff der Freiheit in Bahá'u'lláhs Kitáb-i-Aqdas, 2. Aufl., Hofheim 2000

Die Grundlagen der „Verwaltungsordnung" der Bahá'í, Heidelberg 1957 (Diss.); Neuausgabe unter dem Titel: *Grundlagen der Gemeindeordnung der Bahá'í*, Hofheim 2004

Heilsgeschichte und Paradigmenwechsel. Zwei Beiträge zur Bahá'í-Theologie, 2. Aufl., Hofheim 2002; engl.: *Beyond the Clash of Religions*. The Emergence of a new Paradigm, 3. Aufl., Hofheim 2004

Infallible Institutions, in: The Bahá'í Studies Review 9 (1999/2000), S. 17 ff.

An Introduction to Bahá'í Law: Doctrinal Foundations, Principles and Structures, in: Journal of Law and Religion, Vol. XVIII, Number 2 (2002-2003), S. 307 ff.

The new morality: an outline, in: The Bahá'í Studies Review 5.1 (1995), S. 65 ff.

Das Recht der Religionsgemeinschaft der Bahá'í: Grundlagen, Prinzipien und Strukturen, in: Kirche&Recht. Zeitschrift für die kirchliche und staatliche Praxis 4/2001, S. 19 ff.

Die mißverstandene Religion. Das Abendland und die nachbiblischen Religionen, Frankfurt a. M. 1968

Sekte oder Offenbarungsreligion? Zur religionswissenschaftlichen Einordnung des Bahá'í-Glaubens, Hofheim-Langenhain 1982

Verantwortliches Leben aus dem Glauben – Sittlichkeit, Menschenbild und Erziehung im Schrifttum Bahá'u'lláhs, in: Spiritualität und ethische Erziehung. Erbe und Herausforderung der Religionen. Referate und Ergebnisse des Nürnberger Forums 2000, hrsgg. v. Johannes Lähnemann, S. 95 ff.

Was ist der Mensch? Mensch und Menschheit im Schrifttum Bahá'u'lláhs, Hofheim 2003

Wenn Gott spricht... Gotteswort und Menschenwort im Bahá'ítum, Vortrag gehalten am 1. November 1999 im türkischen Kulturzentrum in Hannover (unveröffentlichtes Manuskript; im Internet zugänglich unter www.udo schaefer.com)

Schaefer, Udo (Hrsg.): *Die Verfassung der Bahá'í-Gemeinde.* Die Statuten der gewählten Institutionen, Hofheim 2000

Schaefer, Udo/Towfigh, Nicola/Gollmer, Ulrich: *Desinformation* als Methode. Die Baha'ismus-Monographie des F. Ficcichia, Hildesheim 1995; engl.: *Making the Crooked Straight.* A Contribution to Bahá'í Apologetics, Oxford 2000

Schriftenreihe der Gesellschaft für Bahá'í-Studien, Band 7, hrsgg. v. d. Gesellschaft für Bahá'í Studien, Hofheim 2003

Schweitz, Martha: *The Kitáb-i-Aqdas*: Bahá'í Law, Legitimacy, and World Order, in: The Journal of Bahá'í Studies 6.1 (1994), S. 35 ff.

Shoghi Effendi: *The Advent of Divine Justice*, Wilmette/Ill. 1990; deutsch: *Das Kommen göttlicher Gerechtigkeit*, Oberkalbach 1969

Bahá'í Administration. Selected Messages 1922-32, Wilmette/Ill. 1974 (reprinted 1998)

Citadel of Faith, Wilmette/Ill. 1980

Dawn of a New Day, New Delhi/India 1996

Directives from the Guardian, India/Hawaii 1973

The Faith of Bahá'u'lláh. A statement prepared for United Nations Special Palestine Committee (1948), Willmette/Ill., 1959 (Reprinted 1971); deutsch: *Die Bahá'í-Weltreligion*, in: Der verheißene Tag ist gekommen, Frankfurt a. M. 1976, S. 7 ff.

God passes by, Wilmette/Ill. 1987

High Endeavours: Messages to Alaska, Alaska 1976

Letters from the Guardian to Australia and New Zealand, 1923-1957, Sydney/Australia 1970

The Light of Divine Guidance. The Messages from the Guardian of the Bahá'í Faith to the Bahá'ís of Germany and Austria, Band 2, Hofheim 1985

Messages to the Bahá'í World: 1950-1957, Wilmette/Ill. 1971

The Promised Day is come, revised edition, Wilmette/Ill. 1980; deutsch: *Der verheißene Tag ist gekommen*, Frankfurt a. M. 1976

Unfolding Destiny. The Messages from the Guardian of the Bahá'í Faith to the Bahá'í Community of the British Isles, London 1981

The World Order of Bahá'u'lláh. Selected Letters, Wilmette/Ill. 1991; deutsch: *Die Weltordnung Bahá'u'lláhs*, Hofheim-Langenhain 1977

Smith, Peter: *The Babi and Baha'i Religions.* From Messianic Shi'ism to a World Religion, Cambridge 1987

The Bahá'í Religion. A Short Introduction to its History and Teaching, Oxford 1988

Smith, Wilfred Cantwell: *The Meaning and End of Religion.* A New Approach to the Religious Traditions of Mankind, New York 1964

Steinmüller, Wilhelm: *Wissenschaftstheorie, Rechtstheologie und Kirchenrecht*, in: Zeitschrift für evangelisches Kirchenrecht Band 23 (1978), S. 58 ff.

Studies in the Bábí and Bahá'í-Religions, (Band 1-3: Studies in Bábí and Bahá'í History), general editor Anthony Lee, Bände 1-15, Los Angeles 1982 bis 2004

Taherzadeh, Adib: *The Covenant of Bahá'u'lláh*, Oxford 1992

Die Offenbarung Bahá'u'lláhs, Band 1, Baghdad 1853-1863, Hofheim-Langenhain 1981, Band 2, Adrianopel 1863-68, Hofheim-Langenhain 1987, Band 3, Akká. Die ersten Jahre 1968-77, Hofheim-Langenhain 1992, Band 4, Mazra'ih und Bahji: 1877-92, Hofheim-Langenhain 1995

The Bahá'í World, Band 20 (1986-1992), Bahá'í World Center, Haifa 1998

The Journal of Bahá'í Studies. A Publication of the Associaton for Bahá'í Studies, Ottawa/Canada, seit 1980

Tober, Gilan: *Ein eindeutiger Wortlaut als Auslegungshindernis?* Zur Interpretation normativer Bahá'í-Texte, in: Schriftenreihe der Gesellschaft für Bahá'í-Studien, Band 7, hrsgg. v. d. Gesellschaft für Bahá'í Studien, Hofheim 2003, S. 95 ff.

Tober, Tajan: *Ewiges Leben?* Jenseitiges Seelenleben nach dem Zeugnis der Bahá'í-Offenbarung, in: Schriftenreihe der Gesellschaft für Bahá'í-Studien, Band 8, hrsgg. v. d. Gesellschaft für Bahá'í Studien, Hofheim 2005, S. 89 ff.

Ein föderaler Weltrechtsstaat am Ausgang der Zeit? Staat und religiöse Ordnung in der Bahá'í-Theologie (Monographie in Vorbereitung)

... *und zu ihm kehren wir zurück.* Über die Seele des Menschen, ihre Wirklichkeit und ihre Unsterblichkeit, aus den Schriften der Bahá'í-Religion zusammengestellt von Hushidar Motlagh, 2. Aufl., Hofheim-Langenhain 1993

Universales Haus der Gerechtigkeit: *Individual Rights and Freedoms in the World Order of Bahá'u'lláh.* To the Followers of Bahá'u'lláh in the United States of America. A Statement by the Universal House of Justice, Willmette/Ill., 1989

Messages from the Universal House of Justice 1968-1973, Willmette/Ill. 1976

Messages from the Universal House of Justice 1963-1986. The first Epoch of the Formative Age, Wilmette/Ill. 1996

Die Verfassung des Universalen Hauses der Gerechtigkeit, in: Die Verfassung der Bahá'í-Gemeinde. Die Statuten der gewählten Institutionen, hrsgg. und mit einer Einführung versehen von Udo Schaefer, Hofheim 2000, S. 17 ff.

Wellspring of Guidance. Messages from the Universal House of Justice. 1963-1968, Willmette/Ill. 1969

Brief vom 31.1. 1997, darin im Anhang Dokument des Research Departments: *Mason Remey and those who followed him*; im Internet verfügbar unter: http://bahai-library.com

Brief vom 27. April 1995 (unveröffentlicht), verfügbar unter: http://bahai-library.com; zitiert: *Brief zur Frage der Theokratie*

Vahman, Feridun: Stichwort „*Baha'ismus*", in: Theologische Realenzyklopädie, hrsgg. v. Gerhard Krause und Gerhard Müller, Band 5, Berlin 1980, S. 115 ff.

Wach, Joachim: *Religionssoziologie*, Tübingen 1951

Walbridge, John: *Sacred Acts, Sacred Space, Sacred Time*, Oxford 1996

Wassermann, Rudolf: *Zur Bewertung der strafrechtlichen Aufarbeitung des DDR-Unrechts*, Neue Juristische Wochenschrift 2000, S. 403 ff.

Welzel, Hans: *Naturrecht und materiale Gerechtigkeit*, 4. Aufl., Göttingen 1962

Naturrecht und Rechtspositivismus, in: Naturrecht oder Rechtspositivismus?, hrsgg. v. Werner Maihofer, Darmstadt 1962, S. 322 ff.

Recht und Sittlichkeit, in: Festschrift für Friedrich Schaffstein zum 70. Geburtstag am 28. Juli 1975, hrsgg. v. Gerald Grünwald, Olaf Miehle, Hans-Joachim Rudolphi und Hans-Ludwig Schreiber, Göttingen 1975, S. 45 ff.

Das Gesinnungsmoment im Recht, in: Abhandlungen zum Strafrecht und zur Rechtsphilosophie, Berlin 1975, S. 258 ff.

Windscheid, Bernhard: *Aufgaben der Rechtswissenschaft*, Leipzig 1884

Wolf, Erik: *Ordnung der Kirche*: Lehr- und Handbuch des Kirchenrechts auf ökumenischer Basis, Frankfurt a. M. 1960/1961

Das Problem der Naturrechtslehre. Versuch einer Orientierung, Karlsruhe 1955

Recht des Nächsten. Ein rechtstheologischer Entwurf, Frankfurt a. M. 1958

World Christian Encyclopaedia. A comparative survey of churches and religions in the modern world, hrsgg. v. David Barrett, George Kurian, Todd Johnson, Band 1 (The world by countries: religionists, churches, ministries) und Band 2 (The world by segments: religions, peoples, languages, cities, topics), 2. Aufl., Oxford 2001

Yegane Arani, Aliyeh: *Die zivilreligiöse Dimension einer neuen Religion*. Ökumenisches Gebot und Evolutionstheologie, in: Religionspolitik und Zivilreligion, hrsgg. v. Rolf Schieder, Baden-Baden 2001, S. 207 ff.

Zacher, Ewald: *Der Begriff der Natur und des Naturrechts*, in: Schriften zur Rechtstheorie, Heft 33, Berlin 1973

Schriften zum Staatskirchenrecht

Herausgegeben von Axel Frhr. von Campenhausen, Christoph Link
und Jörg Winter

Band 1 Christoph Link: Staat und Kirche in der neueren deutschen Geschichte. Fünf Abhandlungen. 2000.

Band 2 Andreas Franitza: Der Allgemeine Hannoversche Klosterfonds und die Klosterkammer Hannover. Untersuchung zur rechtsgeschichtlichen Entwicklung. 2000.

Band 3 Reinald Willenberg: Rundfunk unter kirchlicher Trägerschaft. 2001.

Band 4 Martin Fischer: Kirchliche Beiträge im Fernsehen. Darstellung eines abgestuften Mitgestaltungsmodells kirchlicher Beteiligung im Fernsehen. 2001.

Band 5 Bernd Albrecht von Garmissen: Landwirtschaftliches Grundvermögen in kirchlicher Hand. Dargestellt am Beispiel der Evangelischen Kirche in Deutschland und unter besonderer Berücksichtigung der Evangelisch-Lutherischen Landeskirche Hannovers. 2001.

Band 6 Berend Lindner: Entstehung und Untergang von Körperschaften des öffentlichen Rechts. Unter besonderer Berücksichtigung der Religions- und Weltanschauungsgemeinschaften. 2002.

Band 7 Gesa Dirksen: Das deutsche Staatskirchenrecht - Freiheitsordnung oder Fehlentwicklung? 2003.

Band 8 Im Dienste der Sache. Liber amicorum für Joachim Gaertner. Herausgegeben von Ricarda Dill, Stephan Reimers, Christoph Thiele. 2003.

Band 9 Arnd Diringer: Scientology. Verbotsmöglichkeit einer verfassungsfeindlichen Bekenntnisgemeinschaft. 2003.

Band 10 Konstantin v. Notz: Lebensführungspflichten im evangelischen Kirchenrecht. 2003.

Band 11 Matthias Schwara: Die Heiliggeistkirche in Heidelberg im Wandel der Zeiten. Ein Beitrag zur Rechtsgeschichte Südwestdeutschlands. 2003.

Band 12 Axel Frhr. von Campenhausen (Hrsg.): Deutsches Staatskirchenrecht zwischen Grundgesetz und EU-Gemeinschaftsrecht. Symposion im Kirchenamt der Evangelischen Kirche in Deutschland am 25. und 26. April 2002 in Hannover. 2003.

Band 13 Thomas Bauer: Die GmbH als Rechtsform karitativer Einrichtungen der Kirche. 2003.

Band 14 Anne-Ruth Glawatz: Die Zuordnung privatrechtlich organisierter Diakonie zur evangelischen Kirche. Unter besonderer Berücksichtigung von unternehmerischen Umstrukturierungen in der Diakonie. 2003.

Band 15 Detlef Kehlen: Europäische Antidiskriminierung und kirchliches Selbstbestimmungsrecht. Zur Auslegung von Art. 13 EG und Art. 4 der Richtlinie 2000/78/EG. 2003.

Band 16 Andreas Grube: Der Sonntag und die kirchlichen Feiertage zwischen Gefährdung und Bewährung. Aspekte der feiertagsrechtlichen Entwicklung im 19. und 20. Jahrhundert. 2003.

Band 17 Burghard Winkel: Kirche und Vergaberecht. Der vergaberechtliche Status der evangelischen Landeskirchen in Deutschland. 2004.

Band 18 Suzanne Mann: Das Kopftuch der muslimischen Lehramtsanwärterin als Eignungsmangel im Beamtenrecht. 2004.

Band 19 Markus Ogorek: Geltung und Fortbestand der Verfassungsgarantie staatlichen Religionsunterrichts in den neuen Bundesländern. Ein Beitrag zur Lehre vom sogenannten Verfassungswandel. 2004.

Band 20 Steffen Rupp: Verwaltungsmodernisierung in der Kirche. Eine Untersuchung am Beispiel des Neuen Steuerungsmodells der Evangelischen Landeskirche in Baden. 2004.

Band 21 Gunter Barwig: Die Geltung der Grundrechte im kirchlichen Bereich. Eine Untersuchung zur Grundrechtsfähigkeit und Grundrechtsbindung der Religionsgemeinschaften. 2004.

Band 22 Andreas Kasper: Sozialsponsoring. Eine rechtliche Bewertung unter besonderer Berücksichtigung des Sponsorings kirchlicher Werke und Einrichtungen. 2004.

Band 23 Martin Rauhaus: Das kirchenrechtliche Gemeindeprinzip und seine Auswirkungen auf die kirchliche Verfassungsgestaltung. Dargestellt am Beispiel der Verfassung der evangelisch-reformierten Kirche. 2005.

Band 24 Heidi Reichegger: Die Auswirkungen der Richtlinie 2000/78/EG auf das kirchliche Arbeitsrecht unter Berücksichtigung von Gemeinschaftsgrundrechten als Auslegungsmaxime. 2005.

Band 25 Matthias Triebel: Das europäische Religionsrecht am Beispiel der arbeitsrechtlichen Anti-Diskriminierungsrichtlinie 2000/78/EG. 2005.

Band 26 René Seidel: Die Anerkennung der privaten Ersatzschule und ihre Auswirkungen auf das Privatschulverhältnis. 2005.

Band 27 Uta Kleine: Die Eingrenzung des Haftungsrisikos für den ehrenamtlichen Betreuer. 2005.

Band 28 Gerrit Nils Beermann: Hoheitsbetriebe von Kirchen und Religionsgemeinschaften. Eine körperschaftsteuerliche Untersuchung. 2005.

Band 29 Falko Tappen: Kirchliche Vermögensverwaltung am Beispiel des Ethischen Investments. 2005.

Band 30 Walter Fischedick: Die Zeugnisverweigerungsrechte von Geistlichen und kirchlichen Mitarbeitern. 2006.

Band 31 Myrian Dietrich: Islamischer Religionsunterricht. Rechtliche Perspektiven. 2006.

Band 32 Florian Herrmann: Die rechtliche Organisation international tätiger kirchlicher Hilfswerke. 2006.

Band 33 Joachim Gaertner / Erika Godel (Hrsg.): Religionsfreiheit und Frieden. Vom Augsburger Religionsfrieden zum europäischen Verfassungsvertrag. 2007.

Band 34 Volker Ochsenfahrt: Die staatskirchenrechtliche Stellung des Katholischen Bistums der Alt-Katholiken in Deutschland. 2007.

Band 35 Gustav Reingrabner: Um Glaube und Freiheit. Eine kleine Rechtsgeschichte der Evangelischen in Österreich und ihrer Kirche. 2007.

Band 36 Steffen Alexander Sommer: Teildienstverhältnisse bei Pfarrern in den Gliedkirchen der Evangelischen Kirche in Deutschland. Eine rechtliche Untersuchung. 2007.

Band 37 Arne Feickert: Rechtsfragen der kirchlichen Bestattung. Mitgliedschaftsanspruch und Totenfürsorgerecht dargestellt für die katholische Kirche und die evangelische Landeskirche in Baden. Nebst einem Anhang zum Verhältnis von Totenfürsorgerecht und Bestattungspflicht. 2007.

Band 38 Nina Coumont: Muslimische Schüler und Schülerinnen in der öffentlichen Schule. 2008.

Band 39 Christine Mertesdorf: Weltanschauungsgemeinschaften. Eine verfassungsrechtliche Betrachtung mit Darstellung einzelner Gemeinschaften. 2008.

Band 40 Tajan Tober: Ein neues *ius divinum*? Zur Theologie des Rechts der Bahá'í. 2008.

www.peterlang.de

Hans-Georg Ebert / Thoralf Hanstein (Hrsg.)

Beiträge zum Islamischen Recht VI

Frankfurt am Main, Berlin, Bern, Bruxelles, New York, Oxford, Wien, 2007.
181 S.
Leipziger Beiträge zur Orientforschung. Herausgegeben von Hans-Georg Ebert.
Bd. 21
ISBN 978-3-631-56644-2 · br. € 39.–*

Dieser, von der „Gesellschaft für Arabisches und Islamisches Recht e.V." veröffentlichte Band, umfasst Beiträge, die auf der Tagung der Gesellschaft 2006 in Köln gehalten wurden. Der erste Themenschwerpunkt behandelt das Internationale Privatrecht unter besonderer Berücksichtigung der arabischen Welt. Dabei werden Probleme des deutschen ordre public in Bezug auf das islamische Erbrecht und konkrete Rechtsfragen im Libanon und in den Vereinigten Arabischen Emiraten untersucht. Der zweite Schwerpunkt widmet sich der Neugestaltung des Zivil-, Wirtschafts- und Familienrechts der Vereinigten Arabischen Emirate. Neben rechtstheoretischen Ausführungen wird auf praktische Fragen im Handelsrecht mit den Vereinigten Arabischen Emiraten eingegangen. Rechtsvergleichende Betrachtungen bilden dabei eine wichtige Methode, um Veränderungen, Probleme und Hemmnisse zu beschreiben.

Aus dem Inhalt: Islamisch geprägtes Erbrecht und deutscher ordre public · Zivilehe und Konfessionalismus im Libanon · Internationales Privatrecht der Vereinigten Arabischen Emirate · Vereinigte Arabische Emirate: Grundzüge des Privatrechts und des Vertriebsrechts · Neuere Entwicklungen im Handels- und Wirtschaftsrecht

www.ingramcontent.com/pod-product-compliance
Ingram Content Group UK Ltd.
Pitfield, Milton Keynes, MK11 3LW, UK
UKHW021939290926
8980IPUK00016B/1715

9 783631 562352